Stefan Orth / Michael Staiger / Joachim Valentin (Hg.)
Filmbilder des Islam

Film und Theologie

Schriftenreihe der Internationalen Forschungsgruppe «Film und Theologie»
und der Katholischen Akademie Schwerte

herausgegeben von:

Peter Hasenberg, Deutsche Bischofskonferenz, Bonn
Markus Leniger, Katholische Akademie Schwerte
Gerhard Larcher, Universität Graz
Charles Martig, Katholischer Mediendienst, Zürich
Daria Pezzoli-Olgiati, Universität Zürich
Dietmar Regensburger, Universität Innsbruck
Michael Staiger, Pädagogische Hochschule Freiburg i. Br.
Joachim Valentin, Universität Frankfurt a. M.
Christian Wessely, Universität Graz
Reinhold Zwick, Universität Münster

Band 25

http://www.film-und-theologie.de

Stefan Orth / Michael Staiger / Joachim Valentin (Hg.)

Filmbilder des Islam

Die Deutsche Bibliothek – CIP-Einheitsaufnahme

Die deutsche Bibliothek verzeichnet diese Publikation in der deutschen
Nationalbibliografie; detaillierte bibliografische Daten sind im Internet unter http://
dnd.ddb.de abrufbar.

Publiziert mit Unterstützung des SNF zur Förderung
der wissenschaftlichen Forschung

Schüren Verlag GmbH
Universitätsstr. 55 · D-35037 Marburg
www.schueren-verlag.de
© Schüren Verlag 2014
Alle Rechte vorbehalten
Gestaltung: Erik Schüßler
Umschlaggestaltung: Michael Staiger (unter Verwendung eines Fotos aus
FASTEN AUF ITALIENISCH; Regie: Olivier Baroux, Frankreich 2010)
Druck: druckhaus köthen, Köthen
Printed in Germany
ISBN 978-3-89472-858-8

Inhalt

Islam in Filmbildern aus aller Welt

Anhang

Vorwort

Seit dem 11. September 2001 steht der Islam verstärkt im Fokus der Weltöffentlichkeit. Auch wenn die Fronten der Auseinandersetzungen nicht in erster Linie zwischen Religionen verlaufen, sind die Konflikte auch religiös markiert. Gleichzeitig ist das Interesse am Islam im Allgemeinen und auch am Leben von Muslimen in islamischen Ländern wie in Europa stark gewachsen.

Im Mittelpunkt dieses Bandes soll die Thematisierung des Islam im zeitgenössischen Spielfilm stehen: konkret das Aufeinanderprallen von islamischer und westlicher Kultur, sowohl im arabischen Raum, in der Türkei oder im Nahen Osten als auch in Westeuropa. Im Zentrum steht damit auch das Spannungsfeld zwischen Islam und Moderne beziehungsweise die Frage nach der Artikulation muslimischer Identität im europäischen Kontext.

Wie wird der Islam im Film thematisiert und wie kommen Muslime heute im Kino vor? Welcher Blick bestimmt die filmische Auseinandersetzung mit dieser Weltreligion? Welche Bilder sind überhaupt angemessen? Wie werden die tatsächlichen Konflikte angesprochen? Welche Rolle spielt dabei die Religion? Und was bedeutet das für die Beziehungen des Islam zu den anderen Religionen, insbesondere zum Christentum? Die jeweiligen Fragen werden sowohl aus kultur- beziehungsweise religionswissenschaftlicher als auch aus theologischer Sicht bearbeitet.

Joachim Valentin eröffnet den Band mit Überlegungen zum komplexen Verhältnis von Islam und Moderne als «Hintergrundrauschen» aktueller Spielfilme. Dabei problematisiert er zunächst das nur scheinbar dualistisch konstruierte Zueinander von Religion und Aufklärung im Kontext islamisch geprägter Staaten. Aber auch die Situation deutscher Muslime ist nicht frei von Besonderheiten, idealisieren und radikalisieren sie doch nicht selten ihre Herkunftskultur und -religion und entwickeln dabei eigene Migranten-Traditionen, die mit wachsender Zeit immer mehr von den Entwicklungen in ihren Herkunftsländern abweichen. Im Laufe der Überlegungen, die nicht zuletzt von den Analysen des französischen Orientalisten Olivier Roy inspiriert sind, scheint angesichts der Vereinfachungen im Blick der verschiedenen Kulturen aufeinander die Gefahr eines echten *clash of civilisations* im 21. Jahrhundert auf.

Danach widmet sich Matthias Müller der fundamentalen Frage, inwiefern der Islam im Film als solcher überhaupt erkennbar ist. Müller bleibt dabei nicht an der Oberfläche, sondern kommt zu der Einsicht, dass die Frage nach der Erkennbarkeit einer Religion zuinnerst mit der Frage nach der Richtigkeit, nach dem Sein-Sollen, oder nach der Wahrheit einer Religion verknüpft sei. Mithilfe des Ansatzes von Charles Sanders Peirce entwickelt Müller eine dreigliedrige semiotische Struktur, die – ganz entscheidend – die personalen Dimensionen des Betrachters zu integrieren in der Lage ist, und stößt so auf eine wesentliche Bedingung für die hier erörterte theologische Interpretation von Filmen über den Islam, nämlich den Umstand, dass der deutsche christliche Betrachter meist einem Dokument aus einem ihm fremden Kulturkreis und in jedem Fall einem Dokument über eine andere Religion gegenüber steht. In der Durchführung des interkulturellen filmtheoretischen Ansatzes an den Filmen FASTEN AUF ITALIENISCH und RACHIDA wird schließlich deutlich, dass ein Wertesystem, das Menschen und Kulturen verbindet, nur in der je singulären Begegnung über Grenzen hinweg zu gewinnen ist, durch ein Gespräch, das auch religiöser Thematik mächtig ist.

Ausgehend von VON MENSCHEN UND GÖTTERN setzt sich Stefan Orth mit der grundsätzlichen Frage auseinander, was es bedeutet, wenn die Beschäftigung mit «Filmbildern des Islam» im Rahmen des Dialogs zwischen Film und Theologie erfolgt – und unter Theologie dezidiert christliche Theologie zu verstehen ist. Entscheidend sei dabei die Frage, welche religionstheologischen Optionen leitend sind, wenn sich Theologen und Religionswissenschaftler aus einem christlichen Kulturraum mit dem Islam befassen, sei es als Weltreligion oder zumindest im Sinne einer maßgeblich religiös geprägten Kultur. Gerade wegen einer größer gewordenen allgemeinen Skepsis gegenüber dem Religionsdialog nach dem 11. September müsste die «Hochachtung» gegenüber den anderen Religionen, von denen die Konzilsväter des Zweiten Vatikanums sprachen, wieder stärker stilbildend werden – und sich dabei innerhalb der monotheistischen Religionen vom Blick auf den einen Gott inspirieren lassen.

Armin Farzanefar macht sich angesichts der Vielfalt gegenwärtiger arabischer Filme und deren Erfolgen im Arthouse-Kino und bei Festivals auf die Suche nach Typischem: Gibt es wiederkehrende Themen, besonders beliebte Genres oder ähnliche Filmstile? Mit einem Fokus auf das iranische Kino sichtet er aktuelle Produktionen, nimmt die historische Entwicklung des islamischen Films in den Blick und schlägt den Bogen zu den politischen und gesellschaftlichen Rahmenbedingungen arabischer Filmkulturen.

Wenn sich der Freiburger Kinobetreiber und Islamwissenschaftler Ludwig Ammann mit «Intellektuellen Kinogängern im Westen und ihren Islamklischees im Kino» beschäftigt, ist mit irritierenden Perspektivwechseln zu rechnen. So erfährt man etwa, dass eine Vielzahl deutscher Islam-Stereotype kulturelle und nicht religiöse Hintergründe haben, und dass die eigentliche Domäne der massenmedialen Thematisierung von Islam in Deutschland nicht der Spielfilm ist, sondern nichtfiktionale Formate in

Funk und Fernsehen, Print und Internet, Nachrichten, Talkshows, Blogs etc. Doch hier wie dort gilt leider, dass der Islam, wenn er überhaupt thematisiert wird, als konfliktträchtiges Problem auftaucht, während Islam als unproblematischer Alltag und Normalität fast nie zu sehen ist. Auch vor einer Kritik der Erwartungshaltung des mehrheitlich weiblichen Arthouse-Publikums hinsichtlich der Geschlechterrollen macht Ammann nicht Halt und stellt infrage, ob denn in Filmen aus dem islamischen Kulturkreis wirklich immer Männer die Täter und Frauen die Opfer sein müssen. «Othering» also allerorten, doch Ammann macht uns Hoffnung: Mit einer jungen Generation, die mit gleichaltrigen Muslimen aufgewachsen sind, sollten diese Probleme verschwinden.

Nach diesen eher grundsätzlich ansetzenden Beiträgen geht Daria Pezzoli-Olgiati in ihrem Beitrag der Frage nach, wie Repräsentationen muslimischer Frauen in ausgewählten filmischen Werken (FATMA, YASMIN und NA PUTU) gestaltet werden und wie die cineastischen Auseinandersetzungen mit dem Islam vorhandene Stereotypen aufnehmen und hinterfragen. Der vergleichende Zugang zu den Filmen hebt ausgewählte Aspekte hervor: Auf der einen Seite wird die Rolle von Spiegeln und auf der anderen jene von Kleidung näher betrachtet. Spiegel sowie Kleidung werden in allen drei Filmen als ästhetische Mittel in Verbindung mit der Identitätssuche der Frauenfiguren eingesetzt; als wichtige Elemente der Gestaltung heben sie das Spannungsfeld hervor, in dem sich die Hauptfiguren im filmischen Raum bewegen. Tradition und Moderne erscheinen dabei als die gegensätzlichen Pole, welche die Figuren zu zerreißen drohen und an denen einige auch wirklich zerbrechen.

Joachim Valentin widmet sich in einem zweiten Beitrag der auffälligen Tatsache, dass in den Jahren 2009 und 2010 auf dem deutschen Markt fünf Film-Komödien erschienen sind, welche ausdrücklich den Islam zum Thema haben. In den Filmen FOUR LIONS, FASTEN AUF ITALIENISCH, SALAMI ALEIKUM, ALLES KOSCHER und ALMANYA – WILLKOMMEN IN DEUTSCHLAND löst die Konfrontation mit islamischen Kulturen nicht den seit 9/11 gewohnten Schrecken, sondern heftige Lachsalven im Publikum aus. Trotz der unterschiedlichen Themen und Qualitätsstandards kommt Valentin für alle Komödien zu dem Schluss, dass sie nicht die Verachtung der Cineasten, sondern ihre Aufmerksamkeit verdienen – thematisieren sie doch ausdrücklich die Grenzen zwischen Kulturen und damit den entscheidenden Ort von wechselseitiger Wahrnehmung, Kommunikation und Irritation überkommener Weltbilder. Dazu erreichen Komödien ein weitaus größeres Publikum als der Autorenfilm, welcher Herkunft auch immer.

Wolfgang Hamdorf beleuchtet das «deutsch-türkische» Kino seit den neunziger Jahren, dessen Filmautoren inzwischen teilweise – wie zum Beispiel Thomas Arslan und Fatih Akin – zu Leitfiguren des deutschen Kinos aufgestiegen sind. Das in den Feuilletons beliebte Etikett des «türkisch-deutschen» Films entlarvt der Beitrag jedoch als fragwürdige Konstruktion, da die biographischen Hintergründe und filmischen Stile der Regisseure zu unterschiedlich sind, um daraus ein eigenes «Genre» zu abzuleiten. Trotzdem verbindet viele Filme die Auseinandersetzung mit der Tradition im Spannungsfeld zwischen den Generationen und den Kulturen. In den letzten Jahren wird dieses Spannungsfeld zunehmend auch im Genre der Komödie verhandelt.

Magnus Striet kommentiert die beiden wichtigsten Filme von Fatih Akin, GEGEN DIE WAND und AUF DER ANDEREN SEITE, aus einer dezidiert theologischen Perspektive. Seine These lautet, dass es in diesen Filmen nicht nur um eine Auseinandersetzung zwischen kultureller Tradition und Moderne, zwischen einer als islamisch identifizierten Lebenspraxis und pluralisierter, auf individuelle Freiheits- und Selbstbestimmungsrechte setzender Moderne, auch nicht nur um die filmische Auseinandersetzung mit Fragen von Identität und Fremdwahrnehmung gehe. Ihre ästhetische Kraft bezögen die Filme Akins, weil in ihnen die normative Frage verhandelt werde, wie überhaupt der Mensch sich verstehen kann. Und in diese Frage griffen historisch gewachsene Muster menschlicher Selbstverständigung ein, einschließlich derer der Religion.

Die These von Marie-Therese Mäder lautet, dass die Fernsehserie TÜRKISCH FÜR ANFÄNGER einen einseitigen Diskurs über den Islam generiere – wie sie anhand der Analyse des narrativen Rahmens, der Charaktere im Einzelnen wie deren Positionen im Figurengeflecht und schließlich ihren Bezug zu Religion und religiösen Themen zeigt. Wie alle kulturellen Bereiche werde auch die Religion humorvoll und klischiert überzeichnet, auf diese Weise aber auch von der Fernsehästhetik instrumentalisiert. Religion als fremd, unlogisch, oberflächlich und anachronistisch darzustellen, wirke, nebst dem komödiantischen Potenzial, das sich dadurch bietet, als eine allzu vereinfachte Repräsentationsweise.

Bernd Buder konstatiert in seinem Beitrag, dass sich das türkische Mainstream-Kino zielsicher mehr und mehr den Hollywood-Blockbustern annähert. Das gilt nicht nur im Hinblick auf die immer größer werdenden Produktionsbudgets wie zum Beispiel beim 17-Millionen-Dollar-Schlachtenspektakel FETIH 1453, sondern auch für die verhandelten Themen: Waren politische Botschaften bis Anfang des Jahrtausends im türkischen Kino weitgehend tabu, so wird laut Buder der Kulturkampf zwischen Humanisten, Kemalisten und der religiösen Rechten inzwischen auch auf den Leinwänden der Multiplexe ausgetragen.

Tobias Specker untersucht mit HÜR ADAM und GOTTES TREUER DIENER zwei türkische Filme, die Verständnis und Sympathie für die Botschaft des wichtigen islamischen Vordenkers Said Nursi wecken wollen und damit mittel- und unmittelbar auch auf die Darstellung und Vermittlung des islamischen Glaubens zielen. Beide Filme seien mehr als historische Monumentalepen oder reine Propagandafilme. Ihre historische Retrospektive auf die beginnende Republik richte sich auch auf die Gegenwart und diene der Selbstvergewisserung in der Auseinandersetzung um die türkische Identität zwischen islamischer Religion und Republik. Interessant werde diese Selbstvergewisserung dadurch, dass beide Filme den Glauben und seine Weitergabe explizit unter den Bedingungen der Enttraditionalisierung in einer individualisierenden, globalisierten und traditionsgefährdenden Moderne in den Blick nehmen. Die Besinnung auf die Moral und die Herausstellung der einzelnen Person in ihrer unbeugsamen Glaubensentschiedenheit könnten dabei als eine Suche nach der Möglichkeit einer (Re-)Traditionalisierung und Glaubensbewahrung unter den Bedingungen des 21. Jahrhunderts verstanden werden.

Heike Kühn widmet sich in ihren ambitionierten und kenntnisreichen Ausführungen dem schwer überschaubaren Filmschaffen des iranischen Kinos, das naturgemäß häufig den Islam als Religion thematisiert. Dabei ist für die lange Zeitspanne seit der Machtergreifung Ayatollah Khomeinis 1979 mit der Zensur der schiitischen Sittenwächter zu rechnen, sodass Persönlichkeitsspaltung vor laufender Kamera und Imitation des eigenen Lebens, zu der Zensur und Sittenwächter zwingen, zum Markenzeichen des iranischen Films werden konnten. Es scheint also das Schicksal Irans und seiner Filmemacher in den letzten Jahrzehnten zu sein, zwischen Angst und Hoffnung sowie Mut und Selbstaufgabe zu schwanken.

Wenn sich Freek L. Bakker mit «Jesus und Maria im iranischen Film» beschäftigt, mag das manchen irritieren, übersieht man doch leicht, dass im Iran seit 1897 150 bis 160 Filme mit Jesus und Maria als Haupt- oder Nebenfiguren entstanden. Bakker nimmt zwei iranische Großproduktionen aus dem Jahr 2007 ins Visier: AL-MASIH und MARYAM AL-MUQADDASAH. Sie folgen, wie auch schon ihre Vorgänger, den ästhetischen und dramaturgischen Konventionen jeweils aktueller westliche Großproduktionen wie KÖNIG DER KÖNIGE, THE PASSION OF THE CHRIST oder des Filmschaffens der italienischen Regisseure Pier Paolo Pasolini, Franco Zeffirelli und Roberto Rosselini. Allerdings stellen sie an entscheidenden Stellen die Lehre des Koran beziehungsweise des apokryphen Barnabas-Evangeliums und nicht der kanonischen Evangelien dar, wenn Jesus etwa selbst ausdrücklich den Sohn-Gottes-Titel ablehnt und so seine Kreuzigung abgewendet wird.

Irit Neidhardt beschäftigt sich in ihrem Beitrag mit dem palästinensischen Filmschaffen und der Frage, welchen Einfluss es auf die Sicht des Kinopublikums auf Palästina ausüben konnte. Die Analyse früher Photographien und Filme zeigt deutlich, wie stark Bild und Abbild Palästinas lange Zeit von europäischen und US-amerikanischen Blickwinkeln geprägt waren. Ein genuin palästinensisches Filmschaffen konnte sich erst Ende der sechziger Jahre im Kontext des bewaffneten Befreiungskampfes der PLO entwickeln. Der erste unabhängige palästinensische Film, Michel Khleifis Dokumentation DAS FRUCHTBARE GEDÄCHTNIS, erschien sogar erst im Jahr 1980. Der

Beitrag schließt mit einem Überblick von Filmen, die seit den neunziger Jahren in Palästina entstanden sind und in denen immer wieder zwei Motive auftauchen: Nicht zu existieren und Religion.

Lisa Kienzl widmet sich ebenfalls dem neuen Medium einer weltweit erfolgreichen TV-Serie, nämlich dem seit 2011 nach israelischem Vorbild produzierten US-Amerikanischen Opus HOMELAND. Auf der Basis der bisher versendeten ersten beiden Staffeln kommt sie zu dem eindeutig kritischen Ergebnis, in der Serie werde ein äußerst problematisches Bild des Islam konstruiert, das zwar mit Sicherheit reale Konflikte anspricht, diese jedoch auf die Dimension der Religion reduziert und machtpolitische Interessen im Endeffekt fast vollständig ausblendet.

Im Gespräch äußert sich der aus Bangladesch stammende, mehrfach mit dem Grimme-Preis ausgezeichnete Regisseur Shaheen Dill-Riaz, der einen bemerkenswerten Dokumentarfilm über Koranschulen in seinem Heimatland vorgelegt hat, über die Schwierigkeiten bei den Dreharbeiten, die Rolle des islamischen Bilderverbots und den Islam in Bangladesh – aber auch wie durch den Fortgang der Arbeit an dem Film die Suche nach einer eigenen religiösen Identität beflügelt wurde.

Der größere Teil der Texte geht zurück auf zwei Tagungen. Im Januar 2012 fand in der Katholischen Akademie «Haus am Dom» in Frankfurt am Main eine Expertentagung zum Thema statt, im Juni 2012 dann das Symposium der internationalen Forschungsgruppe «Film und Theologie». Im «Filmdienst» erschien ebenfalls im Juni 2012 ein Themenheft «Islam im Film» (Nr. 12/2012, 7. Juni 2012), in dem Beiträge auf der Grundlage der ersten Tagung erschienen sind. Andere kamen hinzu, die teilweise auch in diesem Band leicht erweitert und geringfügig bearbeitet abgedruckt werden.

Wir danken den Referentinnen und Referenten, die sich der Mühe unterzogen haben, ihre Vorträge zu überarbeiten, und all jenen, die auf Anfrage einen weiteren Beitrag beigesteuert haben beziehungsweise dem Nachdruck zugestimmt haben, um das Vorhaben abzurunden. Für Korrekturen danken wir Janina Albrecht. Ein besonderer Dank gilt dem «Filmdienst», der Katholischen Akademie «Haus am Dom» und der Katholischen Akademie Schwerte für ihre Unterstützung wie auch deren Gesellschaft zur Förderung der Katholischen Akademie für einen Druckkostenzuschuss. Dem Schüren-Verlag Dank für die wie immer engagierte Betreuung dieses Bandes.

Frankfurt/Freiburg, Januar 2014
Stefan Orth, Michael Staiger und Joachim Valentin

Überblicke

Joachim Valentin

Islam und Moderne
Ein komplexes Verhältnis als Hintergrundrauschen aktueller Spielfilme

Die Ereignisse im Norden Afrikas, vor allem in Ägypten, wo die aktuellen Entwicklungen keine Lösungen, sondern nur neue Gewalt erwarten lassen, aber auch in Tunesien, Marokko und Jemen, das blutige Niederringen der Diktaturen in Libyen und Syrien der letzten zwei Jahre: All diese Ereignisse mögen manchen wie der Schweiß, Blut und Tränen gewordene Kampf zwischen Islam und Aufklärung, zwischen Religion und Moderne erscheinen. Ist die «Arabellion» nicht der Kampfplatz, an dem auch das Thema dieses Bandes entschieden wird?

Dem ist nicht so. Oder besser: Es geht hier natürlich um die *demokratische Teilhabe muslimischer Menschen an der Macht in ihren Staaten* und um das *Zueinander von religiösem und säkularem Recht*, aber die in unseren Medien gerne verbreitete Meinung, es müsse sich jeweils vor Ort nur eine «gute», Menschenrechte und wirtschaftlichen Wohlstand verbreitende Moderne gegen einen rückwärtsgewandten Islam durchsetzen, der in den genannten Staaten nur allzu lange an der Macht gewesen sei, stellt die tatsächlichen Ereignisse und Frontstellungen auf den Kopf.

Vielmehr ist die Moderne in den meisten ursprünglich vom sunnitischen oder schiitischen Islam geprägten Ländern längst präsent gewesen. Und umgekehrt war der Islam lange präsent in den Ländern, die wir zu den europäischen Kernlanden zählen: Spanien, Sizilien, auf dem Balkan. Nicht wenige muslimische Zeithistoriker sind sogar der Meinung, dass vor allem der Islam in jener Epoche, in der er dafür offen war, die Grundlage für das gelegt hat, was wir Neuzeit, Aufklärung und Moderne nennen. Wirklich ein paradoxes Verhältnis und das seit 1000 Jahren.

Seit Beginn des ersten Jahrhunderts waren – von Saudi Arabien, den Emiraten und Afghanistan abgesehen – sämtliche heute mehrheitlich islamischen Länder europäische Kolonien. Große Teile ihrer Infrastruktur und des Bildungs- und Staatswesens wurden in dieser Zeit grundgelegt. Das gilt für ganz Nordafrika nördlich der Sahara, aber auch für das lange muslimisch beherrschte Indien, für Malaysia und Indonesien.

Die sogenannte Arabellion ist also der Aufstand mehrheitlich muslimischer Massen gegen *säkulare oftmals laizistische Regimes nach französischem oder englischem*

1 Filmplakat zu MOHAMMED, DER GESANDTE
GOTTES (Regie: Moustapha Akkad;
USA 1976)

Vorbild. Wie beispielsweise im Irak oder in der Türkei, wo die Religionsausübung reguliert und die muslimischen Kurden unterdrückt wurden. An der ägyptischen Verfassung gibt es aus europäischer Sicht nichts auszusetzen, außer, dass nach der Ermordung des Präsidenten Anwar as-Sadats 1981 durch die Muslimbrüder bis vor kurzem hier der Ausnahmezustand herrschte, die Verfassung also in großen Teilen außer Kraft gesetzt war. Diese Regimes selber waren, wie wir heute wissen, darüber hinaus eng mit westlichen Machtkomplexen in Ost und West verbündet, verwoben, ja von ihnen abhängig.

Doch entscheidend ist hier der Islam im europäischen Film und damit der westliche Blick, nicht zuletzt von den als große Minderheiten in den letzten 50 Jahren nach Europa immigrierten Muslimen. «Westlicher Blick» nicht zuletzt, weil der Film ein westliches Medium ist und die Darstellung von Menschen und erst recht von Religion in der islamischen Kultur als blasphemisch verstanden wird. Nicht wenige Mohammed-Filme, auch der bekannteste mit Anthony Quinn (MOHAMMED, DER GESANDTE GOTTES / MOHAMMAD – THE MESSENGER OF GOD; Regie: Moustapha Akkad; USA 1976)[1], kommen durchgängig ohne eine bildliche Darstellung der Figur Mohammeds aus (Abb. 1). Seine Gefährten und Frauen werden gezeigt, seine Stimme ertönt aus dem Off.

Wir erleben Muslime also in der Regel nicht als autochthone Mehrheit in den Ursprungsländern des Islam, sondern als Migranten, die den Islam jenseits des *Dar el*

---

1   Auf www.wikipedia.de heißt es treffend: «Der Film handelt von der Frühzeit des Islam, von seinen ersten Anhängern und deren Verfolgung durch die Quraisch, von der ersten Auswanderung nach Abessinien, der Hidschra 622, der Schlachten von Badr und Uhud, der Einnahme von Mekka 630. Aus Respekt vor der muslimischen Tradition ist der Prophet im Film nicht zu sehen und auch nicht zu hören, ebenso seine Frauen und die ersten Kalifen. Szenen, bei denen Mohammed in der Nähe ist, werden durch leise Orgelmusik untermalt. Seine Worte werden von Hamza, Zaid, Bilal oder anderen zitiert. In der Schlacht von Badr ist Ali nicht zu sehen, aber die Spitze seines Schwerts Zulfiqar. Bei Mohammeds Ankunft in Medina sieht man seine Kamelstute Qaswa.» Das *Lexikon des Internationalen Films* bemerkt: «Da die Hintergründe und zeitgeschichtlichen Zusammenhänge nicht ausreichend dargestellt werden, vorwiegend nur ein überlanges Kriegsspektakel aus dem siebten Jahrhundert mit ausgedehnten Kampfszenen. Über die geistige und geistliche Welt des Islam gibt der Film kaum Aufschluss.»

Islam (Haus des Islam, mehrheitlich muslimische Länder) im *Dar el Harb*, dem «Haus des Krieges» leben müssen. 30 Prozent der Muslime weltweit leben heute in einer solchen Minderheiten-Situation in säkularen, meist westlichen Staaten. Nicht selten von den Dar-el-Islam-Muslimen dafür verachtet, geschieht ihnen, was vielen Migranten geschieht: Sie idealisieren und radikalisieren ihre Herkunftskultur und Religion und entwickeln dabei eigene Traditionen, die mit der Zeit immer mehr von den Entwicklungen in ihren Herkunftsländern abweichen. Das gilt in besonderem Maße für türkische MigrantInnen in Deutschland.

Ihre Migration speist sich, betrachtet man Gesamteuropa, kausal aus mindestens drei Quellen: Es geht dabei erstens um die Einwanderung von Einwohnern *ehemaliger Kolonien*, vor allem Inder (wobei die meist jedoch Hindus sind) oder Pakistanis in Großbritannien und Maghrebiner nach Frankreich, zweitens um Muslime vom *Balkan und aus Zentralasien*, meist in Osteuropa sowie drittens *türkische Einwanderer* in Deutschland, fußend auf die mehr als hundert Jahre alte, zunächst militärische Partnerschaft zwischen Deutschland und der Türkei, die 1961 im sogenannten «Anwerbeabkommen» ihren wirtschafts- und arbeitsmarktpolitischen Niederschlag fand, und viertens schließlich muslimische *schwarzafrikanische Migranten,* die häufig illegal über das Mittelmeer nach Europa kommen.

Lange Zeit wurde der Islam als Religion der Migranten im Westen gar nicht wahrgenommen. Dabei gehen Traditionen des Reform-Islam bis ins *mittlere 19. Jahrhundert* zurück. Im 20. Jahrhundert finden erste Verhältnisbestimmungen mit konservativer beziehungsweise fundamentalistischer Prägung wie die Gründung der ägyptischen Muslimbrüder durch Hassan el Banna 1927 in Ägypten in der *Zwischenkriegszeit* statt. Dennoch ist es nicht übertrieben festzustellen, dass auch viele Muslime ihr Verhältnis zur Moderne durch Migration und als Reaktion auf die Konfliktlage im Nahen Osten beziehungsweise die unilaterale aggressive Außenpolitik der USA erst *seit den achtziger Jahren* neu formatieren: Kristallisierende Daten sind hier maßgeblich der israelische Sechstagekrieg 1967 verbunden mit der Wiedereroberung und dauerhaften Besatzung der auch den Muslimen heiligen Stätten in Hebron sowie Jerusalem und der Vertreibung großer Palästinensergruppen ins Ausland durch die israelische Armee, die iranische Revolution 1979 sowie die Konsolidierung großer muslimischer Einwanderungsgruppen und ihrer Familie sowie die Bildung fester Gemeindestrukturen ab 1980.

Metamorphosen des Islam in der Moderne

Der französische Politikwissenschaftler und Orientalist Oliver Roy fasst in «Der islamische Weg nach Westen»[2] die globale Neufassung des Islam, die in diesen Jahrzehnten stattfindet, unter fünf Oberbegriffe, die zum Verständnis der hinter vielen der in diesem Band behandelten Filme hilfreich sein könnten.

Retraditionalisierung: Unter dem Druck der westlichen Kultur, bei Muslimen in einer Minderheiten-Situation, aber auch in den ehemaligen Kolonien, wo durch Handel und Wandel verstärkt durch Fernsehen und Internet westliche Kultur offensiv eindringt, wird vor allem der wirtschaftliche Niedergang als Schwächung und Demütigung verstanden. Nur der Rückgang zu den «ursprünglichen» Traditionen der Gefährten Mohammeds (arab.: *salafis*) verspricht einen echten Neuanfang aus den Quellen des Islam. Damit werden aber 95 Prozent der eigenen islamischen Geschichte übersprungen. Eine Extremform dieser Tendenz stellt der in der Regel aus Saudi-Arabien finanzierte Neofundamentalismus beziehungsweise Salafismus dar. Hier liegen die Gelenkstellen zu islamistisch motivierter Gewalt, ja zu dem weltweit organisierten Terror von *al Quaida*. Die Zahl der Akteure mit diesem Hintergrund ist aber in Europa bekanntermaßen klein: Der Verfassungsschutz geht zurzeit von 4000 gewaltbereiten Salafisten in Deutschland aus. Das ist weniger als ein Promille der in Deutschland lebenden Muslime.

Konversion und Entwurzelung: Das Bruttoinlandsprodukt aller nordafrikanischen Staaten zusammen lag noch vor wenigen Jahren unter dem von Spanien. Zur *wirtschaftlichen Demütigung* der Herkunftsländer, ohne die eine Emigration ja gar nicht nötig gewesen wäre, kommt jedoch bei Migranten die Erfahrung der *Entwurzelung* im fremden Land. Die im «Westen» erlebte Permissivität, vor allem die andere Rolle von Frauen in der Öffentlichkeit, wird als Ergebnis der christlichen Kultur angesehen. Nicht wenige Muslime vor allem jugendlichen Alters passen sich der Kultur des Einwanderungslandes an oder werden durch Bedingungen am Arbeitsplatz, sozialen Druck auf einzelne Familienmitglieder oder das Aufbegehren der jüngeren Generation «gezwungen», ethische Ideale oder muslimische Lebensregeln wie die fünf Säulen des Islam (also die Hadsch, das Almosengeben, das täglich fünfmalige Gebet, die Einhaltung des Fastens im Ramadan oder das öffentliche Bekenntnis zu ihrem Glauben) aufzugeben.[3]

Globalisierung, im Sinne einer Loslösung von nationalen Strukturen: In der Innen- und Außenwahrnehmung eher liberale nationale Formierungen «des Islam» wurden

---

2   O. Roy, *L'Islam mondialisé,* Paris 2002, dt. Ausgabe: *Der islamische Weg nach Westen. Globalisierung, Entwurzelung und Radikalisierung,* München 2006.

3   Vgl. die Ausführungen zu den Filmen DIE FREMDE (Regie: Feo Aladag; Deutschland 2010) und TAKVA – GOTTESFURCHT (Regie: Özer Kiziltan; Deutschland/Türkei 2006) in diesem Band.

in den letzten Jahrzehnten durch einen auf den *Panarabismus* Gamal Abdel Nassers aufsetzenden *Panislamismus* ersetzt. So kommt es, dass sich heute junge Muslime von ihren Herkunftsländern und Familien distanzieren. Sie begreifen sich nicht mehr als Tunesier, Marokkaner etc., sondern als Maghrebiner oder überhaupt als arabisch sprachige Muslime. Unter postkolonialen und letztlich zumindest in den Migrantenmilieus postnationalstaatlichen Bedingungen entwickelt sich so in den Köpfen ein «universaler Islam» jenseits kultureller Identitäten. Fatalerweise entspricht diese Entwicklung genau der islamfeindlichen Außenwahrnehmung in den westlichen Staaten, die ebenfalls nicht zwischen nationalen und konfessionellen Differenzen unterscheidet.

Spiritualisierung und Individualisierung: Analog zur New-Age-Welle findet sich auch unter Muslimen die Suche nach Möglichkeiten und Chancen religiöser Praxis in säkularer Gesellschaft. Die geschieht in muslimischen Staaten unter Umgehung der teilweise restriktiven politischen Vorgaben, in westlichen Staaten unter Kooperation oder Konfrontation mit der staatlichen Gewalt und soziopolitischen Infrastruktur. So lösen sich junge, nicht selten gut gebildete Muslime auf der Suche nach einer Befriedigung ihrer spirituellen Bedürfnisse aus den Sippen-, Familien-, aber auch Gemeindestrukturen, welche diese Bedürfnisse nicht befriedigen können.

Gleichzeitig läuft die *soziologische Modernisierung* weiter: Der Bildungsgrad der Frauen in allen islamischen Ländern steigt (etwa im Iran von 28 Prozent im Jahr 1976 auf 80 Prozent 1996), die Geburtenrate sinkt in diesen Jahren (etwa in Algerien von rund 5 im Jahr 1980 auf 3 Kinder im Jahr 2000, in Tunesien ging dieser Wert von 4,9 auf 2,1 zurück). Dies geschieht nicht zuletzt bedingt durch – auch religiös motivierte – Alphabetisierungskampagnen, namentlich im Iran. Gleichzeitig spricht Vieles dafür, dass der Neofundamentalismus auch als Reaktion auf die Herauslösung junger Frauen aus den paternalen Sozialstrukturen ihrer Herkunftskulturen verstanden werden darf.

Insgesamt handelt es sich beim Islamismus also zwar durchaus um eine Weltanschauung, die der Moderne die Stirn bietet, wenn auch aus einer Situation des Angegriffenseins und der Verteidigung. So stammt vom palästinensischen Vordenker Scheich Ahmad Yassin der Satz: «Wir wollen nicht die Modernisierung des Islam, sondern die Islamisierung der Moderne.»[4] Gleichzeitig handelt es sich bei dieser Re-Islamisierung aber nicht um den Erstangriff einer offensiven Religion, sondern um eine Identifizierung unter einer spätestens seit dem 11. September 2001 als feindlich wahrgenommenen weltweiten Situation der Bedrohung muslimischer Menschen als Individuen oder als ganze *communities* durch die westliche Kultur. Dieser Trend einer freiwilligen Identifizierung mit dem Islam unter dem Druck der permissiven westlichen Kultur gilt vor allem für Frauen und das Kopftuch, das gerne als Signal

4   Roy, *Der islamische Weg nach Westen*, 35.

für Frauenunterdrückung gebrandmarkt wird. Nach allem was wir wissen, ist es aber mindestens ebenso häufig ein Instrument der Selbstermächtigung und der Identitätsmarkierung in fremder und als feindlich wahrgenommener Umgebung.[5]

Olivier Roy weist darauf hin, dass Neofundamentalismus eher den spirituellen oder säkularen Radikalisierungen der späteren Moderne verwandt ist als einer intrinsisch religiösen, also rein islamischen Bewegung: Als spätmoderne Sehnsucht nach *Spiritualität* ist er den Intentionen Lubavitscher Chabbadniks oder Anhängern des New Age verwandter, als man auf den ersten Blick wahrhaben möchte. *Al Quaida* als internationale Kampfbewegung gegen den westlichen Imperialismus dagegen ist eher zu verstehen als politische Radikalisierungsbewegung analog der RAF oder den tamilischen Tigern (Hinduismus!). Bekanntermaßen hatte auch das international erste «Selbstmordattentat» im Jahr 1971, das diese Bezeichnung verdient, keineswegs einen islamischen, sondern einen konfuzianischen Hintergrund.[6]

Durchaus bedenkenswert, wenn auch letztlich zu undifferenziert, ist Roys Hinweis darauf, dass neukonservative religiöse Bewegungen der letzten Jahrzehnte unterschiedlichster kultureller Herkunft erstaunliche Parallelen aufweisen. So lassen sich nach Roys Auffassung im Auftreten der Bewegung Fethullah Gülens ebenso wie bei der Weltjugendtags-Initiative Papst Johannes Pauls II. und Ayatollah Khomeinis Mobilisierung der Massen im Iran analog identifizieren: eine direkte Ansprache der Jugend unter Umgehung der Familien und der Tradition. Eine Betonung des Eventcharakters statt des individuellen Glaubens sowie eine Anhängerschaft an *Personen* nicht an die *Religion* als Ganze. In allen Fällen behindert ein mehr oder weniger offen propagierter antiintellektueller Affekt die Lektüre der Reformschriften der jeweiligen Religionen.[7]

Ein Beispiel: YASMIN[8]

Exemplarisch soll vor diesem Hintergrund ein Spielfilm der jüngeren Zeit betrachtet und speziell auf das Zueinander von islamischer Religion und moderner Gesellschaft durchleuchtet werden – nicht zuletzt, weil die Autoren selbst deutliche Hinweise dafür geben, dass genau *diese* Bruch- und Begegnungslinie auch im Zentrum ihres eigenen Interesses steht.[9]

Der Film YASMIN (Großbritannien/Deutschland 2004) ist das Ergebnis der Zusammenarbeit des schottischen Regisseurs Kenny Glenaan und seines Drehbuchautors

---

5   Vgl. die Ausführungen zum Film YASEMIN am Ende dieses Beitrags.

6   Roy, *Der islamische Weg nach Westen*, 44.

7   Ebd., 49.

8   Die Filmanalyse orientiert sich partiell an der Rezension des *Filmdienst*, Nr. 11/2005, fd 37076.

9   Damit ist der Film keineswegs in seiner ganzen ästhetischen, anthropologischen und sozialen Dimension interpretiert.

2 Archie Panjabi in YASMIN
(Regie: Kenny Glenaan,
Großbritannien / Deutschland
2004)

Simon Beaufoy (auch: GANZ ODER GAR NICHT – THE FULL MONTY; Regie: Peter Cattaneo; Großbritannien und USA 1997). Er funktioniert deshalb so stimmig, weil die beiden auf vorzügliche pakistanische Darsteller trafen, deren politisches Bewusstsein und Selbstironie sich für die Darstellung kultureller Eigenarten als besonders geeignet erwiesen haben.

Zu Beginn des Films sind die Bilder vom Morgen des 11. September 2001 zu sehen, die brennenden und schließlich einstürzenden Türme des New Yorker World Trade Center. Gezeigt werden auch die Beobachter dieses Dramas von kaum zu überschätzender religions- und weltpolitischer Reichweite, das zugleich die Thematik des Films vorbereitet. Der Film zeigt Menschen in einer nordenglischen Garküche, welche die Bilder mit ungläubigem Staunen betrachten, selbst der britische Fernsehsprecher scheint fassungslos – nur ein junger Pakistani dreht sich mit unverhohlener Genugtuung über das Geschehen zu seinen Freunden um.

YASMIN beschreibt nun präzise, was die Ereignisse in New York für britische Muslime, genauer für die Protagonistin, die dem Film ihren Namen gibt, Yasmin, bedeuten. In einer kurzen, aber ungemein aussagekräftigen Montage-Sequenz sieht der Betrachter, wie die Straßen plötzlich leer gefegt scheinen; in eine erste Ansprache von US-Präsident Bush («Ich werde die feigen Täter jagen und bestrafen») mischen sich bereits Hubschraubergeräusche – der Krieg gegen den Terrorismus hat begonnen. Am Arbeitsplatz kursieren schnell die ersten rassistischen Witzeleien. Schon zuvor hatte der Film in exemplarisch verdichteten Szenen für die dramaturgisch nötige Fallhöhe gesorgt: Yasmin ist eine Pakistani der zweiten Generation, die in Nordengland ganz pragmatisch und ausgesprochen selbstbewusst den Spagat zwischen den Kulturen und Generationen versucht. Morgens verlässt sie verschleiert ihre Familie und zieht sich auf dem Weg zur Arbeit um. Sie ist mit «hochreligiösen» und kaum englisch sprechenden Pakistani Faysal verheiratet, aber nur zum Schein, um ihm britische Papiere und eine Aufenthaltsgenehmigung zu verschaffen. Die Bedingungen dieser Scheinehe zeichnet der Film mit teilweise drastischem Humor, bestätigt doch Faysals Verhalten – er kocht im Freien, weil er keinen Herd bedienen kann, und hält sich eine Ziege als «Frau» – alle Vorurteile kultureller Unterschiede zwischen der ersten und der dritten Welt. Sie werden mit drastischem britischen Humor bedient und überzeichnet.

Yasmins Vater arbeite als Imam der Moschee und leidet unter der Verwestlichung seiner Tochter. Diese ist viel weiter fortgeschritten, als er ahnt. Yasmins Bruder Nasir hält sich als Kleindealer über Wasser und träumt Macho-Träume. Er wird es sein, der seinem Vater gegenüber die Terroranschläge als «stylish» bezeichnet, und damit auf heftigsten Widerspruch stößt. Innerhalb dieser höchst widersprüchlichen Gemengelage von Fremdheit und Integration, Tradition und Moderne fungiert der Terroranschlag als Lackmustest und Sprengsatz. Die Gesellschaft bezieht unvermittelt Stellung in den Schützengräben eines ideologischen Bürgerkriegs und Yasmin bekommt dies als muslimische Frau an der Kulturgrenze als Erste zu spüren, als an ihrem Arbeitsplatz die liberale Tünche brüchig wird (Abb. 2) und man zu Hause neu ihre Loyalität mit der Herkunftskultur einfordert. Faysal dagegen, der archetypische «Fremde», gerät aufgrund einiger Anrufe in der Heimat ins Visier von Terrorfahndern. Auf die Suche nach mutmaßlichen Terroristen dringen schließlich schwerbewaffnete Spezialeinheiten in die Wohnungen der Pakistanis ein.

Fast zeitgleich tauchen in der Community radikale Islamisten auf, die vorgeben, die Anwohner über ihre Rechte aufklären zu wollen. Gerade bei den Jugendlichen, die längst die Körpersprache des Hip-Hop internalisiert haben, finden Kriegsfotos aus Palästina oder Tschetschenien und auch die Heilsversprechen, als Märtyrer direkt in den Himmel zu kommen, gehörige Resonanz. Gegen ihre als Kleinkriminelle «gelungene» Assimilation steht jetzt die Option, ein «guter Moslem» zu werden. Nasir entscheidet sich, als Kämpfer nach Pakistan zu gehen, und der Film findet dafür das eindeutige Bild, die Figur in einen Tunnel gehen zu lassen. Yasmin bleibt nur die Möglichkeit, ihren Segen zu diesem Entschluss zu verweigern. Immer wieder erzählt der Film auch von der Macht der Medien, der Fernsehbilder, Fotos und Flugblätter, die dazu beitragen, die Gesellschaft zu polarisieren: An Aufklärung und Räsonnement herrscht kein Bedarf mehr. In einer Einstellung schaltet Yasmins Vater Khalid resigniert die Fernseher im Elektrogeschäft, in dem er tagsüber arbeitet, aus. Die Medien transportierten einst Informationen, lockten vielleicht gar zum Leben in Übersee, doch mittlerweile schüren sie Hass. Die jungen Pakistanis schauen schon längst Ausbildungsvideos über die Handhabung von Flugabwehrraketen. Als Yasmin einmal versucht, Faysal im Gefängnis zu besuchen, damit er die Scheidungspapiere unterschreibt, wird sie selbst verhört. Sie erlebt ihre ganz persönliche «Catch 22»-Situation: Die Terrorfahnder wollen Informationen von ihr, wissen aber nicht, welche. Yasmin hat hier nichts zu bieten. Also soll sie wegen der Zurückhaltung von Informationen bestraft werden.

Yasmin beweist wiederholt Zivilcourage gegenüber Behörden und auch im Alltag, doch ihre Kraft reicht nicht, um den ungleich schwieriger gewordenen kulturellen Spagat durchzuhalten. Auch ihr Vater resigniert: Nachdem sein Sohn verschwunden ist, muss er in der Moschee wieder auf ein Tonband zurückgreifen, wenn er zum Gebet rufen will. Es sind die Alten und die Frauen, die in diesem Film gettoisiert zurückbleiben. Ein Weiterleben wie zuvor wird es nicht geben.

Der Film YASMIN stellt mit verhaltener Wut und lehrstückartiger Präzision fest, dass die politischen Kurzschlussreaktionen auf die Herausforderung des internationalen Terrorismus die interkulturellen Annäherungen der letzten 30 Jahre hinweggefegt haben. Nachdem der Vorspann noch die Spannungen zwischen immigriertem Neo-Islam und zeitgenössischem England gezeigt hatte, erleben wir am Ende eine Re-Islamisierung oder freundlicher formuliert: die Re-Identifizierung Yasmins als Muslima. Wir sehen sie auf dem Weg zur Moschee und erleben die Versöhnung mit ihrem Vater. Er steht für eine konservative, bodenständige islamische Tradition. Von Faysal, ihrem Schein-Ehemann, dagegen, der nicht nur jede Inkulturation verweigert und einen naiven Islamismus lebt, trennt sie sich. Er steht unter Terrorverdacht, sein weiteres Schicksal bleibt unklar.

Ein internationaler Konflikt, der US-Amerikanische Kampf gegen den Terrorismus und seine Nachwehen tragen also – auch langfristig, so die Botschaft des Films YASMIN – zu einer Ent-Differenzierung bis dato schon einmal punktuell versöhnter oder doch biographisch eng verzahnter Lebens- und Weltanschauungsmodelle bei. Muslimische Mitbürger sind überall in der westlichen Welt seit 9/11 einerseits mit unübersehbaren Abstoßungsmechanismen der Mehrheitsgesellschaft konfrontiert. Andererseits wenden sie sich verstärkt mit den Identifikationsmodellen eines konservativen oder radikalen beziehungsweise salafistischen Islam zu. Sie werden so in Entscheidungssituation zwischen explizit gelebter Religion und säkularer Existenz gedrängt, die sich vorher in dieser Schärfe nicht stellten. Solcherlei Entdifferenzierungstendenzen in hoch differenzierten Gesellschaften führen jedoch mit nahezu mathematischer Logik in unangemessene Lösungsstrategien, die sich zusätzlich konfliktverstärkend auswirken und schließlich als *self-fulfilling prophecy* in das kollektive Gedächtnis einzugehen drohen: Die sich aufschaukelnden Konflikte zwischen «Islam» und «westlichen Gesellschaften», die als Reaktion auf vorauslaufende Anschärfungen von beiden Seiten und ideologische Außenansichten des jeweils anderen beruhen, führen schließlich tatsächlich auf dem Weg über die beschriebenen Entdifferenzierungen zur angeschärften symbolpolitischen Präsenz genau jener *cultures*, deren *clash* Samuel Huntington als *das* Thema des 21. Jahrhunderts vorhergesagt hatte.

Matthias Müller

Zur Erkennbarkeit des Islam im Film
Zwischen Religion, Kultur und Fundamentalismus

Der Islam ist in den letzten Jahren zunehmend Thema öffentlicher und privater Debatten in Deutschland und weltweit. Unsicherheiten und Fehler in der sachlich und
politisch korrekten Formulierung der eigenen Position sind dabei naturgemäß groß.
Eine Spitze dieses gesellschaftlichen Defizits in der Kommunikationskompetenz, das
sich am Stammtisch, in Schulen und sogar in den öffentlich rechtlichen Medien beobachten lässt, ist beispielsweise die Neigung, vom Islamismus zu sprechen, auch wenn
man eigentlich allgemein vom Islam sprechen möchte. Häufig wird darin nur eine un-
bewusste Ungenauigkeit im Begriff liegen, und nicht die Behauptung intendiert sein,
aller Islam sei fundamentalistisch. Dennoch kommt so sicherlich auch die Prägung
der öffentlichen Wahrnehmung des Islam durch die Brille einer medialen Berichterstattung zum Ausdruck, die rund um das Phänomen des islamischen Fundamentalismus inszeniert wird. Die seit dem 11. September 2001 bei der Mehrheit der deutschen
Bevölkerung vorherrschenden Bilder zum Islam bestehen zum einen aus einer wenig
differenzierten und reflektierten Mischung aus islamischem Terrorismus weltweit
und zum anderen aus Fragen misslungener Integration zu Hause.[1] Wahrscheinlich ist
es in manchen Lebenskonstellationen tatsächlich zu viel verlangt, zur Überprüfung,
Ergänzung und Korrektur solcher Bilder mit jenen Zeugen des Islam das Gespräch zu
suchen, die in der eigenen Umgebung wohnen. Aber auch die mediale Vermittlung
von Islambildern bietet Auswege gegenüber einer verzerrenden Engführung auf fundamentalistische und abgrenzende Äußerungen der Religion.

Im Gegenüber zur tages- oder wochenaktuellen medialen Berichterstattung, die
einen Sensationswert der Nachricht benötigt und insofern eine natürliche Neigung
insbesondere zu gewalttätigen Formen des Religiösen besitzt, entstehen Filme aus
einer anderen Motivationslage. Sie ermöglichen als komplexe Medien mit emotio-
naler Tiefenwirkung und Potenzial zur Reflexion sowie Brechung eindimensionaler
Wahrnehmungen andere Annäherungen an das Phänomen des Islam. Entsprechend

---

1   Vgl. K. Hafez und C. Richter, Das Islambild von ARD und ZDF, in: *Aus Politik und Zeitgeschichte* 26/27 (2007) 40–46; vgl.
    auch: I. Neidhardt, Wo interveniert Gott? Elia Suleimans Göttliche Intervention, in: M. Fröhlich, C. Schneider und C.
    Visarius (Hg.), *Projektionen des Fundamentalismus. Reflexionen und Gegenbilder im Film*, Marburg 2007, 103–116, 107.

gab es in den letzten Jahren in deutschen Kinos und Verleihen sowie im Fernsehpro-gramm eine zunehmende Anzahl von Filmen, die sich auf komplexere Weise mit dem Islam auseinandersetzen.

Was aber ist Islam im Kontext der Filmkunst? Wie kann in einem solchen mehr-dimensionalen und insofern immer uneindeutigen Bildfeld «Islam» erkannt werden? Wie wäre er außerdem vom «Islamismus» zu unterscheiden? Wie können Filme, die von islamisch geprägten Kulturen und Ländern handeln, dem deutschen Publikum einen anderen Blick auf diese Religion eröffnen? Können Nicht-Experten in einem Film, in dem der Islam vielleicht auch nur am Rande oder als kultureller Hintergrund vorkommt, Einsichten über die Religion entschlüsseln, dabei vielleicht auch zwischen politischen, kulturellen und religiösen Phänomenen unterscheiden und im Idealfall einen positiven, affektiven und der persönlichen Begegnung schon recht nahe kom-menden Zugang zum Islam finden? Nach einem solchen Filmerlebnis würde man wohl in Zukunft genauer abwägen, ob man gerade vom Islam als religiösem Bekennt-nis spricht, dem sich ungefähr ein Fünftel der Weltbevölkerung zurechnet, oder von fundamentalistischen Gruppen innerhalb des Islam.

Erkennbarkeit

Wenn man sich im Zuge solcher Gedanken zunächst ganz naiv die Frage stellt, wie in einem Film eine Religion im engeren Sinn für den Zuschauer erkennbar dargestellt sein kann, muss man an drei Darstellungsformen denken: Erstens die Platzierung von religiösen Symbolen in der Mise en Scène, zum Beispiel können ein sichtbarer Koran, arabische Schriftzeichen, ein Minarett oder auch ein Kopftuch dem Zuschau-er Hinweise auf einen Islam-Bezug des Films geben, zweitens die Darstellung von religiösen Riten, zum Beispiel in Form eines Gebets, und drittens die Inszenierung von zwischenmenschlicher Kommunikation über Gott oder die religiösen Traditio-nen. Im Medium Film ist es praktisch nicht möglich, dabei Religion und Kultur zu un-terscheiden. Religion wird dargestellt durch kulturelle Symbole und Vollzüge sowie durch die Kommunikation über diese. Die Frage, was in diesen Bildern als religiöse Substanz, zum Beispiel als spezifisches Gottesverhältnis, zum Ausdruck kommt, und was «nur» eine geschichtlich bedingte und vielleicht auch fehlgeleitete kultu-relle Ausdrucksform dieser Substanz ist, kann der Film selbst nicht beantworten. Das ist nur in einem theologischen Binnendiskurs der Religionsgemeinschaft selbst zu klären.

Es wird deutlich, dass eine Unterscheidung von Religion und Kultur auf der Ebene des Films selbst nicht zu treffen ist, da der Film Religion ja nur zeigen kann, indem er kulturelle Ausdrucksformen der Religion darstellt und insofern im Film alle Religion Kultur ist und auch umgekehrt alle religiös konnotierte Kultur eben eine Erscheinungsform von Religion ist. Ähnliches gilt aber nun leider auch für die Unterscheidung von Islam und fundamentalistischem Islamismus.[2] Da die Symbole, Handlungen und Themen, mit denen der Film für uns erkennbar islamischen Fundamentalismus oder auch Terrorismus darstellt, eben immer religiös konnotiert sind, kommen hier auf der Ebene der Filmsprache Erscheinungsformen des Islam zum Ausdruck; ebenso kommt in filmischen Darstellungen von – wenn man so will – liberalen Interpretationen des Islam Religion zum Ausdruck. Wenn wir die Phänomenalität der Filmsprache auf ein Vorkommen von Religion untersuchen, ist zunächst beides – Fundamentalismus und Liberalismus – gleichberechtigt eine Phänomenalität von Religion und insofern eine Darstellung des Islam.

Zunächst handelt es sich also bei allem, was einem Betrachter an islamisch konnotierten Filmbildern und Sequenzen begegnet, um Darstellungen des Islam. Gerade innerhalb eines solchen Feldes verschiedener Bilder zu einem Thema kann bei einem Betrachter die Frage nach der Unterscheidung der Phänomene entstehen. Solche letztlich urteilenden oder wertenden Unterscheidungen nehmen dann allerdings immer schon Verknüpfungen mit außerfilmischen Kategorien vor. Außerfilmische Bezugsargumente für die Deutung von vorliegenden Bildern als Bilder über Islam werden sogar genau betrachtet auch schon in der oben beschriebenen Identifizierung der Darstellung von Islam im Film in Anspruch genommen. Jede Deskription von und jede Auseinandersetzung mit Islam im Film braucht im hermeneutischen Prozess neben dem Filmbild weitere Elemente zur Erzeugung einer Aussage.

Ein Islamwissenschaftler beispielsweise wird in anderen Erfahrungsbereichen gewonnene Deskriptionen von islamischen Bildern, Vollzügen oder Themen mit dem Filmgeschehen vergleichen und so spezifische islamische Traditionen in einem Film identifizieren und von anderen tatsächlichen oder möglichen Darstellungen unterscheiden. Für die eingangs eröffnete kulturwissenschaftliche Frage nach einer Unterscheidung von Islamismus und nicht fundamentalistischem Islam kann das dichotomische Begriffspaar Fundamentalismus und Liberalität mit den jeweiligen kulturgeschichtlichen Bezugswerten in Anspruch genommen und an die Darstellungen des Films angelegt werden. So kann dann eine Aussage darüber getroffen werden, an welchen Stellen fundamentalistischer und an welchen Stellen nicht-fun-

---

2   Es genügt für das Interesse dieser Argumentation, zunächst vereinfachend vom Islamismus als islamischem Fundamentalismus zu sprechen und nicht auf sachangemessen notwendige Differenzierungen zwischen verschiedenen Strömungen oder Playern auf dem Feld des islamischen Fundamentalismus und die Bandbreite verschiedener möglicher Positionen im Problemfeld des Verhältnisses von Moderne und Islam sowie Nationalismus und Islam einzugehen. Das erkenntnistheoretische Problem, aus westlich-christlicher Perspektive mittels Filmen eine Auseinandersetzung mit dem Islam als Religion zu suchen, bleibt in der Begegnung mit allen Traditionslinien des Islam dasselbe.

damentalistischer Islam gezeigt wird. In letzterer Fragestellung fließt meist durch die eigene ablehnende Haltung des Wissenschaftlers gegenüber Fundamentalismus zumindest implizit auch eine wertende Aussageebene mit ein, und es steht die Frage im Raum: Wie sollte Islam sein? Dieser Frage muss sich ein Kulturwissenschaftler spätestens dann stellen, wenn er etwas veröffentlicht, und so seine Differenzierung zwischen verschiedenen Spielarten des Islam in einen öffentlichen Diskurs einbringt, der den Bereich der praktischen Vernunft «Was soll ich tun?» nicht ausklammern kann.

Für eine theologische und insofern mit religiösem Bekenntnis grundierte Auseinandersetzung mit dem Islam bedeutet die Frage nach dem «Sollen» zugleich ein Urteil über die Wahrhaftigkeit des Islam. Welches Bild von Islam ist in der Lage, jenen Gottesbezug zum Ausdruck zu bringen, den ich der Religion zuerkenne? Auf der Grundlage der eigenen Religiosität muss die Entscheidung zwischen richtiger Religion und falscher Religion getroffen werden – und falsche Religion ist dann eigentlich gar keine, da hier der intendierte Gottesbezug verfehlt wird.

Die Frage nach der Erkennbarkeit einer Religion ist also – je nach Wahrheitsbegriff des professionellen oder privaten Betrachters – zuinnerst mit der Frage nach der Richtigkeit, nach dem Sein-Sollen, oder nach der Wahrheit der Religion verknüpft.

Rezeptionsästhetik und Fremdwahrnehmung

Bereits in deskriptiv kulturwissenschaftlicher Perspektive muss man sich seines eigenen Standpunktes und Zugangs vergewissern. Man wird sich dabei aber relativ schnell darüber einigen können, ob ein Film von islamischer Kultur handelt. Dann beginnen die Expertendiskurse: welche Tradition hier abgebildet ist, eventuell mit welchen politischen Hintergründen oder Verwicklungen. Man kann Ungenauigkeiten in der Darstellung einer bestimmten Tradition feststellen. Unter Umständen entdeckt man dabei auch den eigenen spezifischen Zugang und einen wesentlichen Einfluss der eigenen kulturellen Perspektive auf das inhaltliche Urteil. Im Austausch mit anderen entdeckt man nicht selbstverständliche Fragestellungen, die einen unvermuteten Mehrwert des Films offenbar machen.

Rezeptionsästhetische Bedingungen sind im hermeneutischen Geschehen immer zu beachten. Aufgrund des besonderen, nämlich personalen Charakters des Inhaltsbereiches Religion im Fall der Ermittlung von religionsbezogenen Bedeutungen ist eine besondere Form von Rezeptionsästhetik gegeben: Da sich religiöse Bedeutung in ihrem inhärenten Anspruch immer aus einer persönlichen Vollzugsperspektive erschließt, hat der postulierte Inhalt immer schon etwas mit mir und auf nicht rein deskriptive Weise mit meinen Kommunikationspartnern zu tun. In religionswissenschaftlicher oder theologischer Auseinandersetzung[3] mit einem Film bricht eine Interpretation von besonderer Wertigkeit an. Die theologische Frage, ob ein bestimmter Film vom Islam handelt, kann nämlich auch bei einem offensichtlich in einem islamischen Kulturraum angesiedelten Film vehement verneint werden, da der Betrachter zum Beispiel der Meinung ist, der Film handle von allgemein menschlichen Spannungsverhältnissen und nicht vom Islam insbesondere. Ein anderer wird sagen, dieser oder jener Film handle ganz speziell vom Islam, da eine bestimmte Haltung oder Handlung charakteristisch für den Islam sei. Die Frage, ob ein Film vom Islam handelt, hat zuinnerst etwas mit meinem eigenen Verständnis vom Menschsein, von Religiosität und insbesondere vom Islam zu tun. Da diese natürlich wiederum nicht unerheblich auf meiner eigenen kulturellen und religiösen Prägung und Haltung basiert, ist die Hinterfragung und kulturanalytische Verortung des eigenen Urteils auch für eine theologische Annäherung an Filme wesentliches Handwerkszeug.

FASTEN AUF ITALIENISCH

Der besondere Charakter der theologischen Frage, ob und inwiefern ein Film vom Islam als Religion handle, lässt sich an dem französischen Spielfilm FASTEN AUF ITALIENISCH von Olivier Baroux aus dem Jahr 2010 veranschaulichen (Frankreich 2010). Der Film handelt von dem algerischstämmigen Mourad Ben Saoud (gespielt von Kad Merad), der in Südfrankreich, um Integrationshindernissen aus dem Weg zu gehen, vorgibt, ein Italiener mit Namen Dino Fabrizio zu sein. Als Dino Fabrizio ist er sehr erfolgreich und steht kurz davor, Leiter einer großen Maserati-Filiale in Nizza zu werden. Als er seinem kranken Vater versprechen muss, den Ramadan an dessen Stelle zu halten, gerät er in große und sehr unterhaltsame Schwierigkeiten (Abb. 1). Schließlich kommt der Schwindel ans Licht, worauf das Scheinleben Mourads einschließlich seiner langjährigen Beziehung zusammenbricht. Der Film endet aber optimistisch mit Versöhnung und Heirat Mourads mit seiner Freundin Hélène.

Es ist nicht in jeder Lesart naheliegend, FASTEN AUF ITALIENISCH als Film über den Islam zu bezeichnen. Er spricht den Zuschauer humorvoll aber durchaus tiefgründig an: als Film über kulturelle Stereotypen, über Integration, über Selbstsuche und -findung, über familiäre Bindungen, über Lüge und Umkehr. Gleichzeitig ist der Film voller religiöser Riten und Kommunikation über Religion und setzt diese Bilder auch gezielt und zentral ein. Die Behauptung, dass FASTEN AUF ITALIENISCH ein Film über

---

3   Traditionell würde die Religionswissenschaft gerade zu ihrer Unterscheidung von der Theologie die eigene Involvierung in den Forschungsgegenstand verneinen. Einer Religionswissenschaft, die in der Linie der von der gegenwärtigen Kulturwissenschaft eingesehenen erkenntnistheoretischen Grundaxiome arbeitet, wird aber diese Distanzierung vom Bekenntnischarakter ihres Gegenübers zunehmend fraglich und gewinnt so eine neue Nähe zur Theologie.

1 Dino testet Tiramisu während des Ramadan in FASTEN AUF ITALIENISCH (Regie: Olivier Baroux; Frankreich 2010)

den Islam sei, scheint dennoch nur gerechtfertigt als individuelles Bekenntnis, dass er «für mich» ein Film über den Islam ist. Als Beispiel mag hierfür die Funktion des Ramadan im Film dienen. Das Beachten des Ramadan wirkt in der Filmhandlung als Katalysator, der die Filmfigur entlarvt und läutert. Die katalysatorische Funktion bleibt allerdings äußerlich, indem Dino/Mourad letztlich durch die Schwierigkeiten im Alltag im Zusammenhang seiner neuen Traditionsobservanz auffällig wird. So tritt der Religionsvollzug in seiner persönlichen Bedeutung – die durch stimmungsvolle Bilder zum Vollzug des Gebetes durchaus inszeniert wird – hinter vorrangigen Aussageebenen des Films über gesellschaftliche und zwischenmenschliche Verwicklungen zurück und die Zitate aus der religiösen Tradition erscheinen als wesentlich zufällig und nicht notwendiger Weise als Aussagen über religiöses Fasten, geschweige denn über den Islam. Erst auf dem Hintergrund eigener Erfahrungen mit Fasten und religiöser Einkehr kann ein Interpret des Films behaupten, in Mourads Fasten eine besondere Authentizität des Daseins oder vielleicht auch eine spezifische Differenz des religiösen Lebens zu erkennen, die gerade dadurch die Veränderung in Mourads Leben bewirke. Das Postulat, das in FASTEN AUF ITALIENISCH islamische Religiosität zum Ausdruck komme, geht als Urteil mit Bekenntnischarakter über die rein kulturwissenschaftliche Analyse hinaus. Das mag bei einer unterhaltsamen Komödie besonders deutlich sein, es verhält sich aber auch bei einem Film mit mehr auratischer Religiosität vom Kern her nicht anders.

Mit dieser Forderung einer bekennend rezeptionsästhetischen Interpretation eines Films soll nicht eine alte theologische Untugend in der Filmanalyse wiederbelebt werden, die Filmen unabhängig von einer sorgfältigen filmimmanenten Analyse eine religiöse Valenz zuschreibt. Film- und kulturwissenschaftliche Analyse und selbstkritische Reflexion von Rezeptionsbedingungen sind unerlässlich für eine angemessene Filminterpretation. Dennoch postuliert das Urteil, ob es sich in einem Medium um eine Ausdrucksform von Religion handelt oder nicht, eine andere Aussageebene als

die reine Deskription und ist so noch einmal in besonderer Weise rezeptionsästhe-
tisch verfasst – nämlich abhängig von der Haltung des Betrachters im religiösen
Feld – oder theologisch gesprochen vom Zeugnis des Zeugen.

Wenn Filme bei einem solchen Rezeptionsprozess außerdem Kultur- und Religionsgrenzen überschritten haben, stellt sich die Frage nach der in ihnen dargestellten
Religion auf besonders prekäre Weise, nämlich als Frage nach der Wahrhaftigkeit einer anderen Religion.

Welches hermeneutische Modell kann helfen, einen solchen bekenntnisrelevanten Erkenntnisprozess über die Grenzen von Kultur- und Zeichensystemen hinweg
zu strukturieren? Dazu soll im Folgenden das semiotische Modell von Peirce skizziert
werden.

Charles Sanders Peirce

Die pragmatische Zeichenlehre des amerikanischen Logikers, Philosophen und
Sprachtheoretikers Charles Sanders Peirce (1839–1914) entwickelt das hermeneutische Sinnbildungspotenzial in einem dreigliedrigen semiotischen System von erstens
«Zeichen», zweitens «Objekt» und drittens – das ist die Besonderheit – dem «Interpretant», der das Nebeneinander von Zeichen und Objekt in eine Bedeutung oder
Wirkung überführt. Die durch dieses Dreierverhältnis eröffnete Erkenntnisstruktur
versucht Peirce durch die Beschreibung verschiedener Typen von Zeichen, Objek-
ten und Interpretanten genauer zu fassen und zu beschreiben.[4] Für unseren Zusammenhang besonders interessant ist der Interpretant als dynamische Schnittstelle
im Bedeutungsprozess. Innerhalb des semiotischen Systems betrachtet, ist diese
Wirkung zwischen Zeichen und Objekt zunächst natürlich wiederum ein Zeichen.[5]
Insofern Peirce als Semiotiker ein phänomenologischer Pragmatist ist, hält er aber
den Zeichenbegriff denkbar offen und alle in einer ontologischen Erkenntnistheorie
denkbaren Erscheinungsformen umfassend. So kann der Interpretant zum Beispiel
«unmittelbar» eine persönliche Empfindung, «dynamisch» der Vollzug einer aus der
Lektüre resultierenden Handlung oder auch «final» die Änderung einer konventionellen Zeichenbedeutung sein.[6] Durch die Berücksichtigung von drei Dimensionen beim

---

4   Zur Einführung in die Semiotik Charles Sanders Peirces vgl. H. Pape, *Charles S. Peirce zur Einführung*, Hamburg 2004,
     117–142.
5   «Ein *Zeichen* oder *Repräsentamen* ist alles, was in einer solchen Beziehung zu einem Zweiten steht, das sein *Objekt*
     genannt wird, dass es fähig ist ein Drittes, das sein *Interpretant* genannt wird, dahingehend zu bestimmen, in der-
     selben triadischen Relation zu jener Relation auf das Objekt zu stehen, in der es selbst steht. Dies bedeutet, dass
     der Interpretant selbst ein Zeichen ist, das ein Zeichen desselben Objekts bestimmt und so fort ohne Ende.» Ch. S.
     Peirce, *Phänomen und Logik der Zeichen*, Frankfurt 1993.
6   Vgl. Ch. S. Peirce, *Semiotische Schriften*, Band III, Frankfurt 2000, 225 f.

Zustandekommen von Bedeutung in einem offenen Prozess und durch die Zulassung von personalen Ebenen des Interpretationsgeschehens ist das Peirce'sche Modell in der Lage, eine personale Dynamik der Sinnbildung plausibel zu machen und dem hermeneutischen Modell auch zum Beispiel zeugnisgebundene Erkenntniskategorien zu eröffnen. Die Interpretation eines Films oder einer Sequenz muss sich dann die Frage stellen, in welcher Aussageordnung der Bedeutungseindruck verfasst ist, ob die eigene Interpretation Ausdruck einer Empfindung ist, ob sie Vollzug einer Handlung, einer Gewohnheit oder einer Konvention ist oder ob sie die Änderung einer Konvention anstrebt, initiiert oder postuliert.

Die so erzeugte Bedeutung ist bei Peirce keineswegs individualistisch, da der Interpretant als geschichtlich personale Größe immer schon in eine Kommunikationsgemeinschaft, an deren Sprach- und Zeichensystem er teilhat, eingelassen ist. An der Stelle des Interpretanten besitzt der Kontext des aktuellen Erkenntnisprozesses eine irreduzible Relevanz für die Generierung von Bedeutung aus einem Zeichen. Auf keiner der Interpretationsebenen – empfindend, vollziehend und verändernd – ist das interpretierende Subjekt eine bedeutungsgenerierende Monade, sondern immer eingelassen in einen Interpretationszusammenhang, der die eigene Person ebenso umfasst wie andere Menschen und andere Erkenntnisvorgänge und Zeichentraditionen.[7]

Produktive Dopplungen

In einer dreigliedrigen semiotischen Struktur, die auch personale Dimensionen zu integrieren in der Lage ist, lässt sich eine wesentliche Bedingung für die hier erörterte theologische Interpretation von Filmen über den Islam verorten, nämlich der Umstand, dass der deutsche christliche Betrachter meist einem Dokument aus einem ihm fremden Kulturkreis und in jedem Fall einem Dokument über eine andere Religion gegenüber steht.

Das Verstehen über Kulturgrenzen hinweg, die hier zu beobachtenden Einflüsse, Missverständnisse und kreativen Missverständnisse untersucht die Kulturwissenschaft unter dem Schlagwort des Kulturtransfers. Jeder neue Kontext einer Zeichen-Objektpaarung verändert durch Veränderung des Interpretanten die Bedeutung des Zeichens. Da die Bedeutung eines Zeichens nicht *an sich* besteht, sondern *für den* Interpretanten, ist die Wahrheit in einem pragmatischen Lektüregeschehen zwar

---

7   Vgl. P. Ochs, From Two to Three. To Know is also To Know the Context of Knowing, in: S. Kepnes und B. B. Koshul (Hg.), Scripture, Reason and the Contemporary Islam-West Encounter. Studying the «Other», Understanding the «Self», New York 2007. Zu einer phänomenologischen Entwicklung der Bedeutung eines kommunikativen Kontexts bei Peirce vgl. auch H. Pape, Einleitung des Herausgebers, in: Peirce, Phänomen und Logik der Zeichen, 7–36, 26 ff.

grundsätzlich relational, sie ist aber nicht relativistisch,[8] da verschiedene Interpreten nicht unvermittelt nebeneinander stehen, sondern gemeinsam einen neuen Kontext bilden. An der Stelle des Interpretanten ragen die kulturellen Grenzen und Grenzüberschreitungen in die Rezeptionsästhetik hinein.

Weder das Material noch der Ursprungskontext eines Films haben dann eine letztgültige normative Funktion für die Bedeutung eines Films. Sie sind nur normativ in der Rolle, die sie in dem je aktuellen Bedeutungsgeschehen einnehmen. Ein Interpretant in einem neuen Kontext hat durchaus das Recht, einen Film anders zu sehen, als er im Ursprungskontext gemeint oder von autochthonen Betrachtern wahrgenommen wurde. Allerdings stehen die verschiedenen Wahrnehmungskontexte auch nicht unvermittelt nebeneinander, sondern sind, indem der Betrachter durch das Zeichen verwiesen ist auf seinen Ursprungskontext, Teil eines größeren, neuen Zusammenhangs. Durch den Transfer in eine neue Kultur besteht der Kontext, in dem der Interpretant die Bedeutung generiert, aus zwei verschiedenen Kulturen, die dann zum Beispiel miteinander um das ringen müssen, was – in unserem Fall – wahrer Islam sei.

Dabei ist festzustellen, dass oft bereits bei der Filmentstehung der Interpretant – zum Beispiel in der Person des Regisseurs – durchzogen ist von Kulturgrenzen. Wenn Filmemacher aus islamisch geprägten Ländern und Kulturen im Westen ausgebildet werden, teilweise im Westen arbeiten, oder von westlicher Filmförderung oder Festivals abhängig sind,[9] bedingen produktive Missverständnisse, eine Schärfung des externen Blicks, manchmal aber wohl auch Abgrenzung, Unverständnis und entstellende Missverständnisse schon den Prozess der Filmentstehung und nicht erst die Rezeption. Armin Farzanefar hat für dieses Filmemachen über Grenzen hinweg den Begriff der «produktiven Dopplung»[10] geprägt. Ähnlich scheint auch das Filmeschauen über Kultur- und Religionsgrenzen hinweg kreativ und produktiv zu sein.

Wenn man Filmen eine religionsrelevante Zeigekraft zutraut, dann ist das Überschreiten von Religions- und Kulturgrenzen in der Rezeption keine selbstverständliche Sache. Dann mutet man sich oder anderen als Zuschauer eine Grenzerfahrung zu, die wesentliche Bereiche der eigenen Person betreffen und zum Beispiel die eigene Wahrnehmung anderer wesentlich prägt. Wenn man Filme über andere Religionen oder Kulturen sieht und darin einen authentischen oder auch fehlgeleiteten Vollzug des Menschseins oder der Religion erkennt, findet in dieser Erfahrung nicht weniger

---

8   «Meaning and truth is relational (relative to conditions) but not relativistic (arbitrary or strictly subjective).» Ochs, *From Two to Three*, 187.
9   Vgl. A. Farzanefar, *Kino des Orients. Stimmen aus einer Region*, Marburg 2005, 13 f.
10   Ebd., 15.

statt als ein Dialog der Kulturen oder Religionen, der nicht auf die Definition eines kleinsten gemeinsamen Nenners aus ist, sondern in eine fremde Kultur- und Religionswelt eintaucht und dabei eine Bewertung anderer und oft wohl auch seiner selbst vollzogen wird. Die Theologie ist als professionelle Vermittlerin in diesem Dialogprozess aufgefordert, nach Regeln und Anleitungen zu suchen, diesen Dialog zum Gelingen zu gestalten. Die methodische Frage der Gestaltung des filmhermeneutischen Prozesses für Kinder, Jugendliche und Erwachsene ist dann nicht nur eine sekundäre didaktische Aufgabe, sondern sie ist eine grundlegend theologische Herausforderung, da hier Selbst- und Fremdwahrnehmung in einem bekenntnisrelevanten Dialogprozess zu begleiten ist.

Verantwortung

Erkenntnis resultiert in einem Zusammenspiel von Zeichen (hier zum Beispiel ein Film) und Gegenstand des Erkennens (zum Beispiel der Islam) im Zusammenhang der kultur- und religionsbezogenen Vorprägungen des Zeichenfeldes und der eigenen persönlichen Verfassung und Intentionalität des Betrachters. Dass bei diesem Prozess auch größere Kulturgrenzen überschritten werden, ist kein Hinderungsgrund für eine authentische Begegnung, sondern vielmehr ein Auftrag, dem Gegenstand über die im Zeichenfeld gegebenen Grenzen hinweg gerecht zu werden.

Hinter dem so gewonnenen Begriff einer Erkenntnis von Religion, Menschsein oder wahrer Religion oder wahrem Menschsein in Filmen steht letztlich ein pragmatischer Wahrheitsbegriff – oder vielleicht weniger missverständlich: eine Wahrheit, die nur im Vollzug zu gewinnen ist. Die Wahrheit der Aussage, dass dieser oder jener Film eine bestimmte Religiosität darstelle, muss vom Subjekt der Aussage selbst verantwortet werden.

Im Folgenden sollen durch die Betrachtung eines Sachfeldes, das in der Begegnung mit dem Islam häufig relevant ist, und einer Filmsequenz die inneren und äußeren Grenzen, über die hinweg sich die – hoffentlich in der Regel im positiven Sinn produktiven – Dopplungen vollziehen, weiter verdeutlicht werden.

Gewalt

In vielen Filmen, die von Fundamentalismen handeln, aber auch nicht fundamentalistische Formen der Religion zeigen, scheint die Gewalt ein Scheidungskriterium zwischen den beiden Formen von Religiosität zu sein. Gewalt gilt in der Regel nicht als Mittel zur Wahrheit und insofern ist der Fundamentalismus die «falsche» Form der Religion. Auch Papst Benedikt XVI. hat in seinem Vortrag am 12. September 2006 an der Universität Regensburg[11] die Gewalt als das Kriterium benannt, das zwischen falscher und wahrer Religiosität unterscheidet.

Aber schon regt sich Zweifel. Immerhin gibt es ja auch genug Player im Feld der Kultur- und Religionsauseinandersetzung, die Gewalt durchaus als ein angemessenes Mittel zur Durchsetzung des richtigen Weges ansehen und erst recht, wenn wir in die Tradition der drei monotheistischen Religionen blicken, werden wir ehrlicherweise ebenso viele Zeugnisse von gewalttätiger Religiosität wie von konsequent gewalt-freier finden. Gewalt nach innen und nach außen ist ein ständiger Begleiter der Ge-schichte von Religionsgemeinschaften.

Ist es vielleicht doch nur ein kulturspezifisches Vorurteil, dass Gewalt schlecht sei?[12] Im Licht der skizzierten relationalen Wahrheit im Vollzug ergibt sich ein anderer Blick auf das Problem. Auch wenn es keine absolute Geltung von Wahrheit an sich gibt, kann es trotzdem die tatsächliche Geltung einer Kriteriologie für mich geben. So kann sich in der Begegnung mit religionsbezogenen Gewaltszenen in einem Film aus der Empfindung, dass Gewalt falsch sei, auf einer zweiten Stufe der Interpretati-on das interpersonale kulturelle oder religiöse Postulat und aktive Zeugnis ergeben, dass religiös motivierte Gewalt zu überwinden sei. Der Betrachter eines Films kann für eine solche Interpretation, nämlich dass dieses Phänomen – da gewaltbereit – keinen wahrhaftigen Islam darstelle und jenes Phänomen durchaus, allerdings kein transgeschichtliches Bezugsargument in Anspruch nehmen, sondern ist in seiner werthaltigen Lesart des Films auf sich selbst zurückgeworfen und muss die ange-legten Kriterien selbst verantworten. Etwas Ähnliches ist ja auch Benedikt XVI. nach seiner Regensburger Rede passiert, als er sich neben religionswissenschaftlichen Präzisierungen seiner Thesen gegenüber der Frage rechtfertigen musste, ob seine Rede selbst in ihrer Argumentationsstruktur dem Anspruch der Gewaltlosigkeit ent-spreche.

Eng verwandt mit der Bewertung von Gewalt als Erscheinungsform des Religiösen ist das Motiv des Opfers. Insbesondere in Deutschland scheint es ein tief sitzendes Paradigma für die öffentliche Anerkennung der Wahrhaftigkeit einer Person oder für

---

11   Unter dem Titel «Glaube, Vernunft und Universität. Erinnerungen und Reflexionen» überarbeitet veröffentlicht un-ter: www.vatican.va/holy_father/benedict_xvi/speeches/2006/september/documents/hf_ben-xvi_spe_20060912_university-regensburg_ge.html.

12   Der Ägyptologe J. Assmann sieht sogar eine kulturgeschichtliche Verknüpfung zwischen einem mit der Entwicklung des biblischen Monotheismus einhergehenden Wahrheitsbegriff und einer spezifisch religiösen Gewaltbereitschaft gegen die in dem eigenen Gottesbekenntnis bereits mitgedachten Andersgläubigen (*Die mosaische Unterscheidung oder der Preis des Monotheismus*, München 2003). Dass das von Assmann kulturgeschichtlich herausgearbeitete Gottes- und Wahrheitsverständnis keineswegs die einzige Interpretationslinie des biblischen Gottesglaubens in der Geschichte und Gegenwart sein muss, ist seither in der Debatte um seine Thesen hinreichend deutlich geworden. Auch der hier entwickelte Begriff einer pragmatischen und wesentlich kommunikativ strukturierten Wahrheit ent-spricht nicht der von Assmann beschriebenen, in dichotomischer Logik gewonnenen absoluten Wahrheit.

die Wahrnehmung von Zeugnissen und insofern auch für die Wahrnehmung authentischer Religiosität zu sein, dass der Zeuge in einer Opfer- und nicht in einer Täterkategorie wahrgenommen wird. Nach dem Schweigen über den Zweiten Weltkrieg in den ersten Jahren und teilweise sogar Jahrzehnten war es die überwältigende Kraft von jüdischen Zeitzeugnissen, die die Sprachlosigkeit über das im Krieg Geschehene brach und den Deutschen eine erste Auseinandersetzung mit dem Krieg ermöglichte.

Dieses prägende Paradigma ist schon in unseren europäischen Nachbarländern grundlegend anders, wenn hier aus der Erfahrung der Überwindung von Nazi-Deutschland auch der Kampf für die gerechte Sache, der Widerstand und die kämpferische Überwindung des Bösen identitätsstiftende Mythen mit einer Zeugnisqualität für das Gute und richtiges Handeln werden konnten. Auch als Kämpfer muss man opferbereit sein, das Opfer, das ich selbst bringe, besitzt aber eine andere Phänomenalität als das Opfer, das ich erleide.

Wenn man Phänomenalitäten des Opfers analysiert, lassen sich auch in den theologischen Traditionen von Judentum, Christentum und Islam charakteristische Unterschiede, Überschneidungen und bei genauem Hinsehen wohl auch Phänomene von Kultur- oder Religionstransfer entdecken.[13]

Eine Interpretation eines Films und der in ihm dargestellten Charaktere muss sich bewusst machen, welche Auswirkung solche Prägungen des Blicks auf die Inszenierung und Identifizierung authentischer Religionszeugen haben.

RACHIDA

Die Interpretation einer Sequenz aus der algerisch-französischen Koproduktion RA-CHIDA (Regie: Yamina Bachir; Algerien/Frankreich 2002) soll abschließend eine Szene versuchsweise als Darstellung des Islam erläutern. Der Spielfilm begleitet eine junge Frau aus Algier in den Zeiten des grassierenden Terrors in Algerien in den neunziger Jahren. Rachida ist eine liberale junge Frau und Grundschullehrerin in Algier (Abb. 2). Nach ihrer Weigerung, eine Bombe in die Schule zu schmuggeln, wird sie von Terroristen angeschossen und schwer verletzt. Nach ihrer körperlichen Genesung geht sie mit ihrer Mutter in ein ländliches Dorf, um Abstand von dem Trauma zu finden. Sie arbeitet dort ebenfalls als Lehrerin. Aber der Terror hat auch längst das Land erreicht, hier in Gestalt einer Bande, die sich gelegentlich bei einem Dorfbewohner trifft und im Dorf Geld und Frauen raubt. So überschattet die Angst zunehmend das Dorfleben.

---

13 Vgl. beispielsweise: I. Yuval, *Zwei Völker in Deinem Leib. Gegenseitige Wahrnehmung von Christen und Juden*, Göttingen 2007, insbesondere Kapitel IV: Die Narrative überkreuzen sich. Vom Märtyrertod zur Ritualmordlüge, 146–210.

2 Die Protagonistin fixiert den Zuschauer in RACHIDA (Regie: Yamina Bachir; Algerien/ Frankreich 2002)

Anders als viele Filme, die den islamischen Terrorismus zeichnen, sind die Terroristen hier kaum durch religiöse Symbole gekennzeichnet, sondern treten eher auf wie eine Räuberbande. Diese Brechung von stereotyper Wahrnehmung gibt den Anlass, den Blick auf die politischen Umstände zu lenken, die in Algerien zur Radikalisierung der Islamisten und zur Entstehung des grausamen Terrors geführt haben. Gewalt wird bei Rachida sowohl auf der Seite der Islamisten als auch auf der Seite ihrer Gegenspieler, dem Militär, inszeniert und somit nicht als spezifische Vollzugsform der Religion, sondern als Mittel in einer politischen Auseinandersetzung vorgestellt. Rachida und die Mehrheit der Dorfbevölkerung leben zwischen diesen Fronten, die ihr Leben und ihre Religionsausübung zunehmend einschränken.

Auch in einer zweiten islamischen Symbolik bricht der Film mit den konventionellen Darstellungsformen. Da der Islam im Vergleich zum Christentum weniger Bilder mit religiöser Signifikanz bietet, ist das vielleicht beliebteste Motiv zur Kennzeichnung von religiösen Bezügen das Gebet. Dieses wird gern als dunkle Reihe von in einer Moschee betenden Männern inszeniert. Ganz anders sind die in RACHIDA dargestellten Gebetsszenen. In der 18. Minute betet die Mutter von Rachida allein in einem Zimmer während Rachida darüber nachdenkt, wie zwei Frauen allein in einem Dorf zurechtkommen können. Die Mutter scheint im Gebet nach Halt und Orientierung in einer chaotischen Umgebung zu suchen und beendet ihr Gebet mit einem aufmunternden Scherz zur Tochter, der die klassischen Gendertrennungen infrage stellt. In der 35. Minute stellt uns eine weitere zentrale Gebetsszene einen Charakter des Films vor. Der Dorfbewohner Mokhtar, gespielt von Abdelkader Belmokadem, betet zusammen mit seiner Frau unter freiem Himmel. Die Szene wird mit einem Kameraschwenk über einen Baum in den Garten des Ehepaares in Anklang an den Topos des *locus amoenus* eingeführt. In dem Gebet und dem anschließenden Gespräch des Ehepaares wird – wiederum stereotype Genderwahrnehmungen im islamischen Kontext unterlaufend – ein harmonisches, humorvolles und zutiefst menschliches Miteinander von Mann und Frau inszeniert. Die Natur bietet den Raum für diese Szene, sie ist aber nicht ihr wesentliches gestalterisches Element. Der Rhythmus der Handlung wird durch das Gebet und das anschließende Kaffeetrinken des Paares erzeugt. Darin kann man die Darstellung eines Grundprinzips des Islam erkennen, dass Gott nicht in der Natur zu suchen ist, sondern dass umgekehrt die Natur und die Welt durch

Religion und Kultur auf Gott hin ausgerichtet werden. Mokhtar wird später im Film das erste Todesopfer der Terrorbande und ist so im Sinne des oben beschriebenen Opferstatus als authentischer Zeuge inszeniert.

RACHIDA bietet in den hier nur angedeuteten Linien vieldimensionale und auch für ein deutsches Publikum anschlussfähige Möglichkeiten zu einer Begegnung mit dem Islam im Spannungsfeld politischer und religionsbezogener Konflikte und könnte so die weitgehend stereotype mediale Berichterstattung im Themenfeld ergänzen sowie die Frage nach dem eigenen Verständnis von Religion und dem eigenen Ort im Vollzug der Begegnung der Religionen in Gang setzen, damit die These vom Kampf der Kulturen nicht das letzte Wort hat. Der Film endet mit dem direkten Blick von Rachida in die Kamera – und so in die Augen des Betrachters.

Loquamur – Lasst uns reden

Der deskriptive Blick auf die Geschichte und auf die filmische Darstellung von Religion macht nur zu deutlich, dass die fundamentalistische Versuchung zur Religion dazugehört. Wenn man den Fundamentalismus nicht als die eigentliche Wahrheit des Religiösen betrachtet, muss neben einer deskriptiven auch eine normative Hermeneutik angewandt werden. Momente von Bekenntnis und Kritik müssen in die Auseinandersetzung mit der Geschichte und den Religionen eingebracht und stark gemacht werden – auch im Blick auf den Islam. Beides – Bekenntnis und Kritik – ist nicht nur die exklusive Sache der Anhänger der einzelnen Religion, sondern hat in einer gemeinsamen Welt immer schon seinen Ort in dem pluralen, aber durchaus werthaltigen Diskurs über die Religion. Dieser erfordert eine selbst- und fremdbewusste Stellungnahme innerhalb des Feldes religiöser Traditionen und insofern eine letztlich theologische Auseinandersetzung um das wahre Bekenntnis auch über Religions- und Kulturgrenzen hinweg. Glücklicherweise haben sich parallel zu der verstärkten medialen Aufmerksamkeit für gewaltsame Formen der Religion auch hierfür in Deutschland neue Möglichkeiten entwickelt. Eine zunehmende Anzahl von Moslems mit und ohne Migrationshintergrund ist aktiv bestrebt, eine islamische Stimme in das kulturelle und politische Gespräch der Gesellschaft einzubringen. Zeichen hierfür sind die sich schrittweise entwickelnden Einigungen auf Curricula, Organisations- und Ausbildungsformen zur Ermöglichung von islamischem Religionsunterricht in den Bundesländern sowie eine wachsende interreligiöse Forschungslandschaft und Dialoginitiativen.[14] Es bleibt zu

---

14   Hier kann auf die langjährige Initiative des «Theologischen Forums Christentum – Islam» (vgl. www.akademie-rs.de/theologisches-forum.html) zusammen mit der gleichnamigen Schriftenreihe beim Verlag Friedrich Pustet verwiesen werden sowie auf andere theologische Dialoginitiativen wie das der *Comparative Theology* oder das vor allem im angelsächsischen Raum verbreitete Konzept *Scriptural Reasoning*.

hoffen und im eigenen Bereich daran mitzuwirken, nicht zuletzt auch mithilfe von thematisch zugeschnittenen Filmreihen, die durch Begleitreferate und entsprechende Gesprächsformate die theologische Auseinandersetzung mit dem Islambezug der Filme ermöglichen, dass sich die derzeitige wechselseitige Aufmerksamkeit zwischen den von christlicher und islamischer Kultur geprägten Weltteilen zu einem konstruktiven und friedvollen Miteinander gestalten lässt.

Ein Wertesystem, das Menschen und Kulturen verbindet, lässt sich weder durch objektive Beschreibung von dem, was ist, noch durch Einigung auf einen kleinsten gemeinsamen Nenner erreichen und auch nicht – wie es vielleicht noch Gottfried Wilhelm Leibniz, der das Schlagwort *calculemus* prägte, vorschwebte – durch mathematische Berechnung oder zwingende logische Schlüsse. Sie ist nur in der je singulären Begegnung über Grenzen hinweg zu gewinnen durch ein Gespräch, das auch religiöser Thematik mächtig ist.

Stefan Orth

Derselbe Gott?

Eine theologische Reflexion islamisch-christlicher Begegnung – ausgehend von VON MENSCHEN UND GÖTTERN

Was bedeutet die Beschäftigung mit «Filmbildern des Islam», wenn sie im Rahmen einer Forschungsgruppe «Film und Theologie» erfolgt – und dabei unter Theologie dezidiert christliche Theologie zu verstehen ist? Welche religionstheologischen Optionen sollen leitend sein, wenn sich Theologen und Religionswissenschaftler aus einem christlichen Kulturraum mit dem Islam befassen, sei es als Weltreligion oder zumindest im Sinne einer maßgeblich religiös geprägten Kultur?

VON MENSCHEN UND GÖTTERN – Der Film

Vor gut einem Jahr kam ein mehr als bemerkenswerter Film in die Kinos: VON MEN-SCHEN UND GÖTTERN (Regie: Xavier Beauvois; Frankreich 2010). Der französische Film, der 2010 beim Filmfestival in Cannes mit dem Großen Preis der Jury ausgezeichnet wurde, den allein in Frankreich mehr als drei Millionen Zuschauer gesehen haben und der auch bei uns sehr gut gelaufen ist, erzählt die wahre Geschichte der Trappisten-mönche von Tibhirine[1] (Abb. 1).

Der Film von Xavier Beauvois beschreibt, wie diese Mönche in ihrem Kloster im Atlasgebirge den Wechsel zwischen Arbeit und Gebetsleben gestalten und dabei gut-nachbarschaftliche Beziehungen zu den muslimischen Mitmenschen pflegen, dann aber in der von den Islamisten aufgeheizten Stimmung im Algerien der neunziger Jahre zwischen die Fronten kommen.

Besonders markant ist der Film gerade durch das ausführlich gezeigte Stunden-gebet im Kloster, für das die Schauspieler eigens in einem Trappistenkloster in den Alpen geübt hatten – und dessen Intensität ihnen nach dem Ende der Dreharbeiten gefehlt haben soll. Schon der Film beginnt mit Glockengeläut und dem Gebet «Herr, öffne meine Lippen» – und endet mit Schweigen. Dominant ist vor allem die Diskre-

---

[1] Zu den Hintergründen vgl. I. Baumer, *Die Mönche von Tibhirine. Die algerischen Glaubenszeugen – Hintergründe und Hoffnungen*, 2. Auflage, München 2011.

1 Filmplakat zu Von Menschen und Göttern (Regie: Xavier Beauvois; Frankreich 2010)

panz zwischen dem kontinuierlich gezeigten Stundengebet und der Gefahr des islamistischen Terrors. Das Kloster wird von den Aufständischen bedroht, dem algerischen Militär ist die unerschrockene Haltung seiner Bewohner gleichfalls suspekt. Besonders beeindruckend ist in diesem Zusammenhang die Szene, in der die Mönche gegen den Lärm des Militärhubschraubers ansingen: «Für Dich ist die Nacht ebenso licht wie der Tag.»

Die Beharrlichkeit, mit der die Mönche ihren Weg weitergegangen sind, mussten sie schließlich mit dem Tod bezahlen. Am Ende werden die Trappisten entführt, die Schlussbilder zeigen, wie sie in Reih und Glied zwischen ihren Entführern durch den Schnee stapfen und im Nebel verschwinden. Der Abspann verweist schlicht darauf, dass die Mönche von Tibhirine 1996 enthauptet aufgefunden worden sind.

Der Film VON MENSCHEN UND GÖTTERN kann mindestens in einem doppelten Sinne als ein religiöser Film bezeichnet werden: auf der einen Seite von seinem Thema und seinen Protagonisten her, aber auch von seiner Machart, die eine besondere «Spiritualität» auszeichnet, etwa aufgrund der langen meditativen Einstellungen, mit der der Film, so der Feuilletonjournalist Thomas Assheuer, die Zuschauer «behelligt» und auf diese Weise «dramaturgisch gegen alle Marketingregeln verstößt».[2]

Die Beschäftigung mit einem solchen Film könnte fast schon das Credo der Forschungsgruppe «Film und Theologie» konterkarieren, dass grundsätzlich jeder Spielfilm auch ein theologischer Erkenntnisort zu sein vermag. Mit Recht nannte der Filmkritiker Josef Lederle VON MENSCHEN UND GÖTTERN einen Film, der sich «ungewöhnlich weit auf christlich-theologisches Terrain» vorgewagt habe.[3] Obwohl dezidiert als Kinofilm und mit ästhetischem Anspruch gedreht, ordne sich die Filmsprache dem besinnlichen Leben der Trappisten unter, das asketische Klosterleben dominiere auch die Ästhetik des Films. Tatsächlich: Die Innenaufnahmen mit ihren eher starren Einstellungen entlang der Sichtachsen der Gänge wie auch die aus der Kapelle vermitteln eine gewisse Ruhe gegenüber dem Aufruhr in der unmittelbaren Umwelt.

Der Film ist vor allem deshalb besonders interessant für die theologische Auseinandersetzung mit dem Thema Islam im zeitgenössischen Spielfilm, weil er in eindringlicher Weise die Extreme des Verhältnisses zwischen Christentum und Islam heute aufzeigt: zum einen die brutale Gewalt, wie sie gerade auch in religiösen Kontexten ausgeübt wird, besonders dort, wo Fundamentalismus und Terrorismus sich verbünden. Zum anderen zeigt der Film aber – und darin ist er selbst ohne Happy End ein Hoffnungszeichen – auch die Möglichkeiten eines friedlichen Zusammenlebens auf: wie bei allen Grenzen des gegenseitigen Verstehens der Alltag gelebt werden kann, man sich gegenseitig unterstützt, auch bei religiösen Festen besucht und durch das Studium der heiligen Schriften der anderen Religionen ein besseres Verständnis von ihren Anhängern erlangen kann.

Die Trappisten leben mit ihren Nachbarn zusammen, bei aller Ärmlichkeit der Verhältnisse wirkt das Dorf anfangs wie eine Idylle, in der Muslime und Mönche ohne größere Spannungen koexistieren. Tibhirine heißt in der Sprache der Berber «Gemüsegarten», was in der unwirtlichen Landschaft des Atlasgebirges Assoziationen an das Paradies weckt. Wie selbstverständlich helfen die Muslime im Kloster mit und laden deren Bewohner zu ihren Festen ein – etwa zu einer mit fröhlichem Tanz ge-

---

2   T. Assheuer, Die Bibel – ein ewiger Skandal. Liebe deinen Feind: Xavier Beauvois' Film ‹Von Menschen und Göttern› zeigt die Radikalität des Christentums, in: *Die Zeit*, 9. Dezember 2010. Vgl. grundsätzlich auch: B. Rebhandl, Bei unseren Nachbarn geht es mit dem Teufel zu. Immer wieder hat das französische Kino Priester als Scheidefiguren der nationalen Selbstverständigung geschildert, in: *Frankfurter Allgemeine Zeitung*, 11. Dezember 2010.

3   J. Lederle, *Filmdienst* Nr. 25/2010, 30 f., hier: 30.

feierten Beschneidung. Auf dem Markt verkaufen die Mönche den selbst produzierten Honig und helfen beim Ausfüllen unverständlicher Formulare von Behörden. Wie sein historisches Vorbild, das tatsächlich ein halbes Jahrhundert lang als Arzt wirkte, ist Bruder Luc ein wichtiger Ratgeber, kümmert sich mit großer Warmherzigkeit um seine kleinen und großen Patienten, gibt aber auch den Seelentröster. Umgekehrt sind seine Äußerungen über die Liebe gleichermaßen geeignet als Lebenshilfe für Heranwachsende als auch von tiefer Bedeutung für ein Verständnis des Verhältnisses zwischen Gott und den Menschen, das Christen und Muslime teilen.

Früh schon wird auch gezeigt, wie der Prior der Kommunität von Tibhirine, dessen historisches Vorbild Christian de Chergé Anfang der siebziger Jahre zwei Jahre lang in Rom am Päpstlichen Institut für Arabische und Islamische Studien eingeschrieben war, christliche Literatur wie die Fioretti di San Francesco, die Legendensammlung über das Leben des Franz von Assisi, und die Benediktsregel parallel zum Koran liest und sich dabei Notizen macht. Er verkörpert jene Haltung, die in Ehrfurcht auch die heiligen Schriften der anderen studiert, um sie kennenzulernen, sich aber auch selbst theologisch wie spirituell von ihnen anregen zu lassen, nicht zuletzt, um die eigene Tradition besser zu verstehen.

Scharf kontrastiert wird dies mit der historischen Entwicklung Algeriens im ausgehenden 20. Jahrhundert. 1992 kam es zur Machtübernahme durch das algerische Militär. Mit ihr solle verhindert werden, dass die radikal-islamische Heilspartei (FIS), die die Parlamentswahlen eigentlich gewonnen hatte, tatsächlich das Land regiert. In der Folge waren dann immer wieder Terrorakte durch die fundamentalistischen Rebellen zu beklagen. Ihnen sind in den neunziger Jahren in Algerien insgesamt mehr als 100 000 Menschen zum Opfer gefallen.

Bis heute gibt es keine Zweifel, dass die «Groupe islamique armé» (GIA) in der Nacht vom 26. auf den 27. März 1996 die Mönche entführt hat. Aber sie sind auf nie aufgeklärte Weise ums Leben gekommen. Im Raum steht die Deutung, dass sie versehentlich vom algerischen Militär getötet wurden, weil man in ihnen Islamisten sah, was diesen dann in die Schuhe geschoben wurde. Möglicherweise war dies auch von vornherein so geplant; und unter Umständen wusste man sogar in Frankreich davon und hat aus Rücksicht auf die schwierige Lage im Land geschwiegen. Nebenbei bemerkt sei an dieser Stelle, dass der Film VON MENSCHEN UND GÖTTERN in Algerien selbst nur sehr reserviert aufgenommen wurde, weil die Vielzahl der muslimischen Opfer des Terrors in der dezidiert christlichen Perspektive des Films weitgehend unter den Tisch fällt.

In jedem Fall wird im Film selbst deutlich unterschieden zwischen – schroff gesprochen – Islam und Islamismus: Die Muslime des Dorfes können nicht verstehen, dass ein Iman auf der Straße von Anhängern des Islam erschossen wird und ein Mädchen umgebracht wurde, nur weil es keinen Schleier getragen hatte. Den Fundamentalisten halten sie vor, nur zu behaupten, religiös zu sein, den Koran und sein Tötungsverbot, nicht zu kennen. «Die Welt wird verrückt, Christian», kommentiert einer der Muslime das Geschehen.

Daraufhin wird gezeigt, wie der islamistische Terror zunehmend näher kommt, die Mönche dazu zwingt, sich zu ihm zu verhalten, schließlich auch mit handfesten Konsequenzen. Nachdem kroatische Bauarbeiter in der Nähe des Klosters durch die «Groupe islamique armé» brutal umgebracht werden, ist auch den Mönchen klar, dass sie in Gefahr sind. Hatten die Islamisten doch alle Ausländer aufgefordert, das Land zu verlassen.

Am Weihnachtstag dann, ganz im Kontrast zur Feier der Geburt eines Kindes, wird das Kloster ein erstes Mal mit Waffengewalt aufgesucht. Die Aufständischen wollen die Mönche zwingen, mit ihnen zu kommen, um zwei Verwundete von ihnen zu behandeln, Christian jedoch besteht darauf, dass die Verletzten zu ihnen ins Kloster kommen. Er kann die Forderungen der Rebellen auch deshalb erfolgreich abwehren, weil er gegenüber ihrem Anführer auf die im Islam geäußerte Wertschätzung für die Christen verweisen und dabei auf Arabisch den Koran zu zitieren vermag.

Selbst danach leben die Trappisten, was sie im gregorianischen Choral besingen. Das Angebot militärischen Schutzes für das Kloster lehnen sie ab. Lange schwanken sie auch angesichts der Bedrohung, entscheiden sich aber am Ende doch jeweils nach der Prüfung ihres Gewissens dazu, zu bleiben, um sich nicht der Waffengewalt zu beugen – und nicht zuletzt, weil die Bewohner des Dorfes ausdrücklich sagen, wie sehr sie das Kloster brauchen. «Ich fürchte mich nicht mehr vor dem Tod, ich bin ein freier Mensch», bekennt Luc gegen Ende.

Das Verhältnis von Christen und Muslimen nach dem 11. September 2001

So schrecklich die Situation in Algerien in den neunziger Jahren war, von der der Film VON MENSCHEN UND GÖTTERN berichtet: Erst mit dem 11. September 2001, dessen Bilder immer noch den Atem nehmen, scheint der Weltöffentlichkeit das Problem des islamistischen Terrorismus richtig bewusst geworden zu sein. Aber auch der Islam als Weltreligion wird in den westlichen Ländern durch den Schock des 11. Septembers intensiver wahrgenommen. Darüber hinaus geht es nicht nur um das angespannte Verhältnis zwischen christlich geprägten Ländern und dem Islam. Der Israel-Palästina-Konflikt etwa hat weiter an Schärfe zugenommen, religiös markierte Konflikte gibt es im mehrheitlich hinduistischen Indien ebenso wie im buddhistisch dominierten Sri Lanka oder in Russland, das sich seiner orthodoxen Tradition mit Macht wieder zu vergewissern versucht.

In vielen Fällen müssen dabei nur der Einfachheit halber religiöse Differenzen zur Markierung der Fronten bei gewalttätigen Auseinandersetzungen zwischen Völkern oder Bürgerkriegsparteien herhalten. Und hat nicht der norwegische Attentäter Anders Behring Breivik vor Augen geführt, wie wenig die Berufung auf religiöse Überzeugungen zur Legitimierung von Gewalt dazu berechtigt, einen solchen Vorgang undifferenziert einer Religion zur Last zu legen?

Es war auch im Fall der Anschläge vor allem auf das World Trade Center in New York nie angemessen, darin einen Konflikt zwischen Religionen zu sehen. Dennoch bedeutet 9/11 unbestrittenermaßen weltweit einen radikalen Einschnitt bei den Verhältnisbestimmungen von Staat, Gesellschaft und Religion wie auch der Religionen untereinander. Entscheidend beflügelt hat der 11. September dabei die Frage, inwiefern Religion Gewalt gebiert. So kommentierte mit Blick auf den zehnten Jahrestag im Herbst 2011 der katholische Theologe Rainer Bucher: «Was zumindest in Europa als Konsequenz von dessen religionspolitischem Urtrauma, dem Dreißigjährigen Krieg, nach und nach zurückgedrängt, ‹zivilisiert› und ‹neutralisiert› worden war, bombte sich auf die (welt-)politische Bühne zurück».[4] Befeuert wurde damit auch die Diskussion über die Thesen des Kulturwissenschaftlers Jan Assmann in seinem Buch «Moses der Ägypter».[5] Er hatte bekanntlich allen monotheistischen Religionen aufgrund ihrer Unterscheidung zwischen Wahr und Falsch eine strukturelle Neigung zur Gewalttätigkeit gegenüber den Anderen unterstellt, die eben einer falschen Religion anhangen.

Alle Religionen, ob Christentum, Judentum oder Islam, aber auch die vermeintlich friedfertigeren asiatischen Weltreligionen haben sich heute letztlich zu verteidigen: Ist das Unwesen der Religion, ihr gewalttätiges Potenzial, nicht überall und zu allen Zeiten so verbreitet, dass man es im Grunde doch redlicherweise auch zum Wesen der Religion zählen muss, lautet der Verdacht. Es kann schließlich kein Zweifel daran bestehen, dass im Namen der Religion Gewalt ausgeübt wurde und auch heute noch wird, religiöse Bekenntnisse aufgrund von Machtinteressen instrumentalisiert und missbraucht werden. Alle Religionen laufen Gefahr, Exklusivansprüche zu vertreten. Und in jeder Religion, so muss man mit Bedauern feststellen, gibt es weiterhin in unterschiedlichem Ausmaß sich radikalisierende Strömungen, die anderen – auch innerhalb der eigenen Reihen – den wahren Glauben absprechen und dies unter Umständen sogar als Legitimation für Gewalt ansehen[6] – wie etwa die islamistischen Rebellen in VON MENSCHEN UND GÖTTERN.

---

4   R. Bucher, «9/11 markiert den Anfang der religionspolitischen Gegenwart. Der bereits auf dem II. Vatikanum vollzogene Perspektivenwechsel der katholischen Kirche hilft in diesen Herausforderungen», in: *Furche*, 25. August 2011.

5   J. Assmann, *Moses der Ägypter. Entzifferung einer Gedächtnisspur*, München 1998.

6   Vgl. A. Renz, *Beten wir alle zum gleichen Gott? Wie Juden, Christen und Muslime glauben*, München 2011, 117. 183.

Das Ganze konnte nicht ohne Konsequenzen für die Beziehungen von Anhängern unterschiedlicher Religionen bleiben. In der Folge des 11. Septembers lässt sich in verschiedenen Religionen angesichts der Verunsicherung durch die Ereignisse eine Entwicklung zu einer stärkeren Profilierung des Eigenen und der Abgrenzung von den Anderen feststellen. Das gilt auch für das Verhältnis von Christen gegenüber dem Islam.

Die Frage allerdings ist durchaus, ob die Profilierung der eigenen Identität notwendig mit der Verächtlichmachung anderer Überzeugungen einhergehen muss oder ob sie nicht viel mehr dazu beitragen kann, von einem festen Standpunkt aus den Dialog mit anderen Religionen und Weltanschauungen in Angriff zu nehmen.

Das Erbe des Zweiten Vatikanischen Konzils

Angesichts dieser Situation ist es hilfreich, sich an den optimistischen Grundduktus der Theologie des Zweiten Vatikanischen Konzils zu erinnern, dessen Beginn sich in diesem Jahr zum fünfzigsten Male jähren wird. Entscheidend ist mit Blick auf unsere Fragestellung die Verabschiedung der Erklärung über die nicht christlichen Religionen mit dem Namen «Nostra Aetate». Das kürzeste Dokument des Konzils aus dem Abschlussjahr 1965 war zugleich eines der folgenreichsten. Es hat das Verhältnis der katholischen Kirche zu allen anderen Religionen nach Jahrhunderten der Distanz grundlegend neu bestimmt – ganz im Sinne des Lebenszeugnisses der Mönche von Tibhirine.

Es ist kein Zufall, dass in «Nostra Aetate» die Menschheit als Ganze am Anfang im Fokus steht.[7] Deren Zusammenwachsen aufgrund wirtschaftlicher Verflechtungen und neuer Kommunikationsmöglichkeiten wird die «Vision einer tieferen Einheit der Menschheitsfamilie vor Augen» gehalten (Nr. 1). «Alle Menschen haben aus christlicher Sicht einen gemeinsamen Ursprung und ein gemeinsames Ziel. Weil sie Gott zum Vater haben, sind alle Menschen Brüder und Schwestern. Deshalb aber umfasst auch die eine Vorsehung Gottes alle Menschen».[8] Die Menschen wiederum erwarten von den verschiedenen Religionen, so das Konzilsdokument, Antworten auf die radikalen Fragen, die die menschliche Existenz charakterisieren: Was ist der Mensch? Was ist der Sinn und das Ziel unseres Lebens?

Schon mit Blick auf Hinduismus und Buddhismus betonen die Konzilsväter daraufhin: «Die Kirche verwirft nichts von dem, was in diesen Religionen wahr und heilig ist» (Nr. 2). Und umso mehr gilt das von Judentum und Islam. Damit sollte selbstverständlich nicht gesagt werden, dass alle Religionen gleich seien; angesichts der bis

---

7   Vgl. zum Folgenden auch: R. Siebenrock, Areopagrede der Kirche. Die Haltung der Kirche zu den nichtchristlichen Religionen, in: Das unerledigte Konzil. 40 Jahre Zweites Vatikanum, Herder Korrespondenz Spezial, Freiburg 2005, 40–44.
8   Ebd., 42.

dato hochgehaltenen Maxime «Außerhalb der Kirche kein Heil» ist dies aber dennoch ein kaum zu überschätzender Paradigmenwechsel. Zuvor konnte man, wie der katholische Theologe Wolfgang Beinert schreibt, «bestenfalls annehmen, dass jedem einzelnen Menschen grundsätzlich eine Heilsmöglichkeit gegeben ist; jetzt wird darüber hinaus gesagt: Sie wird auch durch jene sozialen, geschichtlichen, spirituellen, religiösen kollektiven Größen eröffnet, die die Menschheitsrätsel thematisieren und die wir Religionen heißen».[9]

Jener Paradigmenwechsel wird im Folgenden in Nostra Aetate mit Blick auf die Religionen, die dem Christentum näher stehen, weiter ausdifferenziert. So heißt es über die Muslime: «Mit Hochachtung betrachtet die Kirche auch die Muslime, die den alleinigen Gott anbeten, den lebendigen (...), barmherzigen und allmächtigen, den Schöpfer des Himmels und der Erde, der zu den Menschen gesprochen hat.» (Nr. 3) Ganz ähnlich heißt es übrigens in der Kirchenkonstitution «Lumen gentium»: «Der Heilswille [Gottes] umfasst (...) auch die, welche den Schöpfer anerkennen, unter ihnen besonders die Muslim, die sich zum Glauben Abrahams bekennen und mit uns den einen Gott anbeten, den barmherzigen, der die Menschen am Jüngsten Tag richten wird.» (Nr. 16)

In «Nostra Aetate» schließlich werden ausdrücklich auch die Konflikte im Verlauf der bisherigen Geschichte angesprochen: «Da es jedoch im Lauf der Jahrhunderte zu manchen Zwistigkeiten und Feindschaften zwischen Christen und Muslimen kam, ermahnt die Heilige Synode alle, das Vergangene beiseite zu lassen, sich aufrichtig um gegenseitiges Verstehen zu bemühen und gemeinsam einzutreten für Schutz und Förderung der sozialen Gerechtigkeit, der sittlichen Güter und nicht zuletzt des Friedens und der Freiheit für alle Menschen».

Infolge der Neubestimmung des Verhältnisses der Kirche zu den nicht-christlichen Religionen auf dem Zweiten Vatikanischen Konzil hat vor allem Papst Johannes Paul II. den Kontakt insbesondere zu den beiden anderen monotheistischen Religionen in bemerkenswerter Weise intensiviert. Sowohl in den Beziehungen zu den Juden als auch in denen zu den Muslimen hat er stets darauf bestanden: «Euer und unser Gott ist ein und derselbe und wir sind Brüder und Schwestern im Glauben Abrahams.»[10] Johannes Paul II. war dabei auch derjenige, der die Grundhaltung des Konzils gegenüber den anderen Religionen auch gegen Widerstände in der eigenen Kirche, ja in der eigenen Kurie befördert hat.

Das wohl stärkste Signal in der Wirkungsgeschichte dieses Konzils war dann das Weltfriedensgebet 1986, zu dem Johannes Paul II. nach Assisi, der Stadt des Heiligen

---

9   W. Beinert, Das Christentum und die Religionen, in: *Stimmen der Zeit* 230 (2010) 229–238.
10   So etwa bei der Eröffnung eines katholisch-muslimischen Symposiums in Rom 1985. Vgl. Renz, *Beten wir alle zum gleichen Gott?*, 117.

Franziskus, eine große Zahl Religionsführer versammelt hatte. Angesichts des Kalten Krieges und der Gefahr eines Atomschlags lag ihm an dem Hinweis, dass alle Religionen zum Frieden etwas beizutragen haben, die Überwindung von Gewalt und Krieg auch eine spirituelle Seite habe. Man hatte seinerzeit zwar keine gemeinsamen Gebete gesprochen, immerhin aber den ganz unterschiedlichen Religionen die Gelegenheit gegeben, vor allen so zu beten, wie es der eigenen Tradition entspricht. Das Weltfriedensgebet von Assisi 1986 wurde gleichzeitig zu einem Highlight des vorherigen Pontifikats wie auch zur innerhalb wie außerhalb der katholischen Kirche am stärksten diskutierten Aktivitäten von Johannes Paul II. – man denke allein an die bis in das Pontifikat Benedikts XVI. andauernde Auseinandersetzung mit der Piusbruderschaft, bei der die christliche Bewertung anderer Religionen zu den zentralen Fragen gehört.

Immerhin aber gehört das idyllisch anmutende Städtchen in Umbrien, der Wirkungsort des heiligen Franziskus, heute nicht zuletzt aufgrund dieses Ereignisses fraglos zu den Stätten, an denen im Falle des Christentums die friedensstiftenden Potenziale der Religion besonders überzeugend sichtbar werden.

Theologische Thesen angesichts der gegenwärtigen Situation

Angesichts dieser Ausgangssituation steht nun die Frage im Raum, welche religionstheologischen Optionen nicht nur für das das Verhältnis des christlichen Glaubens zum Islam, sondern in der Folge auch für die Auseinandersetzung mit dem Thema Islam im zeitgenössischen Spielfilm leitend sein könnten.

1. These: Die Ambivalenz von Religion ist anzuerkennen.

Unbeschadet der Fülle tatsächlich auch friedensstiftender Impulse und Aktivitäten ist in jedem Fall erst einmal das Schillernde der real existierenden Religionen anzuerkennen. Luc, Mitglied der Kommunität von Tibhirine, rezitiert im Film VON MENSCHEN UND GÖTTERN einen sehr eindrücklichen Tagebucheintrag seines historischen Vorbilds: «Ich las kürzlich diesen Gedanken von Pascal: Die Menschen wirken Böses nie so vollständig und freudig, wie wenn sie es aus religiösen Gründen tun.»[11]

Tatsächlich kann die Ausrichtung am Absoluten, die mit der Religion einhergeht, im Falle des Falles von Verfehlungen auch absolut, also extrem Böses hervorbringen. Umso wichtiger ist es, dass die Religionen sich auf die tiefer liegende Überzeugung des Schöpfungsglaubens besinnen. Zumindest einmal für die drei großen monotheistischen Religionen gilt: Der Glaube an Gott als den Schöpfer bedeutet ein fundamentales Ja zur Welt und zum Leben der Menschen, stiftet einerseits die Würde eines jeden,

---

11   Vgl. Baumer, *Die Mönche von Tibhirine*, 104.

sein Lebensrecht, das alle Übergriffe aus theologischer Sicht verbietet. Hinzu kommt andererseits die Überzeugung, sich als Mensch vor Gott für alle Taten verantworten zu müssen und dadurch auf Grenzen des eigenen Handelns hingewiesen zu werden.

2. These: Der Geist von Assisi ist noch kostbarer geworden.

Im Verhältnis zu den anderen Religionen muss es schon um des lieben Friedens willen, an dem alle Religionen ein Interesse haben, darum gehen, wie die Mönche von Tibhirine die gewaltkritischen Aspekte jeder Religion herausstreichen. Es ist deshalb aus christlicher Sicht besonders wichtig, das zu bewahren, was man den «Geist von Assisi» nennen könnte: das Vermächtnis jenes Treffens von 1986 – das im Übrigen im Jahr 2002 gerade mit Blick auf den 11. September 2001 wiederholt worden ist.[12]

Im Herbst 2011 fand dann – mit bemerkenswerten Unterschieden im Veranstaltungsdesign – das 25-jährige Jubiläum des Friedensgebetes mit Benedikt XVI. in Assisi statt. Abermals haben die beteiligten Religionsvertreter entschieden jede Gewalt verurteilt, insbesondere diejenige im Namen Gottes. «Nie wieder Gewalt! Nie wieder Krieg! Nie wieder Terrorismus! Im Namen Gottes bringe jede Religion Gerechtigkeit und Frieden, Vergebung und Leben, Liebe!», betonten sie am Ende der Erklärung mit zuvor bereits verwendeten Formulierungen.[13] Und gleich zu Beginn hieß es programmatisch: «Obwohl wir verschiedenen religiösen Traditionen angehören, bekräftigen wir, dass es zum Aufbau des Friedens notwendig ist, den Nächsten zu lieben und die Goldene Regel zu beachten». Der Friede sei Geschenk Gottes und gemeinsames Gut der Menschheit, Gewalt und Terrorismus widersprächen hingegen dem authentischen Geist der Religionen.

Die Differenzen der Treffen von Assisi betrafen eine andere Stelle, aufgrund derer die Ankündigung von Benedikt XVI., das 25-jährige Jubiläum des Friedensgebetes von 1986 mit einer eigenen Folgeveranstaltung im Herbst 2011 bedenken zu wollen, eine faustdicke Überraschung gewesen ist. Erstaunlich war die Initiative des derzeitigen Papstes zu einem Jubiläumstreffen vor allem deshalb, als seinerzeit kein Hehl daraus gemacht wurde, dass vor allem er als Präfekt der Glaubenskongregation angesichts der Pläne von Johannes Paul II. die Bedenken artikuliert hatte. Offenkundig ging dem damaligen Kardinal Joseph Ratzinger der charismatische Johannes Paul II. mit seinem untrügsamen Gespür für große Gesten hier zu weit. War ein gemeinsames Beten von Religionsführern nicht bereits eine Art Kniefall vor dem Relativismus, ein erster Schritt hin zum religiösen Synkretismus und deshalb nicht zuletzt theologisch problematisch? Meinen die Religionen überhaupt denselben Gott? Wären das nicht auch Einwände gegen das Leben der Mönche von Tibhirine?

---

12   Vgl. zum Folgenden auch: S. Orth, Der eine Gott und die Religionen, in: *Herder Korrespondenz* 65 (2011) 541–543.

13   Abschlusserklärung der Religionsvertreter und Atheisten beim Weltfriedenstreffen in Assisi, 27. Oktober 2011.

Die Konsequenz daraus war, dass der Eindruck eines gemeinsamen Betens im Jahr 2011 in Assisi noch stärker vermieden werden sollte. Die Gebetsorte wurden getrennt. Das Pilgern, Meditieren und Beten geschah weitgehend schweigend. Eine Neuerung war hingegen, dass neben den Vertretern der Weltreligionen auch ausgewiesene Agnostiker und bekennende Atheisten an der Veranstaltung teilgenommen haben. Der Charakter eines interreligiösen Treffens wurde dadurch freilich noch weiter abgeschwächt – ein Echo auf die problematisch gewordenen Beziehungen zwischen den Religionen nach dem 11. September 2001.

3. These: Die eigentlich theologischen Fragen im Hintergrund sind weiter zu diskutieren.

Vielleicht sind – wofür es gute Gründe gibt – die Kirchen heute insgesamt zu sehr mit sich selbst beschäftigt, als dass auf der Suche nach einem rechten Verständnis anderer Religionen momentan spektakuläre neue Erkenntnisse erwartet werden dürfen. Das Thema steht jedenfalls nicht so im Vordergrund, wie es angesichts der bereits beschriebenen weltweiten Entwicklungen notwendig wäre. Gerade angesichts der gegenwärtigen Spannungen zwischen den Religionen erscheint es jedoch als besonders wichtig, sich mit den theologischen Fragen, die eine Begegnung der Religionen aufwirft, intensiver auseinanderzusetzen. Das gilt auch für die Vorbehalte, sich mit Blick auf das friedliche Zusammenleben nicht einfach nur als Vertreter verschiedener Kulturen zu verstehen, sondern sich bewusst angesichts der Verantwortung vor Gott als Religionen zu verbünden, wie das 1986 stärker im Vordergrund stand als 2011.

Es geht dabei auch im Verhältnis zum Islam nicht in erster Linie um die Frage, inwieweit durch das Beten vor den Augen der Vertreter anderer Religionen dem Missverständnis Vorschub geleistet wird, letztlich komme es auf die Unterschiede der Religionen nicht an. Tatsächlich wäre ja auch der Eindruck problematisch, man bete gemeinsam zu einem Konstrukt aus dem Besten aller Gottesvorstellungen – das so gar nicht existiert. Es gab ja durchaus Strömungen innerhalb der sogenannten pluralistischen Religionstheologie, die – wie der evangelische Theologe *Reinhold Bernhardt* etwa mit Recht beklagt hat – eine Art «Meta-Gott» konstruieren wollten: «ein bloßes Postulat der religiösen Vernunft – eben der blutleere, imaginäre Durchschnittsgott (...) ein Gott des kleinsten gemeinsamen Nenners, gewonnen durch Abstraktion von allen konkreten Gesichtszügen, die ihm in den Religionen zugeschrieben werden».[14] Dann aber wären die Bedeutung Jesu Christi im Fall des Christentums, der Thora im Fall des Judentums beziehungsweise des Koran im Fall des Islam nivelliert. Doch

---

14 Vgl. R. Bernhardt, Konvergenzen und Divergenzen im Gottesverständnis der abrahamitischen Religionen. Glauben Juden, Christen und Muslime an den gleichen Gott?, in: *Deutsches Pfarrblatt* 111 (2011) 236–240 [http://pfarrerverband.medio.de/pfarrerblatt/dpb_print.php?id=2986]. Vgl. diesen Text auch für die folgenden Absätze.

heißt das, dass zumindest – und darum soll es im Folgenden ausschließlich gehen – die monotheistischen Religionen nicht an denselben Gott glauben?

Um das Phänomen Religion wirklich in seiner Tiefe zu verstehen, muss man ohnehin jene vergleichende Betrachtung der Vielfalt der Religionen etwa von Kulturwissenschaftlern oder Religionswissenschaftlern verlassen und die Beobachterperspektive gegen den Mitvollzug des religiösen Lebens mit seinen Gebeten und Gottesdiensten, Riten und Ritualen als solches eintauschen. Bernhardt gibt zu bedenken, dass «anders an Gott glauben» noch lange nicht «an einen anderen Gott glauben» heißt – gerade weil Gott selbst transzendent ist. So wie man ja auch anderen Christen einer anderen oder sogar der eigenen Konfession nicht unterstellt, an einen anderen Gott zu glauben, wenn sie andere Gottesbilder oder abweichende theologische Überzeugungen haben. Sind nicht auch bei Lichte betrachtet die Gottesvorstellungen innerhalb einer Religion gelegentlich genauso verschieden wie die Gottesvorstellungen zwischen Religionen?

Theologisch gesprochen: Muss nicht zwischen Gotteswirklichkeit einerseits und Gottesvorstellungen, Gottesbildern, Gottesgedanken und Gottesbekenntnissen andererseits immer streng geschieden werden? Könnte es nicht sein, dass nicht nur die Glaubenswege beziehungsweise die Traditionen der Religionen, sondern schon die durchaus unterschiedlichen Offenbarungen, auf die jene gegründet sind, von sich aus über sich hinausweisen, indem sie sich selbst unterscheiden von der Wirklichkeit Gottes, die ihnen transzendent ist?

Die Größe Gottes kann wohl nur dort richtig verstanden werden, wo sie jenseits des Horizonts eigener Religiosität mit ihrer eigenen Theologie und je konkreten spirituellen Färbung angesiedelt wird. Muss nicht Religion gerade deshalb auch immer mit Vorbehalten operieren? Sonst bestünde doch die Gefahr, den geglaubten Gott angesichts des letztlich beschränkten eigenen Horizonts für letztlich beschränkte eigene Zwecke zu vereinnahmen.

4. These: Christen, Juden und Muslime glauben an denselben Gott.

Dass Gott transzendent ist, ist letztlich die Überzeugung aller drei monotheistischer Weltreligionen mit ihrem Universalitätsanspruch, der jeweils aus dem Glauben an Gott als Schöpfer allen Seins erwächst. Man braucht also weder die jüdische, noch die christliche oder auch die muslimische Glaubensperspektive zu verlassen und sich auf den vermeintlich höheren Standpunkt eines verallgemeinerten Gottesglaubens zu stellen, um zu behaupten, dass Gottes Wirklichkeit alle Zugänge zu dieser Wirklichkeit transzendiert, so Bernhardt.

Darüber hinaus sind gerade die Christen aufgrund ihres Glaubens an die in Jesus von Nazareth erschienene, Grenzen sprengende Liebe Gottes verpflichtet, «für alle zu hoffen». Jesus hat diese Universalität und Unbedingtheit des Heilswillens Gottes gepredigt und auch selbst durch Taten bezeugt – und zwar in einer Weise, dass Christen darin eine unüberbietbare Selbstoffenbarung Gottes erkennen. Diese Hoffnung ist für Christen selbst da noch von Bedeutung, wo sie nicht mehr – oder noch nicht – erkennen können, wie diese sich in den ihnen fremden Religionen erfüllen können sollte.[15] So ist jedenfalls auch die Botschaft der Mönche von Tibhirine zu verstehen – wie auch vieler anderer Christen in Algerien.

So richtig und wichtig es also ist, auf die unterschiedlichen Gottesbilder aufmerksam zu machen und deshalb auch Vorbehalte angesichts drohender Religionsvermischung zu äußern: Fatal wäre der Eindruck zumindest mit Blick auf die monotheistischen Religionen, denen immerhin mehr als die Hälfte der Menschen angehören, aufgrund der Betonung der unterschiedlichen Zugänge von Christen, Juden und Muslimen handele es sich letztlich nicht um einen Gott. Besteht sonst nicht die Gefahr, dass er lediglich zu einem Privatgötzen, einem Stammesgott, einer nationalen Gottheit oder eben zu einem Gott wird, den eine Religion meint, gepachtet zu haben? Indizien dafür gibt es zuhauf: So wurde, um nur ein Beispiel zu nennen, Kritik laut, als Aygül Özkan im April 2010 bei der Vereidigung als niedersächsische Sozialministerin als Muslimin die vermeintlich exklusiv christliche Formel «So wahr mir Gott helfe» benutzte.

Wurde Gott da jedoch nicht von ihren Kritikern zu klein gedacht? Der katholische Theologe Michael Bongardt hat angesichts solcher Kritik zu bedenken gegeben, dass es für Monotheisten nur eine mögliche Alternative gebe: «Menschen glauben entweder an den einen und einzigen Gott – oder sie sind Götzendiener.»[16] Und Bongardt fügt hinzu: Es könne sein, dass den aktuellen «Diskussionsverschärfern» in den Kirchen oder den Feuilletons der Mut fehle, so weit zu gehen und beispielsweise dem Islam Götzendienst vorzuwerfen. Faktisch aber, so seine Kritik, erheben sie diese Anklage, wenn sie den Glauben der Muslime an den «Gott der Christen» bezweifeln.

5. These: Religionstheologische Differenzierungen sind gleichwohl notwendig.
Selbstverständlich ist im Folgenden mit Blick auf das Verhältnis von Christen und Muslimen eine Differenzierung von entscheidender Bedeutung: Nicht zuletzt aufgrund der historischen Abfolge gibt es vom Christentum aus gesehen eine größere Nähe zum Judentum als zum Islam. Schon in «Nostra Aetate» heißt es mit Blick auf die Juden: «Bei ihrer Besinnung auf das Geheimnis der Kirche gedenkt die Heilige Synode des Bandes, wodurch das Volk des Neuen Bundes mit dem Stamme Abrahams

---

15   Vgl. M. Bongardt, Sind Muslime Götzendiener? Zu einer problematischen Entwicklung des christlichen Islambildes, in: *Herder Korrespondenz* 62 (2008) 29–32.
16   Bongardt, Sind Muslime Götzendiener, 30.

geistlich verbunden ist. (…) Deshalb kann die Kirche auch nicht vergessen, dass sie durch jenes Volk, mit dem Gott aus unsagbarem Erbarmen den Alten Bund geschlossen hat, die Offenbarung des Alten Testamentes empfing und genährt wird von der Wurzel des guten Ölbaums, in den die Heiden als wilde Schösslinge eingepfropft sind» (Nr. 4).

Weithin ist inzwischen anerkannt, dass es ein christliches Selbstverständnis ohne das Judentum nicht geben kann, so wie das Neue Testament ohne das Alte undenkbar wäre. Gerade Johannes Paul II. hat ja nicht nur von den Juden als den «älteren Brüdern» gesprochen, sondern auch vom selbst aus christlicher Sicht «niemals gekündigten» Bund Gottes mit dem Volk Israel. Aufgrund dieser «einzigartigen geschichtlichen und theologischen Beziehung» darf dieses Verhältnis «nicht in einer allgemeinen ‹Theologie der Religionen› nivelliert werden», wie der katholische Theologe Andreas Renz in seinem hier einschlägigen Buch «Beten wir alle zum gleichen Gott? Wie Juden, Christen und Muslime glauben» unterstreicht.[17] Es kann aus christlicher Perspektive überhaupt kein Zweifel daran bestehen, dass Juden und Christen zum selben Gott beten, auch wenn sich Gottes- und Offenbarungsverständnis beider Religionen unterscheiden.

Aber letztlich alle drei monotheistischen Religionen, so auch Renz, beziehen sich, wie ausdrücklich auch im Koran anerkannt wird, auf ein und denselben Gott. Auch Muslime gehen davon aus, dass sich Judentum, Christentum und Islam Offenbarungen desselben Gottes verdanken. Im Koran heißt es bekanntlich mit Blick auf die anderen sogenannten Schriftbesitzer, also Juden und Christen: «Unser Gott und eurer Gott ist einer. Wir sind ihm ergeben» (Koran 29,46). Die Schriftbesitzer gelten deshalb im Islam eher als Häretiker denn als Heiden.

Renz fasst die Konvergenzen zwischen Christentum und Islam folgendermaßen zusammen: «Muslime glauben wie Christen an die Einzigkeit des einen Gottes. Sie erkennen ihn dankbar als den Schöpfer der Welt, der die Geschichte auf ihr Ziel hin leitet. Sie hoffen darauf, dass er durch das Gericht hindurch den Glaubenden das Leben in der kommenden Welt schenkt. Sie bauen darauf, mithilfe der Barmherzigkeit Gottes – die häufiger als jedes andere Attribut Gottes im Koran genannt und im täglichen Gebet bekannt wird – dieses Ziel erreichen zu können. Sie schätzen das biblische Gotteszeugnis, das im Koran aufgenommen und in ein neues Licht gestellt wird. Auch sollten sich Christen durch die muslimische Ablehnung der kirchlichen Christologie nicht den Blick darauf verstellen lassen, welch große Würde Jesus zugeschrieben wird, indem man ihn als Propheten ehrt.»[18]

17   Renz, *Beten wir alle zum gleichen Gott?*
18   Bongardt, *Sind Muslime Götzendiener*, 32.

Die Pointe in der Argumentation von Renz für die Nähe von Islam und Christentum ist der Umweg über das Judentum: Judentum und Islam bestätigen sich einander wechselseitig, dass sie an den Gott Abrahams glauben. Müssen dann aber nicht auch Christen, denen einleuchtet, dass der Gott des Neuen Testaments auch der des Alten Testaments und damit der der Juden ist, anerkennen, dass dieser Gott Jesu auch jener ist, auf den sich die Muslime faktisch beziehen – so viel Verzerrungen sich aufgrund der historischen Gegebenheiten dabei auch ergeben haben mögen. Wird Gott im Falle von Judentum und Christentum nicht auch als derselbe geglaubt, obwohl er sich in der Tradition der jüdischen heiligen Schriften nicht mit Jesus Christus identifiziert hat?

Ganz ähnlich äußert sich der evangelische Theologe Bernhardt: «Wenn man dem biblischen Verständnis folgt, demzufolge Gott sich nicht nur als Stammesgott seinem Volk aus Juden und Christen zuwendet, sondern in der ganzen Schöpfung am Werk ist, (…) dann gibt es in meinen Augen sehr wohl gute Gründe für die Annahme, dass der Gott, zu dem Christen im Namen Christi beten, kein anderer ist als der Gott, an den sich die Muslime hingebend wenden.» Er fügt freilich auch hinzu: «Gründe für die Annahme – mehr nicht!» Denn während die katholische Kirche nicht nur wegen der entsprechenden Äußerungen von Johannes Paul II. die Frage, ob Muslime und Christen zum selben Gott beten, lehramtlich klar und verbindlich mit Ja beantwortet hat, gibt es innerhalb des protestantischen Christentums dazu keine einheitliche Position.[19]

6. These: Es gibt auch für Christen eine Bringschuld.

Umgekehrt freilich sind alle Christen dazu herausgefordert, im Kontext der Diskussionen über den Monotheismus auch ihr eigenes Profil zu schärfen. Das beginnt ganz allgemein mit dem Wachhalten der Wahrheitsfrage: dass man sich eben nicht einfach damit abfindet, wenn verschiedene Religionen unterschiedliche Wege zu Gott kennen. Und es endet nicht bei dem Hinweis, dass man christlicherseits verstärkt daran arbeiten muss, die Eigenheiten von Christologie und Trinitätslehre auch Andersgläubigen besser erklären zu können – gerade weil Juden und Muslime den Christen ja unterstellen, mit ihren Dogmen den Monotheismus aufzugeben. «Der zentrale Vorwurf des Judentums wie des Islam gegen die Christen lautet ja, sie hätten Gott ein Geschöpf zur Seite gestellt und den Monotheismus verraten, indem sie den Menschen Jesus vergöttlichen» – wobei Christen «genau das Gegenteil glauben: Denn nicht ein

19   Vgl. Renz, *Beten wir alle zum gleichen Gott?*, 119. Vgl. als muslimische Position auch den «Brief von 138 Muslimen» aus dem Jahr 2007 mit dem Titel «A Common Word Between Us and You»; vgl. C. Troll, Irenische Interpretationen? Eine Analyse des «Briefs der 138 Muslime», in: *Herder Korrespondenz* 62 (2008) 403–408.

Geschöpf wurde von den Menschen zum Gott erhoben, sondern Gottes Wort hat sich auf die Ebene der Menschen begeben».[20]

Daneben wird man immer im Blick haben müssen, dass sich eine unkritische Lektüre der Bibel, des Alten wie des Neuen Testaments, genauso an irritierenden Passagen stoßen kann, wie etwa denen des Koran, dessen Gewaltschilderungen oft genug kritisiert werden. Renz empfiehlt auch darüber hinaus die selbstkritische Prüfung, inwieweit Christen mit «ihren religiösen Vorstellungen und Praktiken die biblische Botschaft des einen Gottes bisweilen (...) verdunkelt haben».

Zur Bringschuld der Christen würde in diesem Zusammenhang darüber hinaus gehören, kritisch die eigene Geschichte der Präsenz in muslimischen Ländern zu reflektieren. In VON MENSCHEN UND GÖTTERN etwa erinnert der Gouverneur an die Kolonialzeit Frankreichs. In den Augen der Islamisten sind die Mönche bloß, so die Formulierung von Thomas Assheuer, «die religiösen Fußtruppen des verhassten Westens, der Demokratie sagt und Militärdiktatur meint».[21]

Welcher Dialog? Impulse aus dem Film VON MENSCHEN UND GÖTTERN

«Dialog hat am ehesten eine Chance zu gelingen, wenn er mit einer echten Begegnung auf allen Ebenen verbunden ist, nicht nur in Konferenzsälen und im Scheinwerferlicht der Massenmedien, sondern im Alltag, in geduldiger Auseinandersetzung, die zu einem Miteinander führt», schreibt Iso Baumer in seinem Büchlein über die Mönche von Tibhirine.[22] Schon um der Glaubwürdigkeit des christlichen Glaubens willen ist es im Dialog der Religionen dabei meiner Überzeugung nach fundamental, jene Großherzigkeit an den Tag zu legen, die für ein gedeihliches Miteinander, das sich auch kritische Fragen zumuten muss, unabdingbar ist. Das gilt gerade für die Bereitschaft zur Unterscheidung.

Im in jeder Hinsicht prophetischen Testament des Priors von Tibhirine, das auch im Film VON MENSCHEN UND GÖTTERN eine zentrale Rolle spielt, heißt es genau vor diesem Hintergrund sehr bewusst: «Ich weiß wirklich nicht, wie ich mich daran freuen sollte, wenn dieses Volk, das ich so sehr liebe, einfach unterschiedslos meines Mordes angeschuldigt würde. (...) Ich kenne auch die Karikaturen des Islam, die ein gewisser Idealismus hervorbringt. Es ist allzu leicht, sich damit zu beruhigen, dass man diesen religiösen Weg mit der sturen Ideologie ihrer Extremisten identifiziert.»[23]

Umso wichtiger wäre es also, dazu beizutragen, dass etwa der Islam in der öf-

20   Renz, *Beten wir alle zum gleichen Gott?*, 99,

21   Assheuer, Die Bibel – ein ewiger Skandal.

22   Baumer, *Die Mönche von Tibhirine*, 7.

23   C. de Chergé, Testament, in: Baumer, *Die Mönche von Tibhirine*, 100–103, 100 f.

2 Filmstill aus VON MENSCHEN UND GÖTTERN (Regie: Xavier Beauvois; Frankreich 2010)

fentlichen Meinung nicht in erster Linie als eine Religion der Gewalt wahrgenommen wird, sondern auch sein theologisches Profil, sein spiritueller Reichtum und sein Beitrag zur Kultur gewürdigt werden. Angesichts des mit Recht erwarteten Respekts vor ihrer eigenen Tradition und nicht zuletzt mit Blick auf die eigene Gewaltgeschichte haben Christen auch hier eine Bringschuld.

Noch einmal ist in diesem Zusammenhang daran zu erinnern, dass Christen gerade in ihren Beziehungen zu anderen Religionen Maß an Predigt, Leben und Sterben Jesu zu nehmen haben und christlicherseits Maximen wie Demut, Hilfsbereitschaft, Feindesliebe und Vergebungswillen unaufgebbar sind. Dass dies nicht immer einfach ist, kann man auch an den Mönchen in VON MENSCHEN UND GÖTTERN lernen, die ganz aus den wechselseitigen Verweisen von der christlichen Textur ihres Alltags und ihrer Umwelt leben (Abb. 2). Obwohl die Mönche beten: «Behüte uns Herr, wenn wir schlafen (...) und wir werden in Frieden ruhen» erleben sie des Nachts quälende Zweifel.

An einer anderen Stelle heißt es durchaus provokant: «Da er bei uns ist in dieser Zeit der Gewalt [gemeint ist: Gott] (...) Beeilen wir uns, wenden wir uns ihm geduldig zu, gehen wir hin zum Mann der Schmerzen, der am Kreuz uns Zeichen gibt. (...) Lasst uns ihn empfangen, der sich uns geopfert hat und uns bis zum Ende liebte».

Das geht bei den Mönchen selbst schließlich bis zum Martyrium, dass keiner von ihnen sucht, auch Christian nicht, und das ihnen dennoch je länger je mehr als reale Möglichkeit erscheint. Noch einmal die Texte der Liturgie: «Der, der sein Leben zu bewahren sucht, wird es verlieren. Wer es verliert, wird es gewinnen. In jener Nacht wird der eine mitgenommen und der andere zurückgelassen», woraufhin das «Lob sei Dir, o Christe» besonders betont gesprochen wird. Früh schon mahnt Christian, dass sie alle von nun an mit einer bestimmten Ungewissheit werden leben müssen.

Entscheidend ist dabei die gelebte Gewaltlosigkeit, mit der die Mönche dem Vorbild Jesu entsprechen wollen, wie auch in einer Tischlektüre aus Carlo Carettos «Gott ist unterwegs zu uns» angeregt wird.[24] Allen brüderlich begegnen, bis zum Ende einen Ausweg suchen, wird als Maxime ausgegeben. Vergiss nicht, sagt Christian an einer anderen Stelle mit Paulus: Die Liebe hofft alles, die Liebe erträgt alles. – Warum aber schweigt Gott so lange, lauten auch im Film die Gegenfragen.

Dies alles mag recht radikal klingen – und wird mit Blick auf die realen Beziehungen zwischen Christen und Muslimen auch an Grenzen stoßen. Interessant ist in diesem Zusammenhang der Hinweis, dass in Tibhirine in den neunziger Jahren bei den Tischlesungen auch Texte von Emmanuel Levinas gelesen wurden, die bekanntlich ethisch in hohem Maße herausfordern. Für Levinas ist das Achten auf das Antlitz des Anderen und damit auf die Würde eines jeden Menschen von besonderer Bedeutung – gerade angesichts der Frage nach Gott. Noch vor jeder Taxierung des Anderen in gut und böse, müsse man sich zur Geisel seiner machen, so die provozierende Forderung des jüdischen Denkers Levinas. In VON MENSCHEN UND GÖTTERN wird Christian den getöteten Anführer der Islamisten, dessen Leiche von aufgebrachten Algeriern durch die Straßen gezogen und auf diese Weise brutal entstellt wurde, identifizieren. Christian tut, wie ihm geheißen, protestiert dabei aber auch gegen diese Behandlung und betet für den Getöteten.

Schließlich hallt das Denken von Levinas auch im Testament von Christian nach: Die Islamisten, so heißt es, «mögen diesen [also: seinen] Tod in die Reihe so vieler anderer ebenso gewalttätiger Tode einfügen, die in der Gleichgültigkeit der Anonymität bleiben». Christian weiter: «Ich habe lange genug gelebt, um zu wissen, dass ich mitschuldig bin am Bösen, das, leider, in der Welt überhand zu nehmen scheint», «um von ganzem Herzen jenem zu verzeihen, der mich heimsuchen wird».[25] Nicht zuletzt das Unverständnis auf solche Äußerungen sieht er voraus: «Mein Tod könnte natürlich denen recht geben, die mich allzu rasch für naiv und idealistisch gehalten haben».[26]

---

24   C. Caretto, *Gott ist unterwegs zu uns*, Freiburg 1980.

25   De Chergé, *Testament*, 100 f.

26   Etwas von dem Geist der Trappistenmönche wird schließlich auch in den Schriften eines anderen ermordeten Christen in Algerien deutlich: Pierre Claverie, Bischof von Oran, der kurze Zeit nach den Mönchen umgebracht wurde. Ihm

Bei aller Ernüchterung über den zuweilen mühsamen Dialog zwischen Christen und Muslimen und aller gebotenen Vorsicht gegenüber noch nicht genauer bekannten Gesprächspartnern: Ist nicht deutlich, dass auf lange Sicht ein gelingendes Miteinander nur erhalten werden kann, wenn dies unter Einbeziehung der Anderen geschieht? Und auf keinen Fall durch die Profilierung der einen Religion auf Kosten der anderen, insbesondere weil sie sich auf denselben Gott berufen?

Gerade wegen einer größer gewordenen allgemeinen Skepsis gegenüber dem Religionsdialog nach dem 11. September müsste, so meine ich, die «Hochachtung» gegenüber den anderen Religionen, von denen die Konzilsväter des Zweiten Vatikanums sprachen, wieder stärker stilbildend werden – und sich dabei innerhalb der monotheistischen Religionen vom Blick auf den einen Gott inspirieren lassen.

Besonders gut vor Augen geführt hat diese Haltung, einschließlich des damit verbundenen radikalen Ernstes dieser Art, an den einen Gott zu glauben, zuletzt der Film VON MENSCHEN UND GÖTTERN.

---

lag in seinem gesamten Wirken sehr daran, dass die Christen in Algerien nicht als Agressoren, nicht als «Soldaten eines neuen Kreuzzugs», wahrgenommen werden: «Wir sind Missionare der Liebe Gottes, so wie wir sie in Jesus Christus entdeckt haben, und das wollen wir auch sein. Diese Liebe ist von tiefer Ehrfurcht vor den Menschen erfüllt, drängt sich nicht auf, drängt nichts aus, bedrängt nicht das Gewissen und das Herz der anderen.» Zitiert in: Baumer, *Die Mönche von Tibhirine*, 56 f. Claverie hat dies bereits in den neunziger Jahren auch ausdrücklich selbstkritisch gewendet: «Darum fürchte ich nichts so sehr wie das Sektierertum und den Fanatismus, besonders den religiösen. Unsere christliche Geschichte weist noch manche solcher Spuren auf, und wir können nur mit Beunruhigung integristische Bewegungen sehen. Sie spalten bereits die Kirche.»

Amin Farzanefar

Das Rätsel und die Frage
(Kino-)Aspekte der islamischen Welt

Zugegeben: In einer veränderten Kino- und Verleihlandschaft hat es das Exotische jenseits des Mainstreams schwer. Die Einspielzahlen sind gering, verglichen mit denen der großen Kulturnation in unserer Nachbarschaft. Dennoch sind mittlerweile Filme aus der islamischen Welt eine konstante Größe im Kino- und Festivalprogramm: Werke iranischstämmiger Regisseurinnen wie Shirin Neshat (WOMEN WITHOUT MEN; Deutschland u. a. 2009) und Marjane Satrapi (PERSEPOLIS; Frankreich/USA 2007; HUHN MIT PFLAUMEN, Frankreich/Deutschland/Belgien 2011) oder türkischer Filmschaffender wie Semih Kaplanoglu (BAL – HONIG; Türkei/Deutschland/Frankreich 2010), Nuri Bilge Ceylan (ONCE UPON A TIME IN ANATOLIA; Türkei/Bosnien-Herzegowina 2011), Asli Özge (MEN ON THE BRIDGE; Deutschland/Türkei/Niederlande 2009) oder Yesim Ustaoglu (PANDORA'S BOX; Türkei u. a. 2008). Aus dem «neuen Ägypten» stehen CAIRO 678 (Regie: Mohamed Diab; Ägypten 2010) oder die Co-Produktion TAHRIR 2011 (Regie: Ayten Amin und Tamer Ezzat; Ägypten 2011) auf dem Programm. Den größten Erfolg erzielte NADER UND SIMIN – EINE TRENNUNG (Iran 2011): Das Scheidungsdrama des Iraners Asghar Farhadi gewann unter anderem drei «Berlinale»-Bären, einen «Golden Globe» und den Auslands-«Oscar». Der interessierte Zuschauer wird dabei bisweilen Zeuge eines Aufbruchs: Man sieht die ersten Filme nach der schwarzen Taliban-Ära, den allerersten irakischen Film nach Saddam, den Kampf um Sichtbarkeit der kurdischen Filmemacher in Nordirak, Iran und der Türkei (wird Syrien folgen?). Oder man erlebt eine neue Welle, etwa die Blüte des türkischen Kinos. Noch zu Beginn des Millenniums mit einer Jahresproduktion von einem Dutzend Filmen faktisch nicht existent, bringt es mittlerweile Festival-Gewinner und sogar richtige Schulen mit Epigonen und Kopisten hervor.

Spannend bleibt der schwierige Weg des iranischen Kinos: In den neunziger Jahren auf alle wichtigen Festivalpreise abonniert, schien es angesichts skandalöser Produktionsbedingungen und thematischer Wiederholungen erschöpft und auserzählt – und feiert plötzlich mit Asghar Farhadis Siegeszug ein sensationelles Comeback. Aktuell ist es spannend zu beobachten, ob und wie sich das arabische Kino neu

1 Haji Agha – Actor-e Sinama
(Regie: Ovanes Ohanian;
Iran 1933)

formiert, das jahrzehntelang unter komatösen Zuständen des heimischen Kulturbe-triebs zu leiden hatte.

Nach Jahrhunderten der konfessionellen Konkurrenz, nach Jahrzehnten des Tou-rismus, einer Dekade des proklamierten Kulturkampfs sowie einer gerade heftig geführten Zugehörigkeitsdebatte ist man versucht, in dieser Vielfalt Typisches zu suchen: ein bestimmtes Tempo, Naturell oder Schauspiel, wiederkehrende Themen, Genres und Probleme. Der Bogen, den der folgende Text überspannt, zeigt, dass all das stimmt – ebenso wie auch das Gegenteil.

Spiel der Gegensätze

Auch im Orient breitet sich das Kino in Windeseile aus. Noch Ende des 19. Jahrhun-derts hatten die Gebrüder Lumière und ihre Kameramänner mit ihrer Apparatur fast jedes arabische Land bereist, bald sollten Kinosäle und erste Filmaufnahmen folgen. Doch so sehr das Medium der Urbanisierung eine kosmopolitische Elite und moder-nismuswütige Herrscher begeisterte, so sehr war es großen Teilen einer traditiona-listischen Bevölkerung suspekt – als unheimliche, widernatürliche Gerätschaft, dem Varieté und Jahrmarkt zuzurechnen, dessen Liederlichkeit Frauen und Männer ge-meinsam im Dunkeln zusammenbrachte.

Haji Agha – Actor-e Sinama (Regie: Ovanes Ohanian; Iran 1933), der erste (stum-me) iranische Langfilm, bringt 1933 den ideologischen Kampf ums Kino auf die Lein-wände, als erbitterten Streit zwischen dem passionierten Cineasten Parvis und sei-nem Schwiegervater, dem traditionellen Haji Agha – «Herrn Hadji» Abb. 1). Haji über-windet schlussendlich seine tief sitzenden Vorbehalte, als er sein Abbild auf der Lein-

2 Filmplakat zu THE SHEIK (Regie: George Melford; USA 1921)

wand sieht – und wird zum glühendsten Anhänger der neuen Kunst. Schon der Filmtitel benennt die Gegensätze: Herr Haji, der «Mekkapilger», verkörpert (mit den Insignien Wasserpfeife und Rosenkranz) den orthodoxen Islam, und «Actor», der Schauspieler, symbolisiert die neue Zeit, die Moderne und den Westen. HAJI AGHA – THE CINEMA ACTOR söhnt die beiden Richtungen aus, indem er – ganz im Tenor des damaligen nationalistischen Aufbruchs – den Hadji nicht ganz ernst nimmt. (Diese andauernde Missachtung konservativer Bevölkerungsteile auch im Film wird vier Jahrzehnte später zur Islamischen Revolution führen.) Die Tochter tanzt mit moderner Bobtail-Frisur umher, kokettiert offen und benimmt sich überhaupt, gemessen an den damaligen Standards, skandalös. Regisseur Avanes Ohanian war ein aus Russland zugewanderter Armenier – so wie es in den Ländern des Nahen und Mittleren Osten häufig ethnische oder religiöse Minoritäten waren, die das Kino etablierten, Juden, Parsen, Armenier und Bahais.

Dem Traum dieser Pioniere, mit dem neuen Medium eigene Geschichten zu erzählen, stand der Westen entgegen – wenig willens, aus diesem Kulturraum andere Bilder als die eigenen Phantasien zuzulassen. In Hollywood blühte das «Blood and Sand»-Genre, mit den Rudolph-Valentino-Vehikeln THE SHEIK (Regie: George Melford; USA 1921; Abb. 2), THE SON OF THE SHEIK (Regie: George Fitzmaurice; USA 1926) und Cecil B. deMilles THE ARAB (USA 1915). Realistischere Perspektiven wie die von Felix Mesguich, dem franco-algerischen Kameramann der Lumière-Brüder, der bereits früh die Zustände in den französischen Kolonien dokumentierte, waren weniger willkommen. Deshalb ist die Entstehung der ersten arabischen Filme nicht von den aufkeimenden Befreiungsbewegungen zu trennen. Bis heute gibt es hinter den Kulissen eine heftige und komplexe Diskussion darüber, inwieweit jene kolonialistischen Strukturen, die zahlreiche europäische Orientbilder geschaffen oder verstärkt haben, auch heute noch die aktuelle Produktionsweise bestimmen. Konkret gefragt:

Inwieweit müssen Filmschaffende aus der Region bestimmte, ihrer Alltagserfahrung widersprechende Klischees bedienen, um international erfolgreich zu sein? Jedenfalls dürften Mike Newells Computerspielverfilmung PRINCE OF PERSIA – DER SAND DER ZEIT (USA 2010) oder Jean-Jacques Annauds Erdöl-Romanze BLACK GOLD (Frankreich u. a. 2011), die auch bei Liebhabern des Orient-Kitschs wenig Zuspruch fanden, in hiesigen Kinos mehr eingespielt haben als jeder ambitionierte Film aus der real existierenden islamischen Welt. Andererseits ist der Exotismus nicht nur ein Merkmal des Westens – und nicht nur des Teufels: DAME TEUFELIN (Originaltitel: AFRITA HANEM, Ägypten 1949), einer der charmantesten Filme der «Goldenen Ära» des ägyptischen Kinos, beginnt mit dem Bild einer Wunderlampe, der geheimnisvoller Nebel entsteigt. Altmeister Henry Barakat erzählte 1949, wie die Dschinnin Kahramana dem armen, aber talentierten Impresario Asfour zur Seite tritt, um ihm beim Buhlen um die Gunst der geliebten Aaliya zur Seite zu stehen, und dabei zunehmend eigene Interessen entwickelt. Barakat hat mit den damaligen Superstars Farid el-Atrash und Samia Gamal eines jener Musicals umgesetzt, wie sie von den vierziger bis zu den sechziger Jahren zu Dutzenden entstanden; dabei wirkt die eskapistische Welt der Varietés und Musikclubs vertraut: Gamal und Atrash umwerben einander wie Ginger Rogers und Fred Astaire, nur eben zu arabischen Harmonien und mit ägyptischen Boulevard-Themen. Der Erfolg führte Gamal zu einigen Konzertauftritten in die USA, wo sie einen falschen Texas-Millionär heiratete. Apropos Texas: Ihre Rolle soll die Inspiration für die Fernsehserie BEZAUBERNDE JEANNIE – I DREAM OF JEANNIE (Regie: Sidney Sheldon; USA 1965–1970) um den von dem Flaschengeist Jeannie (= «Dschinni») angehimmelten Larry Hagman geliefert haben.

DAME TEUFELIN – AFRITA HANEM, dessen Handlung mit einer Knutschszene anfängt, und der Großaufnahme von langen, einer Limousine entsteigenden Frauenbeinen, belegt, dass jene drei «großen Tabus» des arabischen Films nicht in Stein gemeißelt sind: Über Sex, Religion, Politik habe man zu schweigen. Tatsächlich ist die Handhabung dieser Tabus über die Jahrzehnte hindurch recht flexibel: In Ben Alis Tunesien konnten politische Themen nur mit äußerster Vorsicht umgesetzt werden, während die tunesische Darstellung unorthodoxer Geschlechterkonstellationen teilweise mehr an französische Libertinage erinnerte als an die Nachbarländer Marokko und Algerien. (Prompt wurden den sinnlichen Kurzfilmen Moncef Dhouibs oder auch Ferid Boughedirs HALFAOUINE – ZEIT DER TRÄUME; Tunesien, Frankreich und Italien 1990, dessen Nacktszenen im Hamam den orientalistischen Malereien von Ingres und Nouy nachempfunden scheinen, «Verwestlichung» vorgeworfen.)

Schönheit aus Beschränkung

Während in den arabischen Klassikern wider Erwarten die alte Phantasie von einem Orient der überbordenden Sinnlichkeit aufscheint (geprägt von Schleier- und Bauchtänzen, von Melodramatik, großer Geste und Overacting, dabei mit einem Vorrang der erzählerischen Verve gegenüber der formalen Bildgestaltung), findet sich im dazugehörigen Kulturraum weiter eine aus Beschränkung hervorgehende Schönheit: Der Rhythmus des iranischen Films ist bestimmt von Zäsuren und Ellipsen, von Aussparungen und Andeutungen. Es dominieren das Rätsel und die Frage.

Zahllose Meisterwerke des iranischen Kinos (nur wenige sind hierzulande bekannt) beginnen beim mythischen Urerlebnis des Kinozuschauers, harrend in einem pränatalen Dunkel, in das wie in Platons Höhle nur Reflexe der Außenwelt gelangen: Stimmen, Geräusche, Musik oder auch gar nichts. Irgendwann wird es Licht. Bahman Ghobadis ZEIT DER TRUNKENEN PFERDE (Iran 2000) hebt so an, eine Kindergeschichte unter kurdischen Schmugglern, in dem die Totalen von mühsam durch die eingeschneite Gebirgslandschaft trottenden Pferden der harten Realität im Grenzland eine poetische ornamentale Schönheit verleihen. Jafar Panahis CRIMSON GOLD (Iran 2003) fängt ebenso an, ein Porträt Teherans aus der Sicht des armen Pizzalieferanten Hossein und zugleich die Studie eines Verlierers der Islamischen Revolution. Die erste Einstellung von Asghar Farhadis ALLES ÜBER ELLY (Iran/Frankreich 2009) liefert Impressionen aus dem Inneren eines Briefkästchens, und in Farahadis NADER UND SIMIN – EINE TRENNUNG öffnet das mechanische Leuchten eines Fotokopierers auch einen Deutungsraum hinsichtlich Identität, Original und Kopie, Authentizität und Lüge.

Diese minimalistische Verknappung vieler iranischer Filme mag im berüchtigten Zensur-Kanon begründet sein, der den politischen und religiösen Raum komplett der Kritik enthebt, die sexuelle Sphäre sogar gänzlich der Darstellung entzieht; zum an-

3 UND DAS LEBEN GEHT WEITER
(Regie: Abbas Kiarostami;
Iran 1992)

deren aber spiegelt sie die harten gesellschaftlichen Kontraste im Iran wider. Sie ist aber auch an eine im Alltag stark verwurzelte islamische Mystik rückgebunden: In einem der ersten internationalen Erfolge des nachrevolutionären Kinos, Abbas Kiarostamis WO IST DAS HAUS MEINES FREUNDES? (Iran 1987), irrt ein kleiner Junge durch Gebirgsdörfer, um seinem Klassenkameraden das fälschlich eingesteckte Schulheft zurück zu bringen. Dabei führt diese wunderbare kleine Erzählung über eine hartnäckige Solidarität, die sich von Desinteresse und Borniertheit der Erwachsenen nicht beirren lässt, die Zeile eines mystischen Gedichts von Sohrab Sepehri im Titel: «... ein Kind siehst du, eine hohe Tanne hinaufgeklettert, um Küken zu nehmen aus dem Neste des Lichts, und dieses Kind fragst du, wo des Freundes Haus ist».

Der «Freund» bezeichnet in der islamischen Mystik auch einen der Namen Gottes; mehrere Kiarostami-Filme hatten solche sprechenden Titel – UND DAS LEBEN GEHT WEITER (Iran 1992; Abb. 3), DER WIND WIRD UNS TRAGEN (Iran/Frankreich 1999) –, bevor sich der Meister, von allzu vielen Preisen ermüdet, nüchterneren Titeln zuwandte (TEN; Frankreich/Iran/USA 2002; FIVE DEDICATED TO OZU; Iran/Japan/Frankreich 2003). Das Changieren zwischen hell und dunkel, zwischen Schatten, Licht und Farbe, zwischen religiösen, mythologischen und sozialrealistischen Komponenten ist nirgendwo so prägend wie im stattlichen Œuvre des momentan kaum noch aktiven Mohsen Makhmalbaf. Dem Wandel des islamistischen Guerilla-Kämpfers und Propagandafilmers zum Demokratie-Streiter und schließlich zum Dissidenten entspricht der Übergang vom Tiefschwarz seiner frühen, von Lichtkontrasten fast zerrissenen Werken zum Farbenrausch späterer Filme, etwa dem Nomadenmärchen GABBEH (Iran/Frankreich 1996). Auf einer eher formalistischen Ebene scheint auch die iranischstämmige US-Künstlerin Shirin Neshat diese Entwicklung nachzuvollziehen: Das ideologiekritische Schwarz-Weiß ihrer frühen, konzeptuell auf Geschlechtergegensätze abzielenden Foto- und Videoarbeiten tauschte sie in ihrem Spielfilmdebüt WOMEN WITHOUT MEN (Deutschland u. a. 2009) gegen märchenhafte Buntheit.

Von Rückständigkeit zur Vielfalt

Vor kulturraumspezifischen Pauschalisierungen schützt immer auch ein Blick auf das Gegenteil, in diesem Fall: das iranische Populärkino. Hinter Titeln wie «Der Bienenstich», «Feuchte Träume» oder «Schätzchen, ich bin doch nicht doof» verstecken sich keine mystischen Gedichtzeilen, sondern Filme, die ebenso schlecht über interkulturelle Grenzen wandern wie Til Schweigers KEINOHRHASEN (Deutschland 2007) oder KOKOWÄÄH (Deutschland 2011). Eine noch viel bizarrere Welt eröffnet ausgerechnet der jahrzehntelang das sozialkritische türkische Kino prägende, mittlerweile wieder neu zu entdeckende Yilmaz Güney. Für sein Magnum Opus YOL (Türkei/Schweiz/

4–5 Filmplakate zu COWBOY ALI – KOVBOY ALI (Regie: Yilmaz Atadeniz; Türkei 1966) und BEŞ VAKIT
(REGIE: Reha Erdem; Türkei 2006)

Frankreich 1982) gewann der ins Exil geflüchtete Filmemacher 1982 die «Goldene
Palme»; weniger bekannt ist, dass der junge Güney als Superstar in rund hundert Filmen sehr handfeste Rollen spielte. Neben Titeln wie «Der Sohn des Teufels», «Tor-
pedo-Yilmaz», «Granaten-Kemal» bringt vor allem COWBOY ALI – KOVBOY ALI (Regie:
Yilmaz Atadeniz; Türkei 1966) den Trend jener Zeit auf den Punkt: westliche Genres in
türkischem Gewand (Abb. 4). Ob Tarzan, Rambo, Star Wars, E.T., Süperman (!) oder
der Exorzist – alles, wirklich alles fand seine Entsprechung im Turksploitation- und
Süpertrash-Kino jener Jahre. Erscheint das frühe ägyptische Kino überraschend fri-
vol, so herrschte in der Türkei schamlose Unzucht: Zu den Verfallserscheinungen der
siebziger Jahre gehörte eine Schwemme von Erotik-Filmen, die gerne auch im länd-
lichen Ambiente angesiedelt waren – wo hierzulande unters Dirndl geschaut wurde,
hatte dort das anatolische Kopftuch eine geradezu fetischistische Anziehungskraft.
      Das mag auch damit zu tun haben, dass es in der Türkei wie in anderen autokra-
tischen Staaten lange Zeit staatlich opportun war, den Islam als rückständig oder
folkloristisch zu verunglimpfen (eine offizielle Zensur, die dem konservativen Klerus
zuarbeitet, steht dem nicht unbedingt entgegen). Erst seit den neunziger Jahren gibt

es einen neuen, vielfältigen und produktiveren filmischen Umgang mit der Religion, das reicht von den populär-missionarischen Filmen des «White Cinema» bis zu Reha Erdems betörendem BES VAKIT (Türkei 2006). «Bes vakit» bedeutet «Fünf Zeiten»; in fünf Kapiteln wird der dörfliche Alltag von drei Heranwachsenden zwischen Gebirge, Meer und Olivenhain erzählt, entsprechend den fünf täglichen Gebetsrufen des Muezzin – ein Meisterwerk cineastischer Kontemplation, ein Traum von einem Film (Abb. 5). Überhaupt lässt sich beim florierenden türkischen Arthouse-Kino geradezu eine neue Askese ausmachen. Dabei erscheinen die überdehnten, wunderschön photographierten Einstellungen Nuri Bilge Ceylans geradezu kunstgewerblich gegen einen Slowburner wie Tayfun Pirselimoglus SAC (Türkei/Griechenland 2010). Stunden-, ja tagelang wartet da ein kettenrauchender krebskranker Perückenmacher, von Istanbuler Autoabgasen und Zigarettenschwaden umnebelt, an der Straßenecke, aus der Ferne das Haar einer Kundin anschmachtend, das diese ihm schließlich verkaufen wird.

Diese quälende Langsamkeit dient hier nicht nur der Belastungsprüfung der Zuschauer, sondern auch der genauen Beobachtung der Charaktere – entfremdete Akteure wie entwurzelte Opfer eines türkischen Turbo-Kapitalismus, in dessen urbanen Wirkungsbereich ländliche religiöse Traditionen auf städtische Hyper-Beschleunigung treffen. Auch wer es nicht so misanthropisch angeht wie Pirselimoglu: Das Thema beschäftigt die Filmemacherinnen zwischen Casablanca (CASA NEGRA; Regie: Luis Ortega; Argentinien 2002) und Teheran und darüber hinaus. Und umklammert somit keinen islamischen Kulturraum, sondern eine globale Unkultur der Mega-Cities. So ist das Kino der islamischen Welt immer mehr und anders als seine Zuschreibungen, mal bunt und ornamental, mal meditativ und verrätselt; gegen das Klischee auf der Realität beharrend, und doch seine eigenen Klischees reproduzierend, kulturelle Unabhängigkeit erkämpfend und Eigenheit betonend; dann wieder erstaunlich vertraut und nahe, und schließlich unendlich fantastischer, als man es sich vorzustellen vermag. Daraus nun wieder ein Erkennungsmerkmal abzuleiten, das wäre ein neues Konstrukt.

Ludwig Ammann

Islamklischees im Kino
Intellektuelle Kinogänger im Westen und ihr Islambild

Dies ist ein Essay, der stark vereinfacht. Er betrachtet die gängigen «Filmbilder des Islam» mit den Augen eines Filmverleihers, der danach fragt, welche Zuschauererwartungen jedwede Thematisierung von Islam im Arthouse-Kino erfüllen muss, um wirtschaftlich erfolgreich zu sein. Ergänzt wird diese Sicht durch Beobachtungen, die ich über viele Jahre hinweg als Islamwissenschaftler und Publizist zu Islamdiskursen in Massenmedien angestellt habe. Ein Wort noch zum fremdbestimmten Titel: *Islamklischees* ist ein Wort, das ich meide. Nicht dass es Klischees nicht gäbe, über den Islam wie über manches andere. Dennoch spreche ich lieber von komplexitätsreduzierenden *Stereotypen*, also von verallgemeinernden Annahmen über Fremdes, die der kritischen Überprüfung bedürfen, weil sie vermutlich *zu stark* verallgemeinern. Wenn Sätze mit «der Islam» oder «der Westen» oder «die Muslime» oder «die Amerikaner» beginnen, ist höchste Vorsicht geboten und der Realitätsgehalt in aller Regel gering.

Fremdstereotype oder schlicht Fremdbilder müssen keineswegs immer abwertend sein, es gibt auch das Gegenteil: Als der Diskurs über Weltgegenden mit muslimischer Bevölkerungsmehrheit noch unter dem geographischen Dachbegriff *Orient* geführt wurde, gab es zumindest in fiktionalen und semi-fiktionalen Formaten wie der Belletristik, den Reiseberichten und der Malerei eine starke exotistische Verklärung des Orients zum sinnlichen Märchenorient.[1] Ein Beispiel sind die wollüstig hingestreckten Odalisken in der orientalistischen Malerei – und selbstredend standen für solche Haremsphantasien keine Ehefrauen oder Töchter, sondern Profis Modell.

Seit der Islamischen Revolution in Iran 1979 und dann erst recht seit dem 11. September 2001 ist diese Verklärung stark zurückgegangen. Die dominanten Diskurse begreifen den Kulturraum nun reaktiv auf die islamistische Herausforderung und Verteufelung des Westens nicht länger als *Orient*, sondern als religiös geprägte *islamische Welt*, und stehen im Zeichen der Selbstabgrenzung, der ethnozentrischen Abwertung des Anderen und natürlich der Angst. Das Resultat sind – ich betone: re-

---

1   L. Ammann, *Östliche Spiegel. Ansichten vom Orient im Zeitalter seiner Entdeckung durch den deutschen Leser 1800 – 1850*, Hildesheim 1989.

aktive! – Vorurteile und Ressentiments, aus dem durchaus ambivalenten Fremdbild Orient ist ein *Feindbild Islam* geworden.

Zwischen kulturellen Prägungen und dem Islam unterscheiden

Das zentrale Dogma dieses Feindbilds und damit das mächtigste Islamklischee überhaupt ist die irrige Annahme, es müsse schlechterdings alles, was Muslime tun und lassen, von ihrer Religion, also *vom Islam bestimmt oder doch dominant geprägt sein.* Ein Beispiel: Wenn Türken, genauer gesagt Deutschtürken, was der Fall ist, im deutschen Schulsystem besonders schlecht abschneiden, muss das nach Thilo Sarrazin und Necla Kelek am Islam liegen und nicht etwa ihrer Herkunft aus bildungsfernen Bauerndörfern. Dabei lässt sich mit handfesten Zahlen zeigen, dass Portugiesen und erstaunlicherweise sogar Italiener, also manche Christen, in unserem Schulsystem genauso schlecht abschneiden – und andererseits Iraner, also manche Muslime, im Schnitt häufiger Abitur machen als eingeborene Deutsche[2]; was nicht weiter überrascht, wenn man bedenkt, dass nach der Islamischen Revolution gerade die Bildungselite, also die iranischen Akademiker nach Deutschland geflüchtet sind. Die kulturalistische Deutung der türkischen Minderleistung ist manifest unhaltbar, aber sie bedient ein wohlfeiles Ressentiment und wird daher auch von Personen propagiert, die es besser wissen könnten und sollten.

Um Missverständnissen vorzubeugen: Ich möchte nicht behaupten, dass kulturelle Prägungen gar keine Rolle spielen. Sie spielen eine Rolle, auch beim Schulerfolg. So ist die Heiratsmigration als eine den Umständen angepasste Form der Binnenheirat in der Sippe dem Spracherwerb der hier geborenen zweiten und dritten Generation ohne Zweifel abträglich. Aber erstens spielt die Religionszugehörigkeit hier und in vielen anderen Zusammenhängen eine nachgeordnete Rolle – schließlich praktizieren auch indische Hindus und schwarzafrikanische Christen eine derartige Heiratsmigration.[3] Und zweitens es gibt viele Lebensbereiche, in denen die Religion gar keine

---

2 Vgl. M. Siegert (Hg.), *Schulische Bildung von Migranten in Deutschland*, Nürnberg 2008 (= Working Paper 13 des Bundesamt für Migration und Flüchtlinge), Seite 23 zu Hauptschulen und Seite 31 zu Förderschulen, die beide von mehr Italienern als Türken besucht werden (Hauptschulen: Männer 48 Prozent beziehungsweise Frauen 42 Prozent versus 44 Prozent beziehungsweise 39 Prozent; Förderschulen: 11 Prozent beziehungsweise 6 Prozent versus 8 Prozent beziehungsweise 5 Prozent); 12 ff. relativierend zum Kriterium Staatsangehörigkeit statt Migrationshintergrund, das die Wirklichkeit nur noch unzureichend abbildet. Vgl. auch E. Stutzer, Bildungsintegration von Migranten, in: Statistisches Monatsheft Baden-Württemberg Nr. 5/2009, 3–8 über die Herkunft der Hauptschüler in Baden-Württemberg: Türkei 68 Prozent, Italien und Portugal jeweils 67 Prozent, Fazit auf Seite 7: «Türkische, italienische und portugiesische Schüler bilden ihrer Verteilung auf die verschiedenen Schularten eine weitgehend homogene Gruppe». – Zu den Bildungsabschlüssen von Iranern vgl. S. Haug, S. Müssig und A. Stichs (Hg.), *Muslimisches Leben in Deutschland*, Nürnberg 2010, 215 f.: Hier geborene muslimische Iraner machen zu stattlichen 63 Prozent das Abitur.

3 K. Charsley u. a. (Hg.), Marriage-related migration to the UK, in: *International Migration Review* 46 (2012).

Rolle spielt. Am Beispiel Literatur erläutert: Die klassische arabische Lyrik ist über weite Strecken vollkommen weltlich und steht als frivole Wein- und Liebeslyrik sogar im eklatanten Widerspruch zu religiösen Normen. Islamisch im starken Sinn sind im Schrifttum von Muslimen jedweder Herkunft nur die spezifisch religiösen Gattungen.

Nicht anders beim heutigen Filmschaffen in Ländern mit muslimischer Bevölkerungsmehrheit: Das arabische, das türkische, ja sogar das postrevolutionäre iranische Kino ist wie überall auf der Welt ein *entschieden weltliches Kino und kein islamisches Kino!* Ich habe viele Jahre das führende deutsch-türkische Filmfestival in Nürnberg als Gutachter begleitet und in all den Jahren genau einen Spielfilm dort entdeckt, der tatsächlich Religion thematisiert: Takva, zu deutsch: Gottesfurcht (Regie: Özer Kiziltan; Deutschland/Türkei 2006). Repräsentativ für das türkische Kino ist dieser Titel gerade nicht! Das gleiche gilt für beispielsweise das Arabische Filmfestival in Tübingen: Titel zum Thema Islam waren dort im Mai 2012 eine exotische Marginalie – und natürlich waren es Dokumentationen!

Ich möchte nicht unterschlagen: Es gab und gibt neben dem weltlichen Kino Versuche, ein islamisches Kino zu begründen, gewissermaßen als eigene Gattung eines frommen Erbauungskinos, so im Iran unmittelbar nach der Revolution, in der Türkei in den neunziger Jahren des letzten Jahrhunderts das sogenannte «weiße Kino»[4] und heute in Indonesien. Es handelt sich dabei um Begleiterscheinungen der Reislamisierung, um eine Form der Selbstverständigung von muslimischen Erweckungsbewegungen wiedergeborener Muslime, vergleichbar etwa den apokalyptischen Bestsellern der amerikanischen und weltweiten Evangelikalen. Dieses «weiße Kino» hat auch Box Office Hits hervorgebracht, aber es war bislang nicht von Dauer. Die wahre Domäne von Born-Again-Religiosität sind Funk, Fernsehen und das Internet und dort vor allem nichtfiktionale Formate, zum Beispiel Koranrezitations-Wettbewerbe. Dank Satellitenfernsehen und World Wide Web ist all dies global verfügbar; auch wer nicht zur Zielgruppe gehört, kann sich ein Bild davon machen. Die frommen didaktischen Formate stehen aber durchweg in Konkurrenz zu weltlichen Unterhaltungs-Formaten, wie der spektakuläre Erfolg einer türkischen – und in der Heimat gefloppten! – Ramadan-Soap in der arabischen Welt unlängst gezeigt hat: Noor avancierte dort ausgerechnet im heiligen Fastenmonat mit über 85 Millionen Zuschauern beim Finale zum erfolgreichsten TV-Drama aller Zeiten![5]

Nun geht es in diesem Essay nicht um die besondere Gattung «islamisches Kino», sondern allgemeiner um die Thematisierung von Islam im Kino, ganz gleich, ob der

4 Vgl. knapp N. Monceau, Muslim Identity in Turkish Cinema. The Case of «White Cinema», Vortrag auf einem Workshop des National Film Theatre zum Thema «Turkish Cinema and Transnational Imagination», London 2000.

5 U. F. Darrah, Frevelhafte Programme. Arabisches Ramadan-Fernsehen testet gesellschaftliche Schranken, in: *Neue Zürcher Zeitung*, 17. Oktober 2008.

Film aus Deutschland kommt oder aus der Türkei. Auch das ist etwas Randständiges: Die eigentliche Domäne der massenmedialen Thematisierung von Islam in Deutschland sind nämlich die nichtfiktionalen Formate in Funk und Fernsehen, Print und Internet, die Nachrichten, Talkshows, Blogs usf. Doch gibt es daneben immerhin auch eine wachsende Zahl von Spielfilmen wie DIE FREMDE (Regie: Feo Aldag; Deutschland 2010) und SHAHADA (Regie: Burhan Qurbani; Deutschland 2010), die in der einen oder anderen Form die Religion muslimischer Protagonisten thematisieren. Die Nachfrage folgt dabei dem vorherrschenden Diskurs; gefordert sind darum *islamkritische* Thematisierungen. Filmemacher, Produzent und koproduzierende Redaktion haben nur noch die Wahl zwischen einer vulgären, nämlich pauschal islamkritischen Variante und einer intelligenten, zwischen Islam und Islamismus unterscheidenden Variante. Ein Film wie DIE FREMDE enthielt im Drehbuch noch eine von Necla Keleks vulgärem Antiklerikalismus inspirierte Schächtungsszene zur Vorbereitung des Ehrenmords; auf der DVD findet sich die geschnittene Szene «Das Opferlamm» zum Glück nur noch unter den Extras. Ein Film wie SHAHADA setzt gegen solche Klischees die Figur eines liberalen Imams. Das ist eine altbewährte Strategie, schon Youssef Chahines Klassiker DAS SCHICKSAL (Frankreich/Ägypten 1997) stilisierte den «liberalen» Denker und Theologen Ibn Ruschd gleich Averroes zum Gegenspieler der damaligen «Fundamentalisten»; so macht sich ausgerechnet ein religionsferner ägyptischer Kopte für eine differenzierte Wahrnehmung des Islam stark. Doch ob differenziert oder nicht – wenn Islam überhaupt thematisiert wird, dann als *konfliktträchtiges Problem.*

Die Normalität bekommen wir nicht zu sehen

Damit sind wir beim zweitmächtigsten Klischee angelangt. Es betrifft das, was wir nicht zu sehen bekommen, weil es dafür *keine* Nachfrage gibt: *Islam als unproblematischer Alltag und Normalität.* Dieser blinde Fleck ist darum so tückisch, weil man ihn ohne relativierende Eigenwahrnehmung, also den regelmäßigen Umgang mit Muslimen, nicht bemerkt und daher die ständig wiederkehrende Problematisierung von Islam das Bild des Anderen massiv und ungehindert verzerrt.

Es gibt Gegenbeispiele. Zum einen Dokumentarfilme wie die wunderbare Langzeitbeobachtung dreier junger Secondos in Köln von Bettina Braun, in der etwa das Beten schlicht als Teil des dokumentierten Alltags vorkommt. Aber selbstredend muss sich ein Werk wie WO STEHST DU? (Deutschland 2011) trotz Kritikerlob mit einem späten Sendeplatz und einer sehr kleinen Quote zufriedengeben; es sei an dieser Stelle dennoch nachdrücklich empfohlen. Zum anderen gibt es einen veritablen Quotenhit, der Islam schlicht und einfach gar nicht thematisiert, weil er Wichtigeres zu erzählen hat – und vielleicht auch, weil Religion im Alltag dieser typisch alevitischen gleich stark verweltlichten Familie keine große Rolle spielt: ALMANYA – WILL-KOMMEN IN DEUTSCHLAND (Regie: Yasemin Samdereli; Deutschland 2011). Dass diese komödiantische Migrations- und Integrations-Saga mit 1,4 Millionen Zuschauern zum vierterfolgreichsten deutschen Film des Jahres 2011 avancierte, ist ein Glücksfall für Deutschland und seine Integrationsdebatten. Wahrscheinlich verdankt der Film AL-MANYA seinen Erfolg nicht zuletzt der Tatsache, dass seine Darstellung des Anderen dem kulturalistischen und antiklerikalen Zungenschlag von Sarrazin und Kelek eine Absage erteilt – allerdings um den Preis, dass Islam kaum vorkommt.

Auch für die nichtdeutschen Spielfilme aus der Türkei, Iran und der arabischen Welt gilt: Die Nachfrage bestimmt, was hierzulande auf den Markt kommt. Man sieht darum in Deutschland nicht den fürs Heimatpublikum produzierten Mainstream, son-dern ein für Festivals und Arthouse-Kinos in Europa produziertes *Export-Kino* von Au-toren, die in aller Regel auf das Geld europäischer Koproduzenten angewiesen sind, weil sich ein Kunstfilm auf eineinhalb einheimischen Kunstfilm-Leinwänden nie und nimmer refinanzieren ließe. Darum hat beispielsweise der in Cannes mit höchsten Preisen bedachte große türkische Autorenfilmer Nuri Bilge Ceylan in Frankreich viel mehr Zuschauer als in der Türkei!

Es gibt von dieser Regel gelegentliche Ausnahmen, die ich nicht unterschlagen möchte: Zum einen ab und an einen weißen Elefanten wie NADER UND SIMIN – EINE TRENNUNG (Iran 2011) von Asghar Farhadi, der sowohl in seiner Heimat als auch in Europa und den USA auf Festivals und im Kino reüssierte; auch Nadine Labaki ge-lang mit WER WEISS, WOHIN? (Frankreich/Libanon 2011) die Quadratur des Kreises. Die zweite Ausnahme ist das türkische Mainstreamkino, das auch hier in Deutsch-land fantastische Box-Office-Erfolge feiert – allerdings nahezu ausschließlich beim deutsch-türkischen Publikum. Ein besonderer Knaller war jüngst das Historiendrama FETIH 1453 (Regie: Faruk Aksoy; Türkei 2012). Da hätte der «intellektuelle Kinogän-ger», von dem im Titel die Rede ist, Islam einmal ganz anders, nämlich siegreich statt religionskritisch porträtiert sehen können. Aber ich fürchte, dass sich der nichtmusli-mische deutsche Kinogänger für die Eroberung Konstantinopels aus Sicht der Sieger nicht die Bohne interessiert – trotz seines tröstlichen politisch-korrekten Schlusses: Der Eroberer Mehmed verspricht den in die Hagia Sophia geflüchteten Christen Re-ligionsfreiheit…

Wenn nun im vorgenannten Export-Kino Islam thematisiert wird, ist wiederum Islamkritik und nicht der Alltag gefragt. Die Säulen dieser Islamkritik sind zwei oft repetierte Gemeinplätze: die *Unterdrückung der Frau* durch die Männer und den Is-lam, und die *islamistische Erweckung und Radikalisierung junger Männer*. Nicht, dass es diese Dinge nicht gäbe, und natürlich verdienen sie, thematisiert zu werden. Er-schöpfend ist nur, mit welcher Regelmäßigkeit das auf Kosten aller anderen denkba-

1 Filmplakat zu WEST IS WEST
(Regie: Andy De Emmony;
Großbritannien 2010)

ren Thematisierungen von Islam geschieht; und zu den unerquicklichen Nebenwir-
kungen gehört, dass diese Gemeinplätze eine Erwartungshaltung verfestigen, die es
schwer macht, davon Abweichendes zu bieten.

Zur Verdeutlichung möchte ich diese Problematik aus der Sicht des Verleihers
schildern, der sich überlegt, was er für den deutschen Markt einkaufen soll und wie
er es dann an den Mann bringen soll. Unser Verleih KOOL Filmdistribution fand Gefallen an der britischen Produktion WEST IS WEST (Regie: Andy De Emmony; Großbritannien 2010), das Sequel zu dem erfolgreichen Indie-Hit EAST IS EAST (Regie: Damien
O'Donnell; Großbritannien 1999). Das Sequel spielt nun nicht mehr in Nordengland,
sondern in Pakistan, denn Papa George «Dschingis» Khan schnappt sich seinen jüngsten Spross Aqib, der Engländer und nicht Pakistani sein will, und schleppt ihn in die

ferne Heimat, damit er dort die guten alten Werte kennenlernt. Ein wunderschöner Film über das Leben zwischen zwei Kulturen und zwischen erster und zweiter Frau, der nur einen Haken hat: Islam und Politik kommen nicht darin vor, es ist eine private Familiengeschichte aus dem Jahr 1976 nach Motiven aus dem Leben des Autors Ayub Khan Din. Der blanke Horror für uns als Verleiher – denn Islam und Politik, al-Qaida und Taliban ist das, was die Politik- und Feuilletonredaktionen, die für uns redaktionell werben sollen, von einem Film erwarten, wenn er in Pakistan spielt – und mit bösen Worten als Mangel ankreiden, wenn diese Erwartung enttäuscht wird, als hätte der Autor nicht das Recht, seine eigene Geschichte zu erzählen, in der Islam keine Rolle spielt. Dazu kommt, dass das geneigte Publikum keine Lust auf Filme aus Ländern hat, die ständig in den Nachrichten vorkommen. KOOL hatte also nur eine Chance, diesem Film Gerechtigkeit widerfahren zu lassen: Wir mussten in unserer Kampagne für WEST IS WEST das Wort Pakistan nach Kräften vermeiden.

Wie man sieht, haben wir beim Artwork eine Kuh hinzugesellt (Abb. 1), um Indien als Schauplatz zu suggerieren, und im Inhaltstext ist nicht von Pakistan, sondern vom «Pandschab» und «indischen Landschaften» die Rede. Beides trifft übrigens zu, auch wenn es nur die halbe Wahrheit ist: Der Film spielt im Pandschab und wurde de facto im indischen Pandschab gedreht, weil sich Dreharbeiten im pakistanischen Pandschab nicht hätten versichern lassen… Einen Film aus Pakistan würde unser Publikum nicht sehen wollen, weil Pakistan eine schlechte Presse hat, einen Film aus Indien schon, weil Indien eine gute Presse hat. Dieser Kontrast von negativem und positivem Image wird im Film selber ironisch thematisiert anhand der Figur des älteren Bruders Tariq, der den indischen Namen Shanti (dt.: Frieden) angenommen hat und einen Hippieladen führt (ca. 8. Min.): «Where are you from then, Shanti?» – «Oh my dad is from Paki.. Pakidilistan. It's a very spiritual place.» (…) «He sounds dead spiritual, your dad.» – «He is practically Ghandi.» Frieden, Gewaltlosigkeit und Spiritualität – das ist es, was Europäer stereotyp mit Indien verbinden; für Pakistan bleiben nur Krieg und Gewalt.

Mehr Empörungshunger als Mitgefühl?

Zurück zu den zwei Säulen der Islamkritik, der Unterdrückung der Frau und der Erweckung und Radikalisierung junger Männer. Die Unterdrückung der Frau ist ein dankbares Thema fürs Export-Kino, weil der europäische Arthouse-Markt eine Frauendomäne ist: Die Kinos werden von mehr Frauen als Männern besucht, und Frauen entscheiden für den Mann an ihrer Seite mit, welcher Arthouse-Film gesehen wird. Man kann die europäische Nachfrage nach Filmen über unterdrückte Musliminnen als Ausdruck vorbildlicher Solidarität verstehen, und ganz sicher ist das oft der Fall.

Ich werde aber den Verdacht nicht los, dass bei manchen Zuschauerinnen noch ein zweites Motiv eine Rolle spielt: Die wiederkehrenden Schreckbilder handgreiflich unterdrückter Frauen bestätigen die Selbstwahrnehmung als unterdrücktes Geschlecht da, wo die Unterdrückung wirklich nicht zu leugnen ist – während man hierzulande immer öfter Klimmzüge unternehmen muss, um am pauschalen Opferdiskurs festhalten zu können. Mit anderen Worten: Ich glaube manchmal einen Empörungshunger zu spüren, den ich mir allein mit Mitgefühl nicht erklären kann...

Ich möchte nicht weiter auf einschlägige Titel wie DIE LIST DER FRAUEN (Regie: Farida Belyazid; Marokko/Tunesien/Schweiz/Frankreich 1999), CARAMEL (Regie: Nadine Labaki; Frankreich/Libanon 2007) und WER WEISS, WOHIN? eingehen, auch wenn maximal klischierte Botschaften wie «Männer machen Krieg, Frauen machen Frieden» (WER WEISS, WOHIN?) dazu eine Steilvorlage liefern. Stattdessen möchte ich an einem Beispiel aus meiner Verleihtätigkeit schildern, wie schwer sich eine nichtstereotype Darstellung der Thematik auf dem realexistierenden Kinomarkt tut. Es geht um den Spielfilm KUMA von Umut Dag (Österreich 2012), der 2012 auf der Berlinale an den Sensationserfolg von Feo Aladags DIE FREMDE anknüpfen wollte (Abb. 2). Aber anders als bei DIE FREMDE fiel der Premierenapplaus eher höflich als stürmisch aus, vielleicht sogar ein wenig betreten. Und dafür gibt es einen handfesten Grund: KUMA unterläuft mutwillig alle stereotypen Erwartungen europäischer Zuschauerinnen an einen Film über eine «Importbraut». Zur Erinnerung: In DIE FREMDE ist die junge Importbraut Umay das Opfer von Männern – auch wenn der Film keinen Zweifel daran lässt, dass die Männer ihrerseits Opfer sind. KUMA hingegen ist auf mehrere Überraschungsmomente hin konstruiert. Bei der türkischen Dorfhochzeit zu Beginn denkt man, dass hier der Sohn der Wiener Familie mit einer jungen Frau aus dem Dorf verheiratet wird. Doch nach der Ankunft in Wien ist es die Mutter Fatma, die ihren widerstrebenden Mann auffordert, doch nun die Nacht mit dem frisch angetrauten jungen Mädel Ayse zu verbringen. Nach und nach wird deutlich, dass es die schwerkranke Matriarchin war, die diese Zweckheirat arrangiert hat, weil sie ihren Mann und ihre noch jungen Kinder für die Zeit nach dem eigenen Ableben mit einer Ersatzfrau und -mutter versorgt sehen will. Die nächste Überraschung: Nicht sie stirbt, sondern ganz plötzlich ihr Mann – doch die junge Frau, inzwischen selber Mutter und Freundin der Erstfrau, will die ihr ans Herz gewachsene Familie gar nicht verlassen, macht sich Hoffnungen auf den gleichaltrigen Sohn und fängt, als das nichts wird, heimlich ein Verhältnis am Arbeitsplatz an. Übrigens: Sie trägt ein Kopftuch. Und die Schlusspointe: Als das Verhältnis entdeckt wird und die Matriarchin sie zusammenschlägt, geht sie nicht etwa in ein Frauenhaus, um sich als alleinerziehende Mutter zu emanzipieren, sondern sie bleibt in der Familie, in der nun die junge Generation das Regiment übernimmt und es der störrischen Matriarchin nahelegt, sich in die neuen Familienverhältnisse einzufügen.

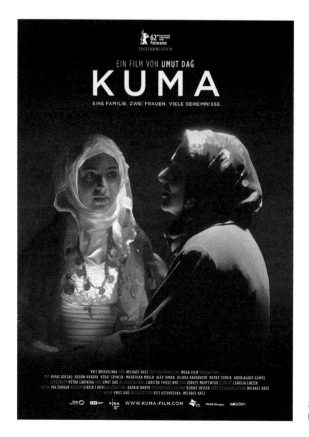

2 Filmplakat zu KUMA (Regie: Umut Dag; Österreich 2012)

Das wirklich Besondere an KUMA ist, dass er von der ungeheuren Macht vieler Matriarchinnen erzählt, die in klassischen Unterdrückungsgeschichten unterschlagen wird, weil da Männer die Täter und Frauen die Opfer sein müssen; und dass hier einmal nicht radikaler Individualismus («Selbstverwirklichung») als einzig seligmachender Heilsweg und Emanzipationsziel angepriesen wird, sondern um einen Ausgleich zwischen Freiheits- und Bindungsbedürfnissen des Einzelnen in der Großfamilie gerungen wird. Aber wir haben diesen Film nicht gekauft, und erst viele Monate später fand sich ein kleiner deutscher Verleiher, der bereit war, ihn im Paket mit dem für ihn wichtigen Titel abzunehmen. Noch in Cannes fragte mich der Verkäufer, der von mir wusste, wie gut mir KUMA gefällt, warum ich nicht zugreife. Die Antwort ist einfach: Ich glaube nicht, dass unsere Zuschauerinnen diese Botschaft hören wollen, und es ist ganz bestimmt nicht eine Botschaft, die unsere Kritikerinnen bereit wären zu unterstützen. Ich fürchte vielmehr, dass sie den Film hassen würden, weil er von einem liebgewonnenen Klischee abweicht und Emanzipationsideale, für die man selber gekämpft hat, infrage stellt. Denn nach meinen Erfahrungen werden von den meisten Meinungsmachern Modernisierungsideale, die vom liberalen Wertekanon abweichen, als reaktionär gebrandmarkt. Das heißt hart ausgedrückt: Wir Verleiher agieren als Filter, der originelle, die vorherrschende Meinung herausfordernde Positionen unterdrückt, weil wir bestimmte stereotype Erwartungen antizipieren und lieber bedienen, als hohe Verluste zu riskieren.

Eine Nachbemerkung zum Matriarchat: Im haushohen diesjährigen Gewinner von Antalya ZENNE DANCER (Regie: Caner Alper und Mehmet Binay; Türkei 2012) ist es eine zwanghaft fromme Mutter, die ihren widerstrebenden sanftmütigen Gatten mit der Faust und Flüchen dazu zwingt, den schwulen Sohn mit einem Ehrenmord aus der Welt zu schaffen; ein Film nach einer wahren Begebenheit, die sogar vor Gericht verhandelt wurde. Um Missverständnissen vorzubeugen: DIE FREMDE ist eine starke Tragödie über Verhältnisse, die es wirklich gibt. Aber es gibt auch die in KUMA und ZENNE DANCER geschilderten Verhältnisse, auch wenn man davon viel seltener hört – und erst beides zusammen ergibt ein rundes Bild!

Spezifische Kritik nicht pauschal auf den Islam beziehen

Und nun zur zweiten Säule der Islamkritik, der islamistischen Erweckung und Radikalisierung junger Männer. Hier gibt es seit Chahines DAS SCHICKSAL Jahr für Jahr einschlägige Titel. In Erinnerung geblieben sind mir aus den letzten Jahren insbesondere NA PUTU (ZWISCHEN UNS DAS PARADIES; Bosnien und Herzegowina/Deutschland/Österreich/Kroatien 2010) von Jasmila Zbanic aus Bosnien, auf der Berlinale 2012 DEATH FOR SALE von Fauzi Bensaidi aus Marokko (Belgien u. a. 2011) mit einer einschlägigen Nebenhandlung, und in Cannes 2012 gleichfalls aus Marokko HORSES OF GOD von Nabil Ayouch (Marokko 2012). Alles sind intelligente, nuancierte, nichtstereotype Schilderungen von Erweckungs- und Radikalisierungsverläufen. Hier wird selbstverständlich zwischen Islam und Islamismus unterschieden, und man müsste Filme dieses aufklärerischen Anspruchs schon sehr missverstehen, um ihre spezifische Kritik pauschal auf den Islam zu beziehen. Trotzdem besteht die Gefahr. Denn die meisten Menschen, die von diesen Filmen durch Trailer, Kritiken etc. erfahren, sind keineswegs so sehr an Aufklärung über das Thema Islamismus interessiert, dass sie dafür einen Kinoabend investieren würden. Was aber diese Nichtzuschauer vom Hörensagen in Erinnerung behalten, ist nur die Gleichung «Islam gleich permanente Radikalisierungsgefahr». Ich will damit nicht sagen, es wäre besser, es gäbe diese exzellenten Filme nicht. Man sollte sich nur nicht zu viel von ihnen erhoffen – eingeschliffene Sichtweisen können sich selbst durch Differenzierungsversuche bestätigt fühlen. Schon die bloße Tatsache, dass Erweckung im öffentlichen Diskurs über Religion im Allgemeinen und Islam im Besonderen schnurstracks mit Radikalisierung – ein oft polemisch verwandter Begriff! – gleichgesetzt wird, als müsse Born-Again-Religiosität zwangsläufig in Terror münden, verzerrt die Wahrnehmung nachhaltig.

Zum Abschluss möchte ich an einem zufällig entdeckten Stereotyp verdeutlichen, welche Prozesse die Wahrnehmung des Anderen verzerren. Über den von der Presse gefeierten Dokumentarfilm KORANKINDER von Shaheen Dill-Riaz aus Bangladesch (Deutschland 2009) berichtete *Spiegel Online* mit folgendem verwunderlichen Satz: «Also machte sich Dill-Riaz auf, um Madrassen zu filmen. Eigentlich eine unmögliche Mission, denn es gilt das Bilderverbot des Islam.» In der «TAZ» schrieb Bert Rebhandl: «Er bekam dafür ausnahmsweise die Gelegenheit, in einer Madrasa ausführlich zu drehen, ein seltener Fall in einem Land, in dem Filmen als ‹unislamisch› gilt und in dem die muslimische Bevölkerungsmehrheit immer mehr Einfluss auf die Öffentlichkeit nimmt.» Wie bitte? Es gibt eine florierende Filmindustrie in Bangladesch, es gibt selbstverständlich Fernsehen, es gibt das Internet mit Bewegtbildern. Ein Bilderverbot des Islam, das Filmen verbietet? Das gibt es ja nicht einmal in Saudi-Arabien mit seinem ultraorthodoxen Steinzeitislam! Auf der Suche nach einer Erklärung für diesen Unsinn stieß ich sehr bald auf den Pressetext zum Film vom Verleih Moviemento, verfasst von Iris Paefke. Und da steht doch tatsächlich als erster und zweiter Satz: «Mit jedem neuem Film vollbringt der Regisseur Shaheen Dill-Riaz ein kleines Wunder. Trotz des Bilderverbots gelang es ihm, mit seiner Kamera Zugang zu den religiösen Schulen, den Madrasas, zu bekommen.» Es mag ja sein, dass Schulen mit einem globalen Imageproblem nicht gern Kameras ins Haus lassen und dann als Begründung ein hochselektives Bilderverbot vorschieben, das sie beim eigenen Internetauftritt so wenig beachten wie Selbstmordattentäter beim Abschiedsvideo. Aber wenn dann der Pressetext pauschal von «Bilderverbot» spricht, um die Leistung des Regisseurs herauszustreichen, ist es unvermeidlich, dass selbst kluge Kritiker völlig unkritisch von islamischem Bilderverbot und unislamischem Filmemachen faseln, weil hier ein klassisches Klischee abgerufen wird. Und weil man nicht nur keine Ahnung hat von der islamischen Welt, sondern offenbar bereitwilligst jeden Unsinn glaubt, ohne auch nur einen Augenblick nachzudenken!

Die Fachwissenschaften haben für diese Art der Fremdwahrnehmung einen Begriff geprägt: «Othering» – das heißt der Andere wird als ganz und gar anders begriffen; und so wird das triviale Gerangel um eine Drehgenehmigung zum kulturellen Gegensatz stilisiert: Kino und Fernsehen im Westen, islamisches Bilderverbot im Osten … Wobei dieses Othering nicht vom Film selber betrieben wird[6], aber der Pressetext und dann die Presse packen ihn in diesen irreführenden Deutungsrahmen, man nennt das «Framing» – und schon ist in hoher Auflage eine Legende in die Welt gesetzt.

Dieses Othering gibt es natürlich überall und nicht nur beim Thema Islam. Ein Beispiel: Bei jedem Fernsehbericht über einen Christopher Street Day richten sich die Kameras auf die schrillsten Paradiesvögel, die ihrerseits die Kameras suchen. Der normale Schwule wird dadurch marginalisiert, das Bild vom Anderen wird dominiert von der Ausnahme, die die unterstellte Andersheit beweist. Fatal ist das immer dann, wenn jegliche relativierende Eigenwahrnehmung fehlt, siehe Bert Rebhandl & Co. Der Tatortzuschauer weiß, dass nicht jeden Sonntag in Nachbars Wohnung ein Mord geschieht, nur weil's auf dem Bildschirm von Morden wimmelt; aber viele Menschen, die DIE FREMDE und PARADISE NOW (Regie: Hany Abu-Assad; Palästina u. a. 2005) sehen und natürlich auch von derartigen Ereignissen lesen, halten Ehrenmorde und Selbstmordattentate – also die Ausnahmen – für repräsentativ, weil ihnen das Milieu fremd ist und sie keine Muslime kennen. Und das heißt, dass die Problematisierung des Islam in den Medien ihre Wahrnehmung prägt, ohne dass die Kenntnis des unproblematischen Alltags das zurechtrücken könnte. Hinter dieser Art von Verzerrung steht keine böse Absicht, es ist ein Dilemma, das nicht leicht zu lösen ist für Menschen, die nicht schon mit Muslimen aufgewachsen sind, mithin ein Problem nicht der jungen, sondern vornehmlich älterer Bevölkerungsgruppen, das sich mit der Zeit von selbst lösen könnte. Das jedenfalls ist meine Hoffnung, denn gegen Meinungsmacher, die mit der Unwissenheit Quote machen wollen, ist kein Kraut gewachsen.

---

6   Vgl. auch die Klarstellung des Regisseurs im Interview in diesem Band.

Islam im europäischen Kino

Daria Pezzoli-Olgiati

Frauenfiguren zwischen Tradition und Moderne
Filmische Repräsentation im Umfeld des Islam

Unter den Bildern des Islam, die Anlass zu kontroversen politischen und medialen Debatten geben, spielt die Darstellung muslimischer Frauen eine zentrale Rolle. Die visuellen Repräsentationen von Frauen im Umfeld des Islam im Repertoire europäischer Kulturkontakte weisen wiederkehrende, stereotype Züge sowohl in historischer als auch in gegenwärtiger Perspektive auf.[1] Zudem prägen sie als zentrale Motive die Orientalismus-Debatte und werden auf der wissenschaftlichen, auf der öffentlich-medialen sowie auf der emischen Ebene diskutiert.[2]

Auch der Film trägt dazu bei, Bilder muslimischer Frauen zu (re-)produzieren und zu verbreiten. Im Kontext dieses Bandes – Filmbilder des Islam – geht dieser Beitrag der Frage nach, wie Repräsentationen muslimischer Frauen in ausgewählten filmischen Werken gestaltet werden und wie die cineastischen Auseinandersetzungen mit dem Islam vorhandene Stereotypen aufnehmen und hinterfragen. Immer wieder Spiegel sowie die Kleidung werden in allen drei ausgewählten Filmen als ästhetische Mittel in Verbindung mit der Identitätssuche der Frauenfiguren eingesetzt; als wichtige Elemente der Gestaltung heben sie das Spannungsfeld hervor, in dem sich die Hauptfiguren im filmischen Raum bewegen. Tradition und Moderne erscheinen dabei als die gegensätzlichen Pole, welche die Figuren zu zerreißen drohen und an denen einige auch wirklich zerbrechen.

Auf der Suche nach Orientierung

Im zeitgenössischen Autorenkino wird die Suche nach Orientierung in einer als unübersichtlich empfundenen Gesellschaft vermehrt thematisiert. Das Medium ist besonders geeignet dafür, den Verlust an Orientierung mit den ihm eigenen narra-

---

1   Als Einführung in dieses Forschungsfeld vgl. S. Lanwerd, Bilder und Bilderpolitik. Repräsentationen des Islam in Printmedien und aktueller Kunst, in: G. Pfleiderer und A. Heit (Hg.), *Sphärendynamik I. Zur Analyse postsäkularer Gesellschaften, Religion – Wirtschaft – Politik* 2, Zürich 2011, 235–314.

2   Zur Unterscheidung dieser Ebenen in der Religionsforschung vgl. D. Pezzoli-Olgiati, Eine illustrierte Annäherung an das Verhältnis von Medien und Religion, in: D. Beinhauer-Köhler, D. Pezzoli-Olgiati und J. Valentin (Hg.), *Religiöse Blicke – Blicke auf das Religiöse. Visualität und Religion*, Zürich 2010, 245–266.

tiven und ästhetischen Vorgehensweisen auszudrücken.[3] In den hier ausgewählten Werken erscheint die filmische Raumgestaltung als besonders aufschlussreich, denn sie umrahmt und charakterisiert das Handeln der weiblichen Hauptfiguren und spiegelt ihre fragmentarischen Identitätsprozesse. Im Kontext des vorliegenden Bandes interessiert vor allem die Frage, wie religiöse Motive die narrative und ästhetische Gestalt des Films prägen und welche Bedeutungsprozesse damit entfaltet werden.

Indem der Film Religion als wichtigen Bestandteil dieser Orientierungssuche inszeniert, schließt er an die öffentlichen Diskurse über Bedeutung und Funktion von Religion in der pluralisierten Gesellschaft an.[4] Die cineastischen Bilder, Vorstellungen und Entwürfe sind in einem künstlerischen Umfeld situiert, das mit gesellschaftspolitischen Debatten interagiert. Ein Aspekt dieser Wechselwirkung liegt in der Verbreitung von Vorstellungen und Bildkonstellationen, die breit rezipiert und vervielfältigt werden. Auf dieser Linie sehe ich eine mögliche Verbindung zu Charles Taylors Konzept des *social imaginary*, das als eine gemeinsame Basis einer Gesellschaft definiert wird, die von vielen Menschen geteilt wird und somit eine gemeinsame Praxis ermöglicht und legitimiert: «I want to speak of social imaginary here, rather than social theory, because there are important – and multiple – differences between the two. I speak of imaginary because I am talking about the way ordinary people ‹imagine› their social surroundings, and this is often not expressed in theoretical terms; it is carried in images, stories, and legends. But it is also the case that theory is usually the possession of a small minority, whereas what is interesting in the social imaginary is that is shared by large groups of people, if not the whole society. (...) The social imaginary is that common understanding that makes possible common practices and a widely shared sense of legitimacy.»[5]

Dieser Essay setzt sich mit der Frage auseinander, ob und wie die filmischen Darstellungen von muslimischen Frauen mit dem sozialen Imaginären interagieren. Dabei gehe ich von einer doppelten Bewegung aus. Einerseits werden verbreitete Vorstellungen über muslimische Frauen aufgenommen und stereotypisch reproduziert, andererseits werden sie im Rahmen der filmischen, künstlerischen Repräsentation kri-

---

3   S. dazu M.-T. Mäder, C. Martig und D. Pezzoli-Olgiati (Hg.), *Lost in Transition. Wege der religiösen und kulturellen Identitätssuche*, Film und Theologie 23, Marburg 2013.

4   Zum Begriff «Religion» im Kontext der Filmforschung s. D. Pezzoli-Olgiati, Weltbilder angesichts des Todes in LA NEU-VAINE (Bernard Émond, Kanada 2005). Ein Beitrag zur Frage der «Religion» im Film, in: G. Pfleiderer und A. Heit (Hg.), *Sphärendynamiken II, Religion – Wirtschaft – Politik* 3, Zürich 2012, 373–391; Film und Religion. Blick auf Kommunikationssysteme und ihre vielfältigen Wechselwirkungen, in: A. Nehring und J. Valentin (Hg.), *Religious Turns – Turning Religions. Veränderte kulturelle Diskurse, neue religiöse Wissensformen*, ReligionsKulturen 1, Stuttgart 2008, 45–66. Vgl. M. J. Wright, *Religion and Film. An Introduction*, London 2007.

5   C. Taylor, Modern Social Imaginaries, in: *Public Culture*, 14, 1, 2002, 91–124. Vgl. auch *Modern Social Imaginaries*, Durham/London 2004.

tisch betrachtet, gebrochen und neu geprägt.[6] In dieser Spannung von Reproduktion und Produktion von «Bildern des Islam», von Kontinuität und Bruch gegenüber den gesellschaftspolitischen Debatten, zeitigt das Autorenkino eine kritische Funktion mit einem innovativen Potenzial.

In diesem Beitrag stehen Frauenfiguren im Zentrum, die mit der Identitätsfrage im Sinne von Zugehörigkeits- und Abgrenzungsprozessen im Umfeld des Islam ringen.[7] Die Produktionen stammen aus unterschiedlichen Ländern und weisen verschieden-artige Bezüge zum Islam auf. In FATMA wird die tunesische Gesellschaft im Übergang von einem von Tradition durchdrungenen zu einem modernen Lebensstil gezeigt. Hier werden die neuen Perspektiven von Frauen hinsichtlich der Bildung, der sozi-alen Zugehörigkeit und der Selbstbestimmung in den Vordergrund gerückt.[8] In YAS-MIN wird der Islam im Kontext einer pakistanischen Gemeinschaft in Großbritannien, die von Migrations- und Integrationsproblemen gekennzeichnet ist, thematisiert.[9] NA PUTU fokussiert auf Bosnien und Herzegowina, wo der Islam als meist verbrei-tete Religion eine bedeutende Rolle spielt. Hier werden neue Entwicklungen in der Spannung zwischen einer Auffassung des Islam als kultureller Hintergrund einer Ge-sellschaft, die nach dem Krieg den Anschluss an einen urbanen, mobilen, kosmopoli-tischen Lebensstil sucht, und einer militanten, radikalen Form, sich mit dieser religiö-sen Tradition zu identifizieren, aufgegriffen.[10]

---

6   Zur Bestimmung von «Stereotyp» s. C. Jecker, Implizite und explizite Stereotypen. Die Perzeption der Darstellung von Migrantinnen in Schweizer Medien, in: B. Engler (Hg.), *Wir und die anderen. Stereotypen in der Schweiz / Nous et les autres. Stéréotypes en Suisse*, Bern 2012, 69–96 (insbesondere 71–75). Die Ausführungen zum Begriff in diesem Aufsatz beziehen sich auf Massenmedien. Sie erscheinen jedoch auch im Kontext des Spielfilms als weiterführend.

7   Zur Vertiefung des Identitätsbegriffes als Prozess vgl. A. Wimmer, *The Making and Unmaking of Ethnic Boundaries. A Multilevel Process Theory, American Journal of Sociology* 113 (2008) 970-1022, oder J. Dahinden, J. Moret und K. Duemmler, Die Herstellung sozialer Differenz unter der Bedingung von Transnationalisierung. Religion, Islam und *boundary work* unter Jugendlichen, in: B. Allenbach u.a. (Hg.) *Jugend – Migration – Religion. Interdisziplinäre Per-spektiven, Religion, Wirtschaft, Politik*, Band 4, Zürich 2011, 225–248. Zur Verbindung von Identitätsthematik und Film aus filmhistorischer Perspektive s. R. Chow, Film und kulturelle Identität, in: B. Dennerlein und E. Frietsch (Hg.), *Identitäten in Bewegung, Migration im Film*, Bielefeld 2011, 19–32.

8   Vgl. die Perspektive des Regisseurs auf sein Werk: «Je voulais un film porteur de pluriel comme l'est mon pays. Pluriel, le film l'est dans son espace, dans ses décors. Fatma se construit à la rencontre de tout et partout. De Sfax jusqu'au petit village du Sud, elle doit composer avec son environnement et le poids social qui l'accompagne. Cette volonté de montrer différentes facettes m'a amené à proposer une palette de personnages contradictoires. D'abord avec eux-mêmes, mais aussi avec la société dans laquelle ils vivent.» Aus dem Mediendossier Trigon-Film im Zusammenhang mit der Quinzaine des réalisateurs in Cannes 2001 (Die Dokumentation ist erhältlich bei der Ciné-mathèque suisse, Dokumentationsstelle Zürich, http://www.cinematheque.ch/d/bestaende/dokumentationstelle/ueber-die-dokumentationsstelle.html).

9   Dazu die Filmkritik von A. Kilb in der *Frankfurter Allgemeinen Zeitung*, 27. Mai 2005: «‹Yasmin› ist ein kleiner und zugleich großer Film, weil ihm gelingt, was den wenigsten Beiträgen zum Thema gelungen ist: die fremde Welt vor unserer Haustür nah heranzuholen, ohne sie uns auf plumpe Weise ähnlich zu machen. Der ständige Wechsel zwischen Großaufnahme und Teleobjektiv, den die Kamera vorführt, spiegelt die Haltung des Films zu seinem Sujet: eine Einfühlung, die nie zur Vereinnahmung wird.»

10   Vgl. das Interview von M. Köhler mit der Regisseurin in *Filmdienst*, 2. September 2010, 46. Auf die Frage, ob der

Die ausgewählten Filme werden aus der Perspektive der Protagonistin erzählt. Es handelt sich um Frauenfiguren, die auf der Suche nach Orientierung in einer Gesellschaft sind, die durch starke Umbrüche gekennzeichnet ist. Die Öffnung gegenüber einer europäisch-französischen Lebensart im tunesischen Beispiel, die Migrationssituation, die sich durch die Anschläge von 9/11 radikal verschlimmert, im britischen Werk und schließlich die Nachkriegszeit in Bosnien und Herzegowina, in der die Traumata der Gewalt, der Anschluss an mitteleuropäische Lebensstile und die neue politische Konstellation noch zu verarbeiten sind. Die Suche nach Orientierung ist mit dichten, unvereinbaren Prozessen der Zugehörigkeit und der Abgrenzung gekoppelt. Die weiblichen Hauptgestalten fühlen sich einerseits dem von traditionellen Vorstellungen und Werten geprägten Familienleben verpflichtet, aber andererseits möchten sie über ihr Leben selbstständig und autonom bestimmen. In allen drei Beispielen steht die Familie für den gesellschaftlichen Bereich, in dem die Auseinandersetzung mit traditionellen, vom Islam geprägten Vorstellungen unausweichlich und bedrückend ist, während die Lebensentwürfe der Figuren von einem Ideal der Moderne geprägt sind, in dem Individuen auch innerhalb der Familie über ihr Leben frei bestimmen und eigene Wege gehen können. In diesem Kontext ist die Verwendung der Dichotomie von Tradition und Moderne im vorliegenden Essay eingebettet.[11]

Fundamentalismus in Bosnien zunähme, antwortet J. Zbanic: «Das würde ich nicht so sagen. Ich sehe eine weltweite Tendenz, vielleicht mangels überzeugender Werte. In Bosnien wenden sich die Menschen verstärkt der Religion zu – als Gegenreaktion zum Sozialismus, wo Religion nicht erwünscht war, und als Reaktion auf den Krieg. Sie haben ihre Identität und ihre Ideale verloren; sie suchen nach einem Halt und einem Platz im Leben. Bosnien war immer mehrheitlich muslimisch, aber sehr liberal […] Viele Leute fühlen sich als Europäer und sind frustriert, weil uns Europa die kalte Schulter zeigt. Aus Trotz beharren sie jetzt auf einem eigenen Weg. Unsere Hoffnungen haben sich bisher nicht erfüllt.»

11 «Tradition» kann in Anlehnung an Linda Simoni als «das Ensemble des Herbrachten, Überkommen und gewohnheitsmässig Gegebenen» umrissen werden (in: A. Nünnig [Hg.], *Metzler Lexikon Literatur- und Kulturtheorie*, 2. Auflage, Stuttgart 2001, 641–624, 641). Dem setzt sich «Moderne» entgegen, als ein selbstreflexiver Begriff über die Gegenwart, die als «Fülle ständig neuer Perspektiven» erfasst wird. «Wahlmöglichkeiten ergeben sich [in der Moderne] durch die Öffnung und Differenzierung der Gesellschaft, die dem Einzelnen seine Rolle nicht mehr verbindlich vorschreibt, sondern persönliche Entscheidung und Qualifikation überlässt. […] Die Moderne bleibt subjekt- und gegenwartsbezogen und damit notwendigerweise ein Ort der Auseinandersetzung zwischen widerstreitenden Kräften» (K. P. Müller, in: Nünnig [Hg.], *Metzler Lexikon Literatur- und Kulturtheorie*, 448–450; Zitat 448 und 450). Zur Vertiefung dieser Spannung und deren inhärenten, problematischen Vereinfachungen vgl. S. N. Eisenstadt, Die Öffentlichkeit in muslimischen Gesellschaften, in: N. Göle und L. Ammann (Hg.), *Islam in Sicht. Der Auftritt von Muslimen im öffentlichen Raum*, Bielefeld 2004, 311–325. Bei dieser Begriffskonstellation spielt der Beitrag von E. J. Hobsbawm eine wichtige Rolle, der «Tradition» und «Moderne» im Konzept von «invented Tradition» verbindet (Introduction, Inventing Traditions, in: E. J. Hobsbawm / T. Ranger [Hg.], *The Invention of Tradition*, Cambridge 1997, 1–14). «'Invented tradition' is staken to mean a set of practices, normally governed by overtly or tacitly accepted rules and of a ritual or symbolic nature, which seek to incalculate values and norms of behaviour by repetition, which automatically implies continuity with the past. In fact, where possible, they normally attempt to establish continuity with a suitable historic past.» (1) Obwohl sich der Autor hier nicht explizit mit religiösen Traditionen auseinandersetzt, hebt er mit dieser Definition einen wichtigen Aspekt hervor: Traditionen sind dynamische Prozesse, in denen der Bezug zur Vergangenheit im Lichte der jeweilige gegenwärtigen Konstellation neu konstruiert und verhandelt wird. Mit der Kontrastierung von «Tradition» und «Moderne» geht es im vorliegenden Artikel darum, die Dynamik

In der Spannung zwischen diesen Horizonten spielt die Konstruktion von Attributen und Rollen, die mit den unterschiedlichen Geschlechtern gekoppelt sind, eine zentrale Rolle: Auf dem Hintergrund von gleichzeitig durch Tradition und Moderne charakterisierten Aspekten ihres Lebens müssen die Frauenfiguren den Umgang mit ihrem Körper, ihrem Partner, der Familie und der Gesellschaft neu gestalten.

Die ausgewählten Filme FATMA, YASMIN und NA PUTU spannen einen Bogen über das erste Jahrzehnt des 21. Jahrhunderts. Obwohl sie in unterschiedlichen filmischen Traditionen eingebettet sind, weisen sie starke Parallelen sowohl in der Narration als auch in den ästhetischen Verfahren auf.

FATMA

FATMA (Regie: Khaled Ghorbal; Frankreich/Tunesien 2001) inszeniert die Geschichte einer jungen Frau (Awatef Jendoubi), deren Mutter gestorben ist und nun mit Vater und Brüdern in einer tunesischen Stadt lebt. Eines Nachts vergewaltigt sie in ihrem Schlafzimmer ein Cousin, der vorübergehend als Gast bei der Familie wohnt. Dieses traumatische Erlebnis und die verlorene Jungfräulichkeit begleiten Fatma während ihres – mindestens von außen betrachtet – erfolgreichen Einstiegs ins Erwachsenleben. Sie schließt das Gymnasium ab, studiert an der Universität, findet eine Stelle als Lehrerin in einem abgelegenen Dorf, verliebt sich in Aziz, einen jungen Arzt, mit dem sie einen beachtlichen sozialen Aufstieg miterlebt. Diese Biographie führt Fatma aus ihrem mittelständischen, in Familie und Tradition verwurzelten Hintergrund, zu einem Wohlstandsleben in bürgerlichem Milieu. Die Figur ist zerrissen, denn trotz des Anschlusses an europäische Lebens- und Bildungsstandards teilt Aziz in den Familien tradierte Vorstellungen über die Ehefrau.

Die Ehe zwischen Fatma und Aziz gründet einerseits auf Liebe, andererseits auf Fatmas Schweigen über ihre Vergangenheit, denn sie lässt sich vor der Ehe operieren, um eine physisch nachweisbare Jungfräulichkeit vorzutäuschen. Die Beziehung erträgt schließlich die Konfrontation mit Fatmas Geschichte nicht, Aziz verlangt die Scheidung und Fatma verlässt das Haus. Der Film endet mit einer Totalen auf die Großstadt, in der die weibliche Figur verschwindet.

Die Figurenkonstellation basiert auf Vergleichen zwischen unterschiedlichen Weisen, mit der Spannung zwischen der traditionellen tunesischen Gesellschaft und den neuen Lebensstilen, die sich in Anlehnung an das französische Vorbild verbreiten, umzugehen. Aufschlussreich ist diesbezüglich der Vergleich zwischen Fatma und ih-

---

zu umreißen zwischen dem legitimierenden Rekurs auf eine (vermeintlich) in der Geschichte verankerten, normativ gedeuteten Praxis und der Herausforderung der ausdifferenzierten Gesellschaft, zwischen den vielfältigen, konstrastierenden Möglichkeiten auszuwählen und einen eigenen Weg zu finden.

1 FATMA (Regie: Khaled Ghorbal, Frankreich/Tunesien 2001). Fatma und Samira als Studentinnen nehmen an einer Geburtstagsparty teil.

2 FATMA. Die zwei Frauen nach der Studienzeit treffen sich wieder; ihre Lebenssituationen haben sich radikal verändert.

rer Freundin Samira. Fatma trägt die Spannung zwischen der Verbundenheit zu traditionellen Wertvorstellungen und einer Haltung der Selbstbestimmung konstant mit sich, während Samira diesen Kontrast in einer noch extremeren Form, aber in zeitlich aufeinanderfolgenden Phasen, erlebt: Nach einem freien Leben als Studentin muss Samira nach ihrer Scheidung zu ihrer Familie zurückkehren und sich der Kontrolle des Familienoberhaupts, ihrem Bruder, unterwerfen. Damit verliert sie jede Gestaltungsmöglichkeit und jede Form von Selbstbestimmung. Die Bedeutung eines strengen Islam als Rahmen, der diese Verhältnisse und Haltungen legitimiert, wird filmisch stark hervorgehoben. Samiras Leben als Studentin und als Geschiedene illustrieren deutlich den Kontrast von Moderne und Tradition, den auch Fatma in sich trägt (Abb. 1–2).

YASMIN

Auch Yasmin (Archie Panjybi) versucht im gleichnamigen Film (Regie: Kenneth Glenaan; Großbritannien 2004) einen Spagat zwischen Familienzugehörigkeit und Selbstbestimmung. Die Grundthematik ist durchaus mit FATMA vergleichbar. Ganz anders sind aber der gesellschaftlich-kulturelle Kontext und die Strategie, mit der die Hauptfigur versucht, das eigene Leben zu gestalten. Yasmin wuchs in einer pakistanischen Gemeinschaft in einem peripheren Quartier einer britischen Stadt auf. Auch sie verlor die Mutter, und sorgt nun für Bruder wie Vater und teilt das Haus mit einem Mann, den sie der Familie zuliebe geheiratet hat – und damit dieser die britische Staatsangehörigkeit erhalten kann. Zu diesem Mensch hat und will sie keine Beziehung, lebt in strikt von ihm getrennten Räumen, aber doch unter dem gleichen Dach.

Das Familienporträt weist auffällige Kontraste und Konflikte auf. Den Figuren des Vaters, des Bruders und Yasmins werden unterschiedliche Formen der Integration zugeordnet. Der Vater hat ein eigenes Geschäft im Quartier, spricht korrekt Eng-

lisch – auch mit Yasmin –, leitet als Imam die Gemeinde und genießt auf diese Weise eine angesehene Position. Der Bruder hat hingegen Mühe, Anschluss zu finden: Einerseits wird er vom Vater in die Imam-Ausbildung eingeführt, andererseits schlägt er sich als Arbeitsloser und Drogendealer durch. Yasmin fühlt sich mehr als Britin als als Pakistanerin, übt einen sozialen Beruf in der Stadt aus, wo sie mit Einheimischen zusammenarbeitet, verdient gut, ist selbstständig und kauft sich ein rotes VW-Cabrio. Der Schein-Ehemann ist kürzlich aus einem bäuerlichen Umfeld Pakistans nach Großbritannien eingereist, hält eine Ziege im kleinen Hinterhof, verbringt seine Tage im Bett und hat keine Ahnung davon, wo er sich befindet, was er mit sich selbst anfangen und wie er den Kontakt zu der neuen Kultur finden könnte. So verfügt er über keinerlei Mittel, mit der Umwelt zu interagieren.

3–5 Yasmin (Regie: Kenneth Glenaan; Großbritannien/Deutschland 2004). Yasmin kleidet sich um (3), auf der Arbeit (4), im pakistanischen Umfeld (5).

Yasmin gelingt es, ihre unterschiedlichen Zugehörigkeiten zu verbinden, indem sie sie räumlich strikt trennt. Im pakistanischen Viertel pflegt sie ihre Familie, kocht, putzt, kleidet sich den Standards entsprechend, während sie auf dem Arbeitsplatz das Leben einer jungen britischen Frau führt und allen entsprechenden Erwartungen gerecht wird. Das Auto ist der Verbindungsraum zwischen diesen unvereinbaren Welten; eine Trockenmauer auf dem Weg zwischen Haus und Arbeit dient als Umkleidungskabine, wo Yasmin Kleider und Rollen jeweils wechselt (Abb. 3–5).

Mit 9/11 bricht Yasmins prekäres Gleichgewicht zusammen. Auf der Arbeit wird sie plötzlich angesehen, als ob sie einen radikalen Islam vertreten würde und als vermeintliche Fundamentalistin behandelt, gedemütigt und mit Usama Bin Laden in Verbindung gebracht. In ihrem Viertel steht sie wie alle anderen auch unter dem Verdacht des Terrorismus und sieht am Beispiel ihres Bruders, wie sich Mitglieder

der pakistanischen Gemeinschaft unter dem extremen Druck in der Tat radikalisieren. Am Schluss gelingt es ihr, einen eigenen Weg zu finden, dank dem die Verbindung der unterschiedlichen Aspekte ihres Lebens und Selbstbestimmung möglich zu sein scheinen.

NA PUTU (ZWISCHEN UNS DAS PARADIES)

Gewalt und Konflikt bilden die Vorgeschichte zu NA PUTU (ZWISCHEN UNS DAS PARADIES; Regie: Jasmila Zbanic; Bosnien und Herzegowina/Deutschland/Österreich/Kroatien 2010), einem Film, in dem Luna (Zrinka Cvitešić) die Rolle der Protagonistin innehat. Sie und ihr Partner Amar sind beide verwaist; ihre Eltern kamen gewaltsam im Krieg um. Konflikt, Trauma, Vertreibung liegen in der nahen Vergangenheit der Figuren; diese Erinnerungen sind stets gegenwärtig, obwohl sie nie gezeigt werden. Die beiden Figuren versuchen, nach vorne zu schauen und den Anschluss an eine neue Gesellschaft und eine neue Zukunft zu finden. Luna und Amar arbeiten für die nationale Fluggesellschaft, führen ein erfülltes Paarleben, haben viele Freunde, gehen aus, genießen das Leben.

Zwei Schatten trüben ihr glückliches Leben: der Wunsch nach einem Kind und die Schwierigkeit, die unausgesprochene Last des Krieges zu bewältigen. Während Luna sich tapfer an der Gegenwart, ihren Chancen und Ansprüchen festhält, verliert Amar die Orientierung. Die Arbeitsstelle wird ihm wegen verbotenen Alkoholkonsums gekündigt, eine neue Anstellung als Computerfachmann erhält er von einem ehemaligen Kriegsgefährten, Bahrija, der sich jetzt in einer radikalen islamischen Gemeinschaft engagiert. Amars Hinwendung zu den Wahhabiten ist für Luna keineswegs erträglich. Die Partner fühlen sich zunehmend fremd, die Beziehung geht in die Brüche.

Wie bei den anderen Filmbeispielen bieten die Figurenkonstellationen ein breites Spektrum an unterschiedlichen Weisen der Orientierungssuche. Der muslimische Hintergrund ist in diesem Film nicht Ergebnis von Migrationsbewegungen, sondern, ähnlich wie in FATMA, gehört selbstverständlich zur lokalen Tradition. Der Kontrast zwischen Tradition und Moderne wird in NA PUTU allerdings in einer gewissen Weise verkehrt. Denn die radikale Form des Islam ist eine für die meisten Figuren ganz fremde Neuerscheinung; zahlreiche Mitglieder der wahhabitischen Gemeinschaft müssen lernen, was der «wahre» Islam ist.

Dazu dient das Ferienlager, in dem Amar eine Anstellung findet. Auch er beginnt eine religiöse Ausbildung, muss die heiligen Texte kennenlernen und wird ins Weltbild, in die Werte und Normen dieser Gemeinschaft stufenweise eingeführt. Aus der Narration muss man entnehmen, dass auch Luna Muslimin ist; ihr Bezug zur religiösen Tradition wird in einem säkularisierten Rahmen präsentiert: Ihre Art sich zu kleiden, die Vorstellung der Partnerschaft, der Arbeit und der Freizeit, ihre Wahrnehmung des

6–7 Na putu (Regie: Jasmila Zbanic; Bosnien-Herzegowina 2010). Luna (6) und Nadja (7) tauschen entsetzte und besorgte Blicke bei Bahrijas Heirat mit der zweiten, minderjährigen Frau aus.

Körpers, der Schwanger- und Mutterschaft entsprechen einem urbanen Stil; der Bezug zur religiösen Tradition gehört höchstens an den Rand des Alltags.

Filmisch werden diese Motive mit unterschiedlichen Kontrasten hervorgehoben, beispielsweise mit der Gegenüberstellung von Luna und Nadja. Nach dem Krieg stand Nadja als Witwe mit drei Kindern alleine da. Bahrija, der Leiter der radikalen Gemeinschaft, nahm sie auf, heiratete sie und gab ihr damit eine Perspektive. Im Laufe der Erzählung heiratet Bahrija jedoch ein minderjähriges Mädchen, weil die Polygamie für die religiöse Gemeinschaft (nicht aber für den Staat) zulässig ist. Nadija muss sich damit abfinden. Luna reagiert heftig auf dieses Ereignis, das einen wesentlichen Schritt ihrer Entfremdung gegenüber Amar markiert (Abb. 6–7).

Gemeinsame Linien

Der Vergleich der ausgewählten Filme hebt Parallelen auf verschiedenen Ebenen hervor. Auf der narrativen Ebene weisen die drei Protagonistinnen gemeinsame Züge auf: Fatma und Yasmin ersetzten in der Familie die verstorbene Mutter, versorgen Vater und Brüder, sind aber emotional von ihrer unmittelbaren Umgebung getrennt. Luna ist Kriegswaise und hat außer der Großmutter keine direkten Verwandten. Alle drei Frauen gehen Beziehungen mit Partnern ein: Fatma und Luna aus Liebe, Yasmin aus Zwang mit dem Ehemann, aus eigener Entscheidung mit einem britischen Arbeitskollegen. In allen drei Fällen – so verschieden sie auch sein mögen – wird die Partnerschaft zum Raum, in dem sich der Konflikt zwischen Selbstbestimmung und durch bestimmte Rollen- und Körpervorstellungen geprägter Tradition am stärksten zuspitzt.

Alle drei Protagonistinnen teilen eine vergleichbare Auffassung von Frauenemanzipation, die durch ihre Bildung und berufliche Tätigkeit ermöglicht wird. Die Universität für Fatma, die Arbeitswelt für Yasmin und Luna sind gesellschaftliche Orte, in denen Gleichberechtigung zwischen den Geschlechtern prinzipiell gilt und gelebt wird.

Familie und eigene Berufsfelder entwickeln sich somit zu kontrastierenden sozialen Räumen, in denen unvereinbare Weltbilder bestimmend sind und die Protagonistinnen dazu zwingen, fragile Strategien der Verbindung zu entwickeln. Der Konflikt zwischen der modernen Welt der vielen Möglichkeiten sowie der prinzipiellen Gleichberechtigung auf der einen Seite und dem familiären Umfeld, in dem Tradition und Religion die Aufgaben und das Selbstverständnis der Frauen prägen (sollten), auf der anderen Seite wird auf der Ästhetik der Oberfläche mit dem Frauenkörper verbunden. Identitätsverlust und Orientierungssuche spiegeln sich in der Darstellung des Körpers der Protagonistinnen. Dabei spielen unterschiedliche Perspektiven auf diesen Körper eine wichtige Rolle: die subjektive Wahrnehmung der Figur, die hier anhand der Verwendung von Spiegeln untersucht wird, sowie die szenische Koppelung von Körper, Kleidung und Raum, die für die Charakterisierung der Protagonistinnen und ihrer Transformationsprozesse zentral ist.

Identitätssuche im Spiegel

In den ausgewählten Filmen unterstreichen Spiegelszenen Schlüsselmomente in der Selbstwahrnehmung und -reflexion der Protagonistinnen.[12]

Fatma ist Opfer einer Vergewaltigung, verweigert jedoch diese Rolle und versucht einen eigenen Umgang mit ihrem Körper zu finden. Die Gewalt, die sie erlitten hat, ist nicht nur körperlicher Natur, sondern beinträchtig Fatmas Leben auf allen Ebenen: individualpsychologisch, in der Partnerschaft und gesellschaftlich. Die Erwartung einer jungfräulichen Braut, deren Blut auf einem weißen Tuch den körperlichen Zustand beweisen muss, gilt als unanfechtbare Norm in der Perspektive der Mehrheit. Man kann diese Norm umgehen und mithilfe eines chirurgischen Eingriffes sowie eines entsprechenden Verhaltens im Geschlechtsverkehr Jungfräulichkeit vortäuschen, was gesellschaftlich auch bekannt und akzeptiert ist. Fatma schweigt über die Vergewaltigung und geht eine voreheliche Beziehung bewusst ein, um die Rolle als Vergewaltigungsopfers von sich abzuschütteln. Diese Transformation vom Opfer eines Systems zur selbstständigen Frau wird szenisch vor dem Spiegel verdichtet. Fatma schaut sich ein erstes Mal nach der Vergewaltigung im Spiegel an und realisiert, dass das Leben für sie von nun an ganz anders sein wird (Abb. 8). Später befindet Fatma darüber, wie sie sich im Ausgang am besten präsentieren möchte. Die Figur ist an die linke Kante des Bildes gedrückt; wir sehen sie auch hier nur als Spiegelbild (Abb. 9). Die Raumelemente wirken metaphorisch wie Barrieren. Die Möglichkeit, selbst zu

---

12 Eine beeindruckende Auseinandersetzung mit dem Spiegel im Kontext der Kunst findet sich bei S. Kacunko, *Spiegel – Medium – Kunst, Zur Geschichte des Spiegels im Zeitalters des Bildes*, Paderborn 2010, vgl. insbesondere 627–693.

8–9 Spiegelszenen in FATMA

10–11 Spiegelszenen in YASMIN und NA PUTU

entschieden, wird in dieser Bildkomposition mit einer (optischen) Illusion, dem Spiegelbild, verknüpft.

Yasmins Welt bricht nach 9/11 zusammen. Ihre Kompromisslösung, als Pakistanerin im Quartier und als Britin auf dem Arbeitsplatz aufzutreten, bricht in dem Moment zusammen, in dem sie von allen Seiten mit dem Terrorismus in Verbindung gebracht wird. Als Reaktion versucht sie, aus den ihr aufgezwungenen Rollen zu schlüpfen: Die Migrantin, die herzige und dynamische Mitarbeiterin, die sympathische Freundin, die gefügige Tochter, die Scheinehefrau werden abgelegt. In einem Wutanfall setzt sich Yasmin in ihrem Zimmer vor den Spiegel und zieht sich als sexy Girl an. In der Einstellung von Abb. 10 wird Yasmins Gesicht vervielfältigt. Sie schminkt sich exzessiv im Kontext ihres familiären Umfeldes, normal für eine britische junge Frau im Ausgang. Der Spiegel scheint die Vielfalt der Blicke der Figur, ihrer Umfelder und schliesslich der Filmzuschauer ästhetisch umzusetzen.

Luna und Amar ziehen sich um. Luna bereitet sich auf den Ausgang vor und wählt ein Abendkleid mit tiefem Ausschnitt aus. Amar zieht einen Anzug an, um an der Hochzeitsfeier des Freundes in der Moschee teilzunehmen. Dabei erzählt er Luna, dass Geschlechtsverkehr vor der Ehe eine Sünde sei und dass sie möglicherweise deswegen keine Kinder bekommen könne. Luna bleibt alleine zurück und betrachtet sich im Spiegel (Abb. 11). Lunas gespiegeltes, konsterniertes Gesicht wirkt wie ein eingerahmtes Porträt. Das Foto aus früheren Zeiten in der unteren rechten Ecke baut eine Zeitdimension in die Bildkomposition ein und verweist auf die Entfremdung des Paares. Vor dem Spiegel entfernt Luna die Schminke und entscheidet, die wahhabitische Welt Amars zu erkunden.

Die hier hervorgehobenen Spiegelszenen sind narrativ mit einem abendlichen Ausgang der Protagonistinnen verbunden. Das ausgelassene Ausgehen steht hier für die Integration in eine moderne Welt, in der die Frauen einerseits als selbstständige Subjekte auftreten dürfen, andererseits bestimmte körperliche, modische und erotische Konventionen teilen. Damit wird die Autonomie der Protagonistinnen in der modernen Welt keineswegs als eine wert- und normfreie Dimension präsentiert. Die Spannung zwischen Tradition und Moderne befreit die Figuren nicht von gesellschaftlichen Erwartungen und Konventionen, sondern führt sie in eine Identitätssuche, in der es darum geht, unterschiedliche, zum Teil sogar gegensätzliche Rollen parallel zu bedienen. Der Spiegel, mit der damit verbundenen Vervielfältigung der Gesichter, drückt die Pluralität an Erwartungen und Rollen visuell aus.

Zur Verbindung von Körper, Kleidung und sozialem Raum

Die Suche nach Orientierung im Umgang mit den gegensätzlichen Erwartungen und Rollen sowie die Transformationen, welche die Figuren in diesem Identitätsprozess durchleben, wird mit Kleidung in Verbindung gebracht. Diese dient zur Charakterisierung der jeweiligen Phasen der Orientierungssuche; sie kann als Verdichtung des gesellschaftlichen Raums gelesen werden, in dem sich die Figur bewegt.[13]

In FATMA drückt die Kleidung die verschiedenen Phasen der Identitätssuche am deutlichsten aus. Sie wird in diesem Werk als Fatmas Versuch dargestellt, Aufnahme in unterschiedliche gesellschaftliche Räume zu finden. Dabei hebt die Kleidung insbesondere die Verbindung zwischen Individuum und Gruppe hervor: Sie markiert die Grenze zwischen der körperlichen, individuellen und intimen Dimension der Person und der Gruppe, zu der sie gehören möchte.

---

13   Zur Bedeutung des Körpers als Repräsentation des Einzelnen im öffentlichen Raum vgl. S. Tabboni, Verkörperte im öffentlichen Raum, in: N. Göle und L. Ammann (Hg.), *Islam in Sicht. Der Auftritt von Muslimen im öffentlichen Raum*, Bielefeld 2004, 326–341: «Wenn für selbstverständlich gehalten wird, dass sich jeder Körper von jedem anderen Körper unterscheidet, so wird dabei vielleicht nicht hinreichend bedacht, dass Individuen durch ihre Körper ihre persönliche Geschichte und zugleich die Geschichte der kulturellen Gruppe erzählen, der sie angehören. [...] Daraus folgt, dass den Körper eines anderen ‹zu lesen› eine Möglichkeit ist, mit der gesamten kulturellen Welt in Kontakt zu treten, in der dieser Körper verankert ist und die diesen Körper mitgeformt hat. Zusammenfassend lässt sich also sagen, dass die Manipulation des Körpers in unterschiedlichen Kulturen viele verschiedene Formen hat und dass sie eine der wirkungsvollsten und sichtbarsten Möglichkeiten ist, Normen und andere kulturelle Inhalte zu vermitteln.» (337) Für vertiefte Einführung zum Verhältnis von Körper, Kleidung und Religion mit einer breiten Bibliographie s. A.-K. Höpflinger und D. Pezzoli-Olgiati, Second Skin. Ein religionstheoretischer Zugang zu Körper und Kleidung, in: A.-K. Höpflinger, D. Pezzoli-Olgiati und M. Glavac (Hg.), *Second Skin. Körper, Kleidung, Religion*, Research in Contemporary Religion 13, Göttingen 2013, 7–27.

12–17 Fatma. Die Kleidung kennzeichnet die verschiedenen Momente des Lebens der Protagonistin. Sie zeigen unterschiedliche Verweise zu den sozialen Räumen, in denen sie sich bewegt: Fatma als Mädchen im väterlichen Haushalt, als Studentin, als Lehrerin im Dorf, zu Besuch bei der Stiefmutter nach ihrer Hochzeit, als elegante Hausherrin bei einer Party, als Geschiedene auf der Suche nach einem eigenen Weg.

Die Kleidersprache spiegelt Fatmas Versuch, einen Weg als selbstständige Frau zu suchen. Diese Emanzipationsgeschichte artikuliert sich in der Spannung zwischen dem verletzten Körper und einer Kleidung, die unterschiedliche Positionierungen im gesellschaftlichen Raum signalisiert (Abb. 12–17), sie fungiert als dynamische Grenze zwischen Intimität der Person und sozialer Zugehörigkeit.

Andere Akzente trägt die Konstellation zwischen Kleidung, Körper und gesell-

18–21 YASMIN. Auf der Suche nach Zugehörigkeit zu unvereinbaren Lebensweisen nimmt Yasmin die Kleidungscodes der jeweiligen Umfelder auf: im Quartier (17) und im Pub (18). Nach den Ereignissen von 9/11 muss sie diese Spaltung aufgeben und nach einer neuen Lösung suchen. Diese Suche nach einer eigenen Positionierung wird in der visuellen Gestaltung durch die Kleidung zum Ausdruck gebracht. Im Gefängnis (19) und zum Schluss des Films (20) erscheint sie mit einem anderen Outfit.

schaftlichem Raum in YASMIN. Mit der Wahl des Outfits signalisiert die Protagonistin radikale Zugehörigkeit zu unvereinbaren Welten: eng anliegende Jeans und T-Shirt im «britischen» Milieu, schwarze Körperbekleidung im pakistanischen Quartier (Abb. 3–5). Die Figur nimmt die Kleidungscodes und die damit verbundenen Verhaltensregeln und normativen Vorstellungen direkt auf und spaltet ihr Leben in zwei unterschiedliche Rollen. Somit drückt die Kleidung im ersten Teil der Geschichte den krampfhaften Versuch der Protagonistin aus, verschiedenen Umfeldern gleichzeitig angehören zu wollen und zu müssen. Erst im zweiten Teil gelingt es ihr, eine Verbindung zu finden, die in einem neuen Kleidungsstil resultiert (Abb. 18–21). Die verschiedenen Konstellationen zwischen Person, Kleidung und gesellschaftlichem Raum heben in diesem Film nicht nur die Veränderungen in Yasmins Biographie hervor, sondern auch in einer Gesellschaft, der die Fähigkeit abhanden gekommen ist, unterschiedliche kulturelle Codes differenziert zu deuten und zuzulassen. Die radikale Kleidungsstrategie der Protagonistin korrespondiert mit der pauschalen Identifizierung «muslimischer» Kleidungscodes mit fundamentalistischen, islamischen Positionen

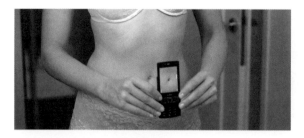

22–25 Kleidung in NA PUTU

durch die britische Perspektive. In diesem Film übernimmt die Kleidung die Funktion der gesellschaftlichen Repräsentation von Zugehörigkeit.

Körperlichkeit und Intimität sind hingegen in NA PUTU zentral. In diesem Film korrespondiert die Kleidung der Protagonistin mit unterschiedlichen Rollen der Figur im gesellschaftlichen Raum: Der nackte Körper in Unterwäsche wird mit dem Handy im privaten, intimen Raum erkundet (Abb. 22); eine Uniform signalisiert Professionalität auf der Arbeit (Abb. 23); eine praktische Bekleidung charakterisiert die Figur im Haushalt (Abb. 24); eine angepasste Kleidung gilt als Kompromiss zwischen modischen und religiösen Normen für den Besuch im Ausbildungslager (Abb. 25). Lunas soziale Räume lassen diese Unterschiede zu, die Kleidung steht im Einklang mit der jeweiligen Rolle und ist in diesem Sinne funktional. Disfunktional wird sie erst aus der Perspektive der wahhabitischen Gemeinschaft, die andere Rollen, Räume und dementsprechend Kleider für Frauen vorsieht (Abb. 22–25).

Wenn auch, wie aufgezeigt, mit unterschiedlichen Akzenten, funktioniert Kleidung in den drei Filmen als Repräsentation der Protagonistinnen im gesellschaftlichen Raum. In dieser Repräsentationsfunktion bringt Kleidung unterschiedliche Konnotationen von Identitätsprozessen zum Ausdruck: als eine textile Grenze zwischen der Person und ihrer unterschiedlichen Zugehörigkeiten in der Familie, im unmittelbaren sozialen Gefüge sowie im Rahmen der Gesamtgesellschaft. Kleidung ist somit Zeichen und Symptom einer Orientierungssuche der Figur. Angesichts des Bedürfnisses nach Zugehörigkeit und Abgrenzung übernimmt die Kleidung die Funktion der dynamischen Grenze zwischen Körper, Person und gesellschaftlichem Raum. Der Bezug der drei Hauptfiguren zu ihrem Körper und zu den jeweiligen gesellschaftlichen Räumen, zu denen sie gehören wollen oder müssen, sind nie synchron. Die Spannung zwischen Moderne und Tradition spiegelt sich in der textilen Grenze: Körper und gesellschaftlicher Raum klaffen auseinander und hindern die Hauptfigur jeweils daran, in Zugehörigkeitsprozessen als autonome, integre Person angenommen zu werden.

Schlussbetrachtung

Die drei besprochenen Filme setzen sich mit Frauenfiguren auf der Suche nach Orientierung in der Spannung zwischen Moderne und Tradition auseinander. Die Protagonistinnen müssen ihre Zugehörigkeiten in ihren Partnerschaften, in der Familie und in der Gesellschaft stets verhandeln. Weder traditionelle Verhaltensmuster noch die zahlreichen Möglichkeiten der zeitgenössischen Gesellschaft vermögen ihnen einen Weg vorzugeben. Die Suche nach Identität bedingt eine Selbstreflexion, die schliesslich zur Loslösung der Figur aus ihrem unmittelbaren Umfeld führt.

Stereotype Bilder der Frauenfiguren liegen auf beiden Seiten vor: traditionelle und neue Vorstellungen des Frauenkörpers und der Rolle der Frau in Ehe oder Partnerschaft und in der Familie kontrastieren. Die filmische Umsetzung der Frauenfiguren nimmt diese Vorstellungen und Erwartungen auf, radikalisiert sie mit den Mitteln der Fiktion und stellt sie durch die diegetische Entwicklung der Figuren in Frage.

Religiöse Motive spielen dabei sehr unterschiedliche Rollen. In FATMA ist der Islam Bestandteil des kulturellen Umfelds, kann je nach Familie eine dominante oder eine marginale Rolle spielen. Die Erwartungen an die Protagonistin, die durchaus eigene Verantwortung übernimmt, sich ausbilden und arbeiten kann und den Partner selbst wählt, sind eng mit ihrem Körper verbunden und werden durch den breiteren Familienverband aufgrund von vermeintlich bewahrten Traditionen und Bräuchen legitimiert. Der Bezug zu dieser Tradition ist jedoch in sich selbst modern und Symptom dafür, dass es keinen Rückweg mehr zu der «alten», heilen Welt gibt, wie die chirurgisch hergestellte Jungfräulichkeit am deutlichsten aufzeigt. Auch in der Migrationssituation, die Glenaan in YASMIN präsentiert, erscheint die Spannung zwischen Moderne und Tradition als ein Konstrukt der Figuren, denn alle gestalten ihr Leben autonom, ausgehend von ihren Vorstellungen und Möglichkeiten. Der gläubige Vater und die säkularisierte Tochter haben unterschiedliche Vorstellungen des Islam und den damit begründeten Normen: Der Film verzichtet jedoch auf eine schwarz-weiss Kontrastierung und arbeitet stark mit den Widersprüchen, die sämtliche Figuren kennzeichnen.

Auch in der multikulturellen Gesellschaft in Bosnien und Herzegowina, die in NA PUTU inszeniert wird, ist die radikale Form der Glaubensausübung eine neue Erscheinung. Tradition ist in diesem Sinne ein Phänomen der zeitgenössischen Gesellschaft, in der viele unterschiedliche weltanschauliche Ausrichtungen und Lebensgestaltungen koexistieren und sich neu konstituieren. In der wahhabitischen Gemeinschaft wird versucht, ein religiöses Weltbild zu etablieren, das alle Bereiche des Lebens regelt und kontrolliert und Amar die Illusion gibt, unmittelbare Antworten auf die ungelösten Aspekte seines Lebens (die Traumata des Kriegs, den Alkoholkonsum, die Arbeits- und Kinderlosigkeit) zu finden.

Die besprochenen Filme, die aus unterschiedlichen Kulturen stammen, privilegieren den Blick der Frauenfiguren. Sie werden aus der subjektiven Wahrnehmung der Protagonistinnen erzählt, die nach Orientierung und Selbstständigkeit suchen. In der fiktiven aber visuell konkreten Sprache des Films wird somit der Frauenkörper zum Raum, in dem Selbstreflexion und Fremdwahrnehmung, Anschluss an Tradition und Moderne, Zugehörigkeit zu und Abgrenzung von der Familie und dem Umfeld verhandelt werden.

Joachim Valentin

Salami Aleikum?!

Vom aktuellen Trend, im Kino über den Islam zu lachen

Ist es erlaubt, die häufige Kombination eines Themas und eines Genres bemerkenswert zu finden, ja sie gar als Ausdruck einer bestimmten gesellschaftlichen Stimmungslage zu begreifen? Vor mehr als zehn Jahren tauchte die Judenvernichtung, die Shoa, vermehrt in westlichen Film-Komödien auf. Nicht zum ersten Mal, nein, Charlie Chaplin fungierte hier mit seinem GROSSEN DIKTATOR (USA 1940) als lang zurückliegendes, aber durch nichts zu überstrahlendes Vorbild.[1]

Und nun also der Islam. Er ist überhaupt erst in den Fokus unseres Interesses getreten, weil die Attentate des 11. September 2001 und ihre fast 4000 Opfer, vor allem aber die kollektiven Horrorbilder der einstürzenden New Yorker Zwillingstürme, eine veränderte weltpolitische Lage ins allgemeine Bewusstsein gebracht haben: Mehr als eine Milliarde muslimischer Menschen in beinahe allen Weltregionen stellen eine nicht mehr zu übersehende globale Realität dar. Eine Vielzahl von historischen Demütigungen «des Islam» hat die Frontstellung zwischen einem säkularen, hoch individualisierten westlichen Kapitalismus einerseits und der in islamisch geprägten Staaten bis in die Moderne hinein überlieferten traditionellen Lebensweise andererseits mit einem hohen Aggressionspotenzial aufgeladen. Nicht erst seit 9/11, seitdem aber verstärkt, entlädt es sich in kriegerischen Auseinandersetzungen im Mittleren Osten sowie in weltweiten grausamen Terrorakten. Dabei fokussiert sich diese Spannung dort, wo westliche und islamische Lebensweise ungebremst aufeinandertreffen, also in den durch Millionen von muslimischen Migranten geprägten europäischen Staaten, primär Frankreich, Großbritannien, Deutschland und den Niederlanden; aber auch in islamischen Staaten, und zwar dann, wenn hier westliche Lebensweisen valent werden, etwa in den stark säkularisierten postkolonialen Pseudodemokratien Nordafrikas und des nahen mittleren Ostens. In den letzten Jahren erlebten sie fast alle schwere kriegerische beziehungsweise bürgerkriegsähnliche Erschütterungen: Tunesien, Libyen, Ägypten, Jemen, Libanon, Israel, Afghanistan, Irak, Iran und aktuell

---

1   Vgl. J. Valentin, Das Komische als Dekonstruktion des Schreckens. Philosophisch-theologische Überlegungen zu DAS LEBEN IST SCHÖN von Roberto Benigni, in: S. Orth, J. Valentin und R. Zwick (Hg.), Göttliche Komödien. Religiöse Dimensionen des Komischen im Kino, Köln 2001, 125–142.

Syrien. Bemerkenswerterweise entgehen jene Staaten solchen Auseinandersetzungen, die – meist aufgrund ihrer Ölvorkommen – soziale und Einkommens-Unterschiede ausgleichen können und eine unmittelbare Konfrontation mit westlichen Großmächten vermeiden, ohne ihre islamische Prägung aufzugeben (Saudi Arabien, die Arabischen Emirate etc., aber auch die Türkei). Die betroffenen europäischen Staaten ringen aktuell um einen adäquaten Umgang mit ihren islamischen und zu einem geringen Prozentsatz auch gewaltbereiten Bürgern und Bürgerinnen. Sollen diese sich bis zur Unkenntlichkeit assimilieren oder auch jene kulturellen Eigenheiten leben dürfen, welche modernen Standards widersprechen, also ihre kulturelle Differenz öffentlich markieren, etwa durch das Tragen nicht-europäischer Kleidung (Kopftuch), öffentliche Gebets-Praxis, Halten des Ramadan, alternative Fassung der Geschlechterrollen in- und außerhalb der Familie? Solange diese Fragen ungelöst bleiben oder als ungelöste in den Medien immer neu hochgespielt werden, wird auch «der Islam» sein Konfliktpotenzial in westlichen Gesellschaften kaum verlieren.

Weil die Präsenz des Islam in westlichen Gesellschaften also ein spannungsgeladenes Phänomen ist, fordert es zu seiner Darstellung im Film das Genre der Komödie geradezu heraus. Offenbar ist im zeitgenössischen Film «der Islam» und mit ihm verbunden die Spannung zwischen offensiv und kompromisslos gelebter Religion einerseits und westlich-«permissiver» Gesellschaft andererseits endgültig auch nicht mehr peinlich und wird verschwiegen, sondern zum Gegenstand explodierenden und die Spannung so überbrückenden Gelächters geworden. Dass Komödien über den Islam im deutschen Kino laufen, kann auch heißen, dass – analog zur Themensetzung in den Filmen Fatih Akins und deren Publikums-Erfolg – das Thema Islam in der Mitte des gesellschaftlichen Diskurses angekommen ist. Ähnlich optimistisch wird man im Zusammenhang mit der Serie TÜRKISCH FÜR ANFÄNGER (Regie: Bora Dağtekin, Deutschland 2006–2008) sein dürfen.[2]

Bereits vor mehr als zehn Jahren hatte ich Sigmund Freuds Aufsatz «Der Witz und seine Beziehung zum Unbewussten»[3] konsultiert, um die Attraktivität des Shoa-Themas für die Film-Komödie zu verstehen. Hier erfährt man, dass der Witz nicht ohne Grund gerne am Biertisch erzählt wird. Genau da ist nämlich jener Zustand erreicht, der dem Witz besonders zuträglich ist: Das kurzzeitige Nachlassen der intellektuellen Spannung, welches es ermöglicht, dass ein Gedanke dem Bewusstsein entgleitet, vom Unbewussten okkupiert wird und dann verändert, entstellt, provozierend vom Bewusstsein wieder aufgegriffen wird. Die unwiderstehliche Macht des Witzes und damit die Wirkung auch der Filmkomödie hat für Freud sehr tiefsitzende Wurzeln,

---

2   Vgl. die Beiträge zu diesen beiden Phänomenen im vorliegenden Band.
3   In: S. Freud, *Gesammelte Werke* (Studienausgabe) IV, Frankfurt 2000, 9–219.

denn «Die Euphorie, welche wir auf diesen Wegen [des Humors, des Witzes und der Komik] zu erreichen streben, ist nichts anderes als die Stimmung einer Lebenszeit, in welcher wir unsere psychische Arbeit überhaupt mit geringem Aufwand zu bestreiten pflegten, die Stimmung unserer Kindheit, in der wir das Komische nicht kannten, des Witzes nicht fähig waren und den Humor nicht brauchten, um uns im Leben glücklich zu fühlen».[4]

Doch nicht nur Sigmund Freud und seine Theorie des Witzes helfen uns, die Attraktivität des Themas Islam in westlichen Gesellschaften für die Filmkomödie zu verstehen; auch ein Ausflug in die literarische und philosophische Komödien-Theorie bringt in unserer Frage Erkenntnisgewinn: Erstmals hat sich Aristoteles theoretisch in seiner «Poetik» von 350 v. Chr mit der Komödie beschäftigt.[5] Er schreibt hier: «Der Unterschied zwischen Komödie und Tragödie besteht darin, dass die Komödie Menschen darstellt, die minderwertiger sind, die Tragödie dagegen solche, die besser sind als der Durchschnitt.» (Kapitel II) Konkret hieß das über viele Jahrhunderte, dass die Tragödie oft im Milieu der gehobenen Stände, oft von Adeligen spielte, wohingegen die Komödie den einfachen Mann von der Straße, wenn nicht den gesellschaftlichen Verlierer zum Thema hatte, auf dessen Kosten man sich lustig machen konnte. Martin Opitz erklärte etwa im 17. Jahrhundert: «Die Comedie bestehet in schlechtem wesen vnnd personen» – sie zeige also «Knechte statt Potentaten».[6]

Sind das heute die Muslime, «unsere» gesellschaftlichen Verlierer oder doch zumindest exemplarische Vertreter der unteren Gesellschaftsschichten? Immerhin spielen alle infrage kommenden Film-Komödien, mit denen wir uns hier beschäftigen in der Unter- und Mittelschicht. Im Zug der bürgerlichen Emanzipation gibt es aber seit dem 18. Jahrhundert Varianten der Komödie, die kaum oder gar nicht heiter sind, aber bürgerliches Personal haben, wie die *Opéra comique*, die *Rührende Komödie* oder das *Rührstück*. Die Regel, dass die Komödie (klein-)bürgerliches und die Tragödie aristokratisches Personal präsentieren müssten, wird dann im 20. Jahrhundert endgültig durchbrochen. Etwa in Hugo von Hofmannsthals «Der Schwierige» treten auch Adlige als komische Hauptfiguren auf.[7]

Der Begriff Komödie selber bezeichnet ein Drama mit erheiterndem Handlungsablauf, das in der Regel glücklich endet.[8] Manche sprechen von O-Bein-Geschichten: glücklicher Anfang und glückliches Ende, während in der Mitte Verwirrung und Trennung herrschen. Im Gegensatz zu den «X-Beinen» der Tragödie, die am Anfang und

---

4 Ebd. 219.

5 Aristoteles, *Poetik, Werke in deutscher Übersetzung*, Band 5, Berlin 2011.

6 M. Opitz, *Von der Deutschen Poeterey*, 1624.

7 H. von Hofmannsthal, «Der Schwierige», in: *Werke in zehn Bänden. Gedichte Dramen Prosa*, Frankfurt 1999.

8 Altgriechisch κωμῳδία / kōmōidía: eigentlich «singender Umzug», meist übersetzt als «Lustspiel».

am Ende Traurig-Tragisches zu berichten haben. Die unterhaltsame Grundstimmung der Komödie entsteht, neben dem üblichen und unvermeidbaren Happy End[9], durch eine übertriebene Darstellung menschlicher Schwächen, die neben der Belustigung des Publikums in politisch aufgeladenen Stücken auch kritische Zwecke haben kann. Es ist erstaunlich, wie wenig die christliche Theologie zum Thema Humor zu sagen hat.[10] Religion und Lachen – das geht nicht nur im Christentum schlecht zusammen. Aber auch im Islam gelten Regeln, die das Lachen und Scherzen einschränken. Dies sind jedoch Traditionen, die bereits antike Strömungen der Lust- und Humorfeindlichkeit aufnehmen. Ludwig Ammann hat dazu ein Buch geschrieben, in dem er sich mit den überlieferten Warnungen vor unwürdigen und kränkenden Scherzen im Islam auseinandersetzt.[11] Die Regeln, die das Lachen einschränken, gelten hier, so schreibt er, meist fälschlich als prophetische Stiftung; sie führen in ihrer Gesamtheit ältere, namentlich christliche, aber auch sassanidische, altarabische und hellenistische Traditionen fort. Die *Rechtfertigung* des Scherzens beruft sich dagegen zu Recht auf das Beispiel des Propheten.

Komödiantisch inszenierter Clash of Civilisations: fünf Filme

Mit FOUR LIONS (Regie: Christopher Morris; Großbritannien/Frankreich 2010), FASTEN AUF ITALIENISCH (Regie: Olivier Baroux; Frankreich 2010), ALLES KOSCHER! (Regie: John Appignanesi; Großbritannien 2010), ALMANYA – WILLKOMMEN IN DEUTSCHLAND (Regie: Yasemin Samdereli; Deutschland 2011) und SALAMI ALEIKUM (Regie: Ali Samadi Ahadi; Deutschland 2009) sind innerhalb von einigen Monaten gleich fünf Komödien auf dem deutschen Markt erschienen, die den Islam, teilweise sogar in seiner gewalttätigen Form des islamistischen Terrorismus zum Thema haben.

Das ist kein Zufall! Wenn, wie in FOUR LIONS, über islamistische Gewalt gelacht wird (Abb. 1), wird nicht der Islam lächerlich gemacht, sondern der mit ihm (historisch zufällig) verbundene Terror, vielleicht ähnlich wie das Roberto Benigni und Charlie Chaplin mit dem Nazi-Terror gemacht haben. In den übrigen Fällen, besonders deutlich in ALLES KOSCHER und FASTEN AUF ITALIENISCH, lacht man über die Muslime, die ihre religiöse Identität verstecken beziehungsweise deren Umwelt sie konsequent zu ignorieren versucht und damit die oben beschriebene Spannung zwischen den Kulturen so lange vermeiden, bis die Bombe – und damit auch eine Lachsalve

---

9   Vgl. dazu umfassend für die Film-Komödie: P. Hasenberg, Die Unvermeidbarkeit des Happy End. Grundstrukturen der romantischen Komödie, dargestellt am Beispiel von NOTTING HILL, in: S. Orth, J. Valentin und R. Zwick (Hg.), *Göttliche Komödien*, 29-54.

10 J. Valentin, Das Komische als Dekonstruktion des Schreckens, 125 f.

11 L. Ammann, *Vorbild und Vernunft. Die Regelung von Lachen und Scherzen im mittelalterlichen Islam*, Hildesheim 1993.

1–2 Filmplakate zu Komödien zum Thema Islam: FOUR LIONS und FASTEN AUF ITALIENISCH

im Zuschauerraum – platzt. In diesem Lachen schwingen dann einerseits Identifikation und Verständnis für die Konfliktlage mit, andererseits aber macht man sich – im Wortsinne – lustig über die Absurdität einer Gesellschaft, in der Menschen immer noch nicht frei das leben können, was ihnen ein tiefes Bedürfnis ist oder in denen Menschen von inneren religiösen Zwängen getrieben werden, die ihnen die ersehnte Teilnahme am Alltagsleben unmöglich macht. ALLES KOSCHER thematisiert zudem die Spannung zwischen Muslimen und Juden und ihren unterschiedlichen Riten und Persönlichkeitsidealen.

Im Film FOUR LIONS zeigt der Regisseur Chris Morris, der auch am Buch mitgearbeitet hat, vier islamistische Möchtegern-Selbstmordattentäter im englischen Sheffield, die einen Anschlag in London vorbereiten. Dabei stellt sich das Quartett so ungeschickt an, dass der Erfolg der geplanten Aktion mehr als fragwürdig ist: Das Maschinengewehr im Bekennervideo ist aus Plastik und für Kinderhände gemacht. Wild entschlossen sind sie trotzdem, sich und andere im Namen des Islam zu töten: Omar, der charismatische Anführer, Fessel, Waj, Hassan und Barry. Weil es bei der Umsetzung ihres mörderischen Vorhabens zunächst hapert, sollen zwei von ihnen zunächst einen Terroristen-Basislehrgang in Pakistan absolvieren. Konvertit Barry hat

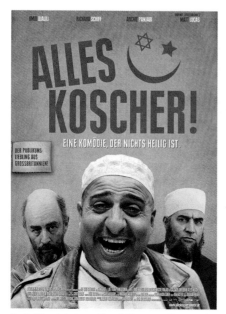 

3–4 Filmplakate zu Komödien zum Thema Islam: ALLES KOSCHER! und ALMANYA

leider nicht die nötigen Kontakte, muss also zu Hause bleiben und nervt hier durch seine Unberechenbarkeit und seinen Fanatismus. Auf der Fahrt zum Flughafen wird er deswegen in den Kofferraum gesperrt, bevor er sich doch noch ein Flugticket kaufen kann. Im Trainingscamp stellen sich dann sämtliche Möchtegern-Dschihadisten derart ungeschickt an – als Omar auf eine nahende US-Drohne feuern will, hält er die Panzerfaust falsch herum –, dass sie schon nach wenigen Tagen wieder zurückkreisen müssen. Ihrer Autorität zu Hause schadet das nicht, also schreiten die nach wie vor schlecht ausgebildeten Wut-Islamisten hier zur Tat und besorgen sich ohne größere Probleme allerhand bombenfähige Chemikalien. Bei einem ersten Test sprengt sich Faisal versehentlich selbst in die Luft, übrig bleiben die heldenhaften «Four Lions». Nach heftigem Streit – Barry möchte zunächst eine Moschee in ihrer Heimatstadt sprengen, damit sich die Glaubensbrüder radikalisieren – steht das Ziel fest: eine große Sportveranstaltung in London.

 Drei Jahre soll Regisseur Chris Morris für die Geschichte recherchiert haben. Und so finden sich gerade da, wo der westliche Zuschauer zunächst unrealistischen Klamauk wittert, sorgfältig ausgearbeitete Details, etwa eine Szene, in der sich die Gruppe wechselseitig anfeuert und Mut zuspricht: Hier erinnern die «Four Lions» ein wenig an fanatische Fußballfans. Der Zuschauer stutzt, aber auf den Überwachungsbändern, die nach den Rucksackbomber-Anschlägen in der Londoner U-Bahn vom Juli 2005 ausgewertet wurden, fand sich genau eine solche Szene. Wenn FOUR LIONS also als «Terror-Komödie» auch an der Grenze zum Zynismus entlangbalanciert, entwickelt der Film als Fingerübung über Fanatismus und Hysterie dennoch häufig treffenden schwarzen Humor. Über sozialpsychologische Hintergründe des Terrors erfährt man freilich wenig. Erfolgreich wäre der Film genau dann, wenn ihn europaweit gewaltgefährdete junge Muslime sehen und über ihn lachen könnten.

5 Filmplakate zu Komödien zum Thema Islam: SALAMI ALEIKUM

In einem völlig anderen Milieu spielt die 2010 in Frankreich gedrehte Farce FASTEN AUF ITALIENISCH (Abb. 2). Eine Farce zeigt ja in der Regel, wie eitel, irrational, käuflich oder kindisch Menschen sein können. Mit lächerlichen, weit hergeholten Situationen, schnellen, witzigen Wortgefechten und physischem Humor bietet sie auch eine willkommene Grundlage für Sitcoms. Wir begegnen ihr häufig schon im Stummfilm und vielfältig in diversen Screwball-Komödien. Vor allem ist die Farce aber jene Abart der Komödie, in der ein Geheimnis, eine «Leiche im Keller» eine der handelnden Personen «unmöglich» machen würde, und genau das Ans-Tageslicht-Kommen dieses Geheimnisses vermieden werden muss. Die «Leiche im Keller» kann echt oder eingebildet sein (also auch ein Missverständnis oder eine Fehlinterpretation von Fakten). Es kann sich um ein Geheimnis handeln, das die Gegenwart betrifft oder auch eine lang vergessene Vergangenheit, die plötzlich wieder auftaucht und nun eine Bedrohung für die Sicherheit und den Frieden der Figur darstellt oder zumindest darzustellen scheint. Eine Farce funktioniert nur im Kontext der aktuellen «Sitten»: Im späten 19. Jahrhundert ging es häufig um eine Frau, die über ihr Alter lügt, oder einen Mann, der Vater eines unehelichen Kindes ist. Im 20. Jahrhundert versucht in der Regel ein – meist männlicher – Protagonist zu verhindern, dass seine außereheliche Affäre bekannt wird. In FASTEN AUF ITALIENISCH, aber auch in ALLES KOSCHER ist es – typisch für unsere Zeit? – die

Tatsache der muslimischen oder jüdischen Herkunft des Protagonisten, die vor der säkularen Gesellschaft verborgen werden muss, und umgekehrt, das Nicht-Befolgen religiöser Verpflichtungen vor der jeweiligen gläubigen *community*.

Doch der Reihe nach, worum geht es? Mourad Ben Saoud, ein junger Franzose algerischer Herkunft aus Marseille, gespielt von dem durch WILLKOMMEN BEI DEN SCH'TIS (Regie: Dany Boon; Frankreich 2008) auch in Deutschland bekannt gewordenen Comedy-Star Kad Merad, gibt sich gegenüber seinem Arbeitgeber, einem Maserati-Händler in Nizza, aber auch bei seiner Geliebten als gebürtiger Italiener namens Dino Fabrizzi aus. Er verheimlicht damit seine maghrebinischen Wurzeln ebenso wie seine islamische Religion. Seinen Eltern gegenüber wiederum verschweigt er sein Leben in Nizza und behauptet, in Rom Karriere zu machen. Als sein Vater ihm das Zugeständnis abringt, aus Gesundheitsgründen für ihn den Ramadan zu halten, also tagsüber nichts zu essen und keinen Geschlechtsverkehr zu haben sowie fünfmal am Tag zu beten, gerät die mühsam aufgebaute Fassade ins Wanken. Nicht nur, dass Mourad/Dino, an kaum einem Geschäftsessen mehr teilnehmen kann, ohne aufzufallen, zunehmend schwächer wird und seine Geliebte dauernd vor den Kopf stoßen muss: Die konsequente Praxis seiner fast vergessenen Religion macht aus ihm auch einen anderen Menschen. Hier bekommt der Film eine Ernsthaftigkeit, die man gerade in Komödien selten findet. Es ist ein wahres Kunstwerk, wie der Regisseur das Tempo in der zweiten Hälfte zielsicher herunterfährt und dem Zuschauer einen nachdenklichen und regelrecht frommen Muslim zeigt, der schließlich sogar bereit ist, alles, auch seinen französischen Pass, aufzugeben, um die Lüge ein für alle Mal aus seinem Leben zu verbannen.

Natürlich fordert das Genre Komödie am Ende ein *Happy End* und die große Versöhnung inklusive der Übernahme der Maserati-Filiale durch Dino. Doch FASTEN AUF ITALIENISCH hat seinen Zuschauern auf dem Weg dahin so manche Perspektive eröffnet: Wie tief greifend auch der Alltag einer spätmodernen Gesellschaft durch ethnische und eben auch religiöse Kleinigkeiten geprägt wird, wie wohltuend es ist, in geklärten Verhältnissen zu leben, seine Identität nicht verleugnen zu müssen und seinen Frieden mit der eigenen Vergangenheit gemacht zu haben. Dass diese und andere Erkenntnisse von herzlichem Lachen begleitet werden, tut dem Lerneffekt sicher keinen Abbruch, im Gegenteil: Der Film zeigt, wo es mit unseren, von heimlichen Kulturschranken durchsetzten Gesellschaften, hingehen könnte, wenn Integration wirklich gelingen und Lebenslügen nach und nach abgebaut werden könnten.

Mit einer Farce haben wir es auch bei dem Film ALLES KOSCHER zu tun (Abb. 3). Mahmud Nasir, ein liebender Ehemann, aufopferungsvoller Vater und überzeugter Moslem – wenn auch nicht gerade strenggläubig – macht eine folgenschwere Entdeckung: Er findet nach dem Tod seiner Mutter eine Urkunde, die bezeugt, dass er nicht

6 Mahmud bekommt
Nachhilfe in Alles Koscher!
(Regie: John Appignanesi;
Großbritannien 2010)

nur Adoptivkind, sondern auch Jude ist. Sein richtiger Name ist Solly Shimshillewitz!
Da sein Sohn kurz vor der Hochzeit mit einer Braut aus fundamentalistisch-islami-
schem Hause steht, hat Mahmud von nun an einen Zwei-Fronten-Krieg zu bestehen:
Zum einen gilt es, den Koran zu büffeln, zum anderen muss er Nachhilfe in Sachen
Judentum nehmen (Abb. 6), will er seinen leiblichen Vater im Krankenhaus besuchen,
zu dem er nur als gläubiger Jude Zutritt hat. Doch der oft alkoholisierte Taxifahrer
Lenny, der hier zurate gezogen wird, lehrt Mahmud zwar das Judentum, nicht aber
die Thora, sondern die intellektuell-zweifelnde Weltsicht Woody Allens – einschließlich dessen hinreißenden Weltschmerzes. Mahmud lernt also, jüdische Anekdoten zu
erzählen und tanzt auf einer Bar Mitzwa.

Überhaupt ist die Geschichte erkennbar dem Hauptdarsteller und britischen Comedy-Star Omid Djalili auf den Leib geschrieben, der sich grimassierend durch das
turbulente Geschehen kämpft. Dabei entstehen allerdings auch immer wieder einmal gelungene Sequenzen und gute Pointen, so bespricht Mahmuds hübsche und
pragmatische Frau Saamiya ihre Beziehungsprobleme mit ihrer Tratsch liebenden
Freundin beim Joggen. Nur dass diese Freundin in schwarzer Vollverschleierung neben Saamiya herläuft. Auch Mahmuds kleine Tochter fällt aus der Rolle des süßen
Vorstadtmädchens: Sie spielt am liebsten «Heiliger Krieg», stürmt mit Hassparolen
durchs Wohnzimmer und metzelt mit ihrem Plastikschwert Ungläubige nieder. Über
die Gesamtstrecke verkommt der Film leider zur Sketch-Parade, ja macht hier und
da auch vor den Grenzen zur Klamotte nicht Halt. Der Showdown, der immerhin mit
einem guten Schluss-Gag aufwartet, liefert immerhin den Aufruf zu einem tolerante-
ren Miteinander: Mithilfe seiner Verehrung für den Rockmusiker Gary Page entwirft
Mahmoud eine rührende Vision vom lebenslustigen Nebeneinander und Miteinander
der Zeichen und Bilder. Alles Koscher ist nicht so böse wie Four Lions, geht aber
in der Provokation viel weiter als die deutsche Komödie Almanya – Willkommen in

DEUTSCHLAND. Glaubt man der britischen Produktion, ist vielleicht nicht der Islam, wohl aber der muslimische Einwanderer mit all seinen teilweise beunruhigenden Zeichen und Symbolen im westlichen Mainstream angekommen.

Angekommen in Deutschland sind auf jeden Fall in den letzten 50 Jahren mehr als drei Millionen Muslime türkischer Herkunft, auch wenn ihnen bis vor kurzem die tatsächliche Ankunft im Herzen unserer Gesellschaft häufig implizit verwehrt wurde. Dass dies aber künftig nur noch mit schlechtem Gewissen oder mit unterdrücktem Lachen geschehen kann, dafür steht die gelungene und unerwartet erfolgreiche deutsche Komödie ALMANYA – WILLKOMMEN IN DEUTSCHLAND (Abb. 4). Als in dem einfallsreichen und mit vielen Rückblenden und surrealen Exkursen jonglierenden Film der kleine Enkel türkischer Einwanderer nachfragt, ob er und seine in Deutschland lebende Familie denn nun türkisch oder deutsch seien, wird dies für den vielköpfigen Clan zum Anlass, seine Familiengeschichte aufleben zu lassen. Dabei erfährt der Zuschauer viel Unbekanntes aus jüngster deutscher Zeitgeschichte, allerdings mit viel Humor und aus dezidiert türkischer Perspektive: Mitten im Wirtschaftswunder kommt Hüseyin Yilmaz 1964 wie Hunderttausende anderer Arbeitswilliger aus Anatolien ins Ruhrgebiet. Die Ehrung zum Millionsten «Gastarbeiter» am 10. September 1964 verpasst er nur, weil er seinem Nachbarn in der Schlange den Vortritt lässt. Seine Frau zieht mit den drei Kindern nach und staunt über den deutschen Schlager, die Toiletten und die kehlkopfbetonte Sprache, schwere Schweinefleischgerichte, Weihnachtsrituale und überhaupt die barbarische Religion, in deren Mittelpunkt ein brutal gekreuzigter und blutender Mann steht.

Selbst der hartherzigste Islamfeind wird sich weder der chaplinesken Parodie der deutschen Sprache noch der Horrorvision des türkischen Großvaters entziehen können, er müsse nach der spät erfolgten Einbürgerung nun Lederhose tragen und Schweinshaxe mit Knödeln essen. Wie schon Ali Samadis Ahadis Komödie SALAMI ALEIKUM dreht der tragikomische Pointenreigen also die Erwartungshaltung um und blickt auf die deutschen Verhältnisse aus der Sicht der Einwanderer. Neben diversen Spannungen und Mini-Katastrophen wie der unerwarteten Schwangerschaft der ältesten Enkelin (von einem nichtmuslimischen Engländer!) sorgt die Planung einer Reise in die anatolische Heimat für ordentlich Bewegung und vielfältige Einblicke in türkisch-deutsche Kulturgrenzen. Dass das Lachen in ALMANYA – WILLOMMEN IN DEUTSCHLAND der aufgelösten Spannung zwischen deutscher und türkischer Kultur im gut Freudschen Sinne entspringt, lässt sich mit Händen greifen – und angesichts des satirischen und mit liebevollem Augenzwinkern deutsch-türkische beziehungsweise türkisch-deutsche Vorurteile und Klischees aufs Korn nehmenden Films, der nebenher noch die alltagstaugliche Lebbarkeit einer multikulturellen Identität feiert, muss man ernsthaft fragen, warum es fast 50 Jahre gedauert hat, bis jemand auf die Idee kam, auch in Deutschland endlich das Genre «Multikultureller Heimatfilm» zu etablieren.

In SALAMI ALEIKUM (Abb. 5) geht es um Illusionen und Lebenslügen, falsche Hoffnungen, menschliche Schwächen und Unzulänglichkeiten, die der Bodensatz für Ausländerfeindlichkeit und andere extremistische Auswüchse sein könnten. Dies geschieht, indem der Regisseur Ali Samadi Ahadi (LOST CHILDREN – VERLORENE KINDER; Deutschland 2005) das, was man «Volkszugehörigkeit» nennen könnte, gehörig aufs Korn nimmt. Die turbulente Komödie fokussiert sich nämlich vor allem auf zwei Spezies: auf eine in Deutschland assimilier-

7 Navid Akhavan als Mohsen in SALAMI ALEIKUM (Regie: Ali Samadi Ahadi; Deutschland 2009)

te persische Familie und auf die Bewohner eines im Dornröschenschlaf schlummernden ostdeutschen Dorfes – allesamt desillusionierte Verlierer der Wiedervereinigung. Die Hauptfigur Mohsen, lädt zunächst nicht gerade zur Identifikation ein, sondern bringt eher die oben genannten Eigenschaften eines Komödienhelden mit (Abb. 7). Er ist ein unselbstständiger, von seinen Lebensängsten geplagter junger Mann, er leidet unter der Dominanz seines Vaters und will weder in dessen nach Blut und Tod riechende Kölner Metzgerei einsteigen noch dessen Lebenseinstellung teilen. Zudem hat er sich auch noch auf ein zweifelhaftes Geschäft eingelassen: Er hat von einem dubiosen Händler eine Lieferung «re-importierter» Schafe aus Polen erworben und muss nun im Kleinbus nach Osten aufbrechen, um die Tiere abzuholen. Bald schon strandet er aber in der ostdeutschen Provinz: Oberniederwalde heißt das Nest, das nur aus misstrauischen Kleinbürgern, rechtsradikalen Jugendlichen und ungebildeten Provinzlern zu bestehen scheint.

Doch ausgerechnet hier naht die Lösung aller seiner Probleme in Gestalt der attraktiven und bärenstarken Ana. Sie war einst eine gefeierte Kugelstoßerin, bevor ihre Karriere im Sumpf gedopter DDR-Sportler endete. Mohsens Aufenthalt verzögert sich wegen seiner Autopanne immer weiter und während des Aufenthaltes in der für ihn völlig fremden Welt breiten sich die bizarren Folgen von kleinen Lügen aus Furcht und größere Folgeschäden aufgrund falscher Hoffnungen immer weiter aus: Anas Eltern, heute Kneipenwirte, früher Angestellte im florierenden Trikotagenbetrieb VEB «Textile Freude», halten etwa den Fremdling für den Sohn eines reichen Textilhändlers, der vor Ort investieren und sie damit aus ihrer finanziellen Misere retten will – ein fatales Missverständnis, in das die angebetete Ana und bald auch Mohsens nachgereiste Eltern immer tiefer verstrickt werden.

Das diese beim ersten Blick krude und auch ein wenig eindimensional wirkende Klamotte den Zuschauer dennoch fesselt, liegt neben spielfreudigen Schauspielern, die wunderbar komische Archetypen zeichnen, an Ali Samadi Ahadis «Strickmuster» (im Film durchaus nicht nur metaphorisch durch einen Schal symbolisiert, an dem Mohsen unablässig strickt). Einerseits Multikulti-Komödie, andererseits «Ossi»-Farce – er gibt in beiden Genres dem Affen Zucker. Mancher Handlungsfaden bleibt zwar auf der Strecke und dramaturgisch fehlt es nicht nur einmal an einer präziseren Verdichtung. Angesichts der «Anarcho»-Methode des Erzählens stört das aber kaum. Bemerkenswert ist in unserem Zusammenhang vor allem, dass sich der Film nicht mit einem plakativen Multikulti-Konzept zufriedengibt und auch nicht in der komödiantischen Beschreibung von Menschen unterschiedlicher ethnischer oder religiöser Herkunft erschöpft. Ahadi hat ein sehr genaues Gespür für gruppenbezogene Merkmale wie Herkunft und Kultur und verdeutlicht spielerisch das Recht auf Bewahrung kultureller Identitäten, die gleichberechtigt nebeneinander bestehen können.

Dort wo er den *clash of civilization* nicht kriegerisch, sondern komödiantisch inszeniert, hagelt es nur so Lachsalven und dem Zuschauer wird beim anschließenden Nachdenken klar, was Komödien mit dem Thema «Islam» wie nebenbei und spielerisch leisten könnten: Sie verschließen die Augen nicht vor den Eigenheiten der in unseren Gesellschaften nebeneinander lebenden Kulturen, sie sind in der Darstellung weitaus differenzierter als wir dies in der Einleitung anhand so grober Begrifflichkeiten wie säkular, traditionell entwickeln konnten und differenzieren dazu noch zwischen iranischem, türkischem, maghrebinischem oder pakistanischem Islam, zwischen italienischer, ostdeutscher, westdeutscher oder britischer Gesellschaft. Sie bewegen sich nicht – wie eine Vielzahl der Filme, die in diesem Band besprochen werden – innerhalb eines wie auch immer gearteten islamischen Kulturraums, sondern thematisieren ausdrücklich die *Grenzen* zwischen Kulturen und damit den entscheidenden Ort von wechselseitiger *Wahrnehmung*, *Kommunikation* und *Irritation* überkommener Weltbilder. Dazu erreichen sie als Komödien ein weitaus größeres Publikum als der Autorenfilm, welcher Herkunft auch immer. Und sie schreiben ihre Lektion, falls es eine gibt, mit dem Griffel des Lachens tief in die Herzen und Köpfe ihrer Zuschauer ein.

Deutsch-türkische Spiegelungen

Wolfgang Hamdorf

Eine heilige Sache?

An- und Abwesenheit des Islam im «deutsch-türkischen» Kino

1-2 Zwei junge türkische Frauen, zwei Welten: Özar Fecht in 40 QM DEUTSCHLAND (Regie: Tevfik Baser; Deutschland 1986) und Pegah Ferydoni in TÜRKISCH FÜR ANFÄNGER (Regie: Bora Dağtekin; Deutschland 2012)

Eine Frau sitzt eingesperrt in einer Wohnung. Ihr Mann hat die Haustür abgeschlossen. Zu ihrem eigenen Schutz, sagt er, denn die deutschen Männer seien Monster, ihre Frauen Huren, die ohne Kopfbedeckung herumliefen. So lernt die junge Frau das Gastland Deutschland nur über ihre kleine Wohnung kennen. Ein bedrückendes Kammerspiel über radikal eingeschränkte Lebensmöglichkeiten und den zaghaften Weg in die Emanzipation. Ein Vierteljahrhundert später ist in den deutschen Kinos eine ganz andere junge Frau in den Kinos zu sehen, die streng religiöse Schwester als komische Nebenfigur in einer derben Komödie. Zwischen Turna (Özar Fecht) der jungen Ehefrau aus 40 QM DEUTSCHLAND von Tevfik Baser (Deutschland 1986) und der streng religiösen Schwester Yagmur (Pegah Ferydoni) aus TÜRKISCH FÜR ANFÄNGER von Bora Dağtekin (Deutschland 2012) liegen Welten. Nur das Kopftuch ist geblieben (Abb. 1–2).

Die späten neunziger Jahre

Die islamische Religion war mit Sicherheit kein hervorstechendes Leitmotiv der neuen deutsch-türkischen Filme der neunziger Jahre. Die jungen Filmemacher von Tevfik Baser über Yilmaz Güney bis zu Thomas Arslan inszenierten bewusste Gegenbilder zu den spektakulär aufgeheizten Stereotypen im deutschen Film, besonders im Fernsehen. So setzte Thomas Arslan dem reduzierten Krimiklischee des türkischen Drogenhändlers sein subtiles, betont langsames Porträt DEALER (Deutschland 1999) entgegen. In Details zeichneten auch andere türkischstämmige Filmemacher das facettenreiche Bild eines unbekannten Mikrokosmos, zeigten über eine ruhige und intensive Alltagsbeobachtung die unterschwelligen Konflikte zwischen kulturellen Traditionen, aber auch zwischen den Generationen. Dabei war das Etikett vom «türkisch-deutschen» Film von Anfang an eine fragwürdige Konstruktion: Zu unterschiedlich waren die einzelnen Filmemacher in ihrem Stil und auch in ihrem biografischen Hintergrund. Selbst scheinbar ähnliche Familiengeschichten wie die der türkisch-deutschen Familie in Arslans GESCHWISTER (Deutschland 1997) oder die der kurdischen Familie in APRILKINDER (Deutschland 1998) von Yüksel Yavuz zeigen ganz unterschiedliche soziale Verhältnisse und kulturelle Probleme. Die Religion, und das gilt auch für die Filme von Fatih Akin, hatte, wenn überhaupt, nur einen untergeordneten Stellenwert, war ein alltäglicher Teil jener kulturellen Tradition, die von den Immigranten nach Deutschland mitgebracht wurde und die auch für Konflikte zwischen den Generationen sorgte. In der Schnittmenge der Konflikte griffen deutsch-türkische Filme Reizthemen zwischen Tradition und Moderne auf, etwa Homosexualität in LOLA UND BILIDIKID von Kutlug Ataman (Deutschland 1999). Sinnvoll ist es auf jeden Fall, das Etikett «deutsch-türkisch» um jene Filmemacher mit Wurzeln in anderen islamischen Ländern und Kulturen zu erweitern.

Die dritte Generation

Weder im deutschen Fernsehen noch im türkisch-deutschen Kinofilm der neunziger Jahre wurde der Religion ein besonderer Stellenwert beigemessen. Im Fernsehen blieb sie sichtbare Symbolik des Fremden – das Kopftuch, der Gebetsritus, eingebettet in mehr oder weniger gelungene Genregeschichten –, avancierte sie in deutsch-türkischen Kinofilmen zum Symbol einer Tradition im Spannungsfeld zwischen den Generationen beziehungsweise den Kulturen.

Das änderte sich mit den Anschlägen vom 11. September 2001 und dem nachträglich proklamierten «Kampf der Kulturen». Islam und Islamismus wurden für den Genrefilm interessant, und eine neue Generation deutsch-türkischer Filmemacher an den deutschen Filmschulen entdeckte ihre Affinität zum Genrekino. Der Islam wurde zum dramatischen, dunklen, gefährlichen Element – oder zum folkloristisch-komischen Stolperstein, über den Kulturen und kulturelle Erwartungen stoßen und bei dem sich Religion, Brauchtum und archaische Traditionen vermischen. Waren die Filmemacher der neunziger Jahre noch teilweise in der Türkei sozialisiert, so wuchs die dritte Generation in Deutschland auf und studierte an deutschen Filmschulen. Sie ist von der erfrischend unspektakulären, mitunter spröden Innensicht zur klassischen Kinoperspektive zurückgekehrt und spielt bewusst auf der Klaviatur exotischer Stereotypen. In seinem Debüt Ayla (Deutschland 2010) erzählt Regisseur Su Turhan eine klassische Liebesgeschichte, in der die Last traditioneller Ehrbegriffe und das Reizthema «Ehrenmord» für «Romeo und Julia»-Spannungen sorgen. Im Zentrum steht eine junge türkische Frau, die mit ihrem Vater und dessen traditionellem Familienbild längst gebrochen hat. Ausgerechnet sie verliebt sich in einen türkischen Photographen, der ebenfalls westlich-liberal lebt, auf Druck seiner Familie aber seine Schwester töten soll – der Familienehre wegen. Mit seinem in einer türkischen Mittelschicht in München angesiedelten Drama wollte Su Turhan «kein Sozialdrama machen, keine reine Innenschau, sondern eine auch von der äußeren Handlung her spannende und dramatische Geschichte erzählen, ein bisschen ‹bigger than life›».

Auf die brillante Innensicht der späten neunziger Jahre folgte im neuen Jahrtausend freilich häufig nicht das Melodram, sondern eher der große Spaß: Mehr oder weniger erfolgreich versuchte man sich nach dem Vorbild der britischen Culture-Clash-Komödien an den lustigen Seiten des kulturellen und interreligiösen Miteinanders. So erzählte Evet, ich will! (Deutschland 2008) von Sinan Akkus von den Schwierigkeiten interkultureller Eheschließungen, Almanya – Willkommen in Deutschland von Yasemin und Nesrin Samdereli (Deutschland 2011) entwickelte über eine anrührende, drei Generationen umspannende Familiengeschichte die große Saga der türkischen Immigration der letzten 50 Jahre; Luks Glück von Ayse Polat (Deutschland 2010) handelt von einer türkischen Familie, die in Deutschland den Jackpot knackt und ihr Glück in der alten Heimat sucht.

Komödien um die Integration

Exemplarisch ist besonders Evet, ich will! über fünf höchst unterschiedliche Paare (Abb. 3–4), deren Geschichten immer wieder in einem Berliner Hochhaus der frühen siebziger Jahre zusammenlaufen, einem hässlichen Relikt verfehlter Stadtplanung, aber auch architektonisches Symbol für die erste Zeit der türkischen Migration. In den Liebesgeschichten geht es um Traditionen, Religionen, Ressentiments und die politischen Überzeugungen der Alten, die mit der Liebe der Jungen kollidieren. Ex-

3-4 Zwei Paare in EVET, ICH WILL! (Regie: Sinan Akkus; Deutschland 2008)

plizit über Religion handelt die Episode von Dirk und Özlem: Dirks Eltern, «undogmatische Dogmatiker», haben ganz bewusst nie geheiratet. Daher kommt es ihnen absurd vor, dass sie nun bei Özlems Eltern um die Hand der Tochter anhalten sollen – «in einer heiligen Sache und mit dem Beistand des Propheten». Da wird es kompliziert. Soll Dirks Vater sagen: «Unseres Propheten?» oder «Eures Propheten?» oder «eines Propheten?» Political Correctness will gelernt sein, auch wenn sich Dirks skeptische Mutter noch vorher schnell ein Kopftuch überzieht. Özlems Eltern wollen, dass Dirk zum Islam übertritt und sich beschneiden lässt. Als Özlem, die um des Familienfriedens willen alles mitgemacht hat, am Ende zornig ihre Eltern fragt, was denn dieser ganze religiöse Unsinn soll, kommt es zu keiner Auseinandersetzung. Die Eltern sprechen kein Deutsch.

In einer anderen Episode sind die rituellen Worte von der «Heiligen Sache» auch für einen altlinken türkischen Vater ein Gräuel, mit denen die Verhandlungen über die Eheschließung ihrer Kinder eingeleitet werden. Seine liberal erzogene Tochter will ihren Kollegen heiraten, den Sohn traditionalistischer Kurden. Hier prallen weniger religiöse Motive als vielmehr unterschiedliche kulturelle Positionen der türkischen Gesellschaft aufeinander; der linksliberale Vater wird plötzlich selbst zum patriarchalen Macho, wenn er seine Tochter in der Wohnung einsperrt. In einer dritten Episode offenbart ein junger Automechaniker seinen Eltern seine Homosexualität erst dann, als sie ihn mit einer jungen Türkin verheiraten wollen. Regisseur Akkus Sinan will in seinem Film «Themen der sogenannten Einwanderergesellschaft» ansprechen, die «normalerweise unglaublich ernst und bemüht» behandelt werden. «Ich will sagen: Es ist alles nicht so schwer, wir haben alle unsere Probleme, und wir haben auch alle unseren Spaß!» Die Botschaft, EVET, ICH WILL!, ist leicht zu verstehen: Mit ein wenig Toleranz und der Fähigkeit, über den eigenen Schatten zu springen, lassen sich alle religiösen und kulturellen Unterschiede überwinden.

Das ebenfalls betont integrative Familienepos ALMANYA – WILLKOMMEN IN DEUTSCHLAND zeigt den Reigen um interkulturelle Missverständnisse, Annäherungen und Assimilierung über die tiefe Verwunderung einer türkischen Familie angesichts der deutschen Gesellschaft der sechziger Jahre. So wird der gekreuzigte Christus schon in der Türkei ein Schreckgespenst für die Kinder, eine Art blutrünstiger Vampir, der für eine finstere, verschlossene Religion steht – ganz im Gegensatz zum alltäglich praktizierten Islam der Mutter. Schon wenig später freilich insistieren die Kinder auf Weihnachtsbaum und Weihnachtsfest. Das mehr oder weniger gelungene Spiel mit religiösen Klischees und Stereotypen macht den Witz der interkulturellen deutsch-türkischen Komödien aus. Religion wird dabei auf Tradition und Brauchtum reduziert – wie auch die Kopftuch tragende Schwester (Pegah Ferydoni) in TÜRKISCH FÜR ANFÄNGER –, oder zum Anlass für interkulturelle Fettnäpfchen.

Was heißt Islam?

In Komödien und ernsteren Dramen sowie Genrefilmen bis zum «Tatort»-Krimi ist der Schauspieler Vedat Erincin in Deutschland zum Gesicht des toleranten Islam geworden. Eine Entwicklung, die nicht absehbar war, als er in EVET, ICH WILL! den zornigen linksliberalen Vater spielte. Aber schon in ALMANYA – WILLKOMMEN IN DEUTSCHLAND überrascht er in der Hauptrolle des alten Hüseyin seine Enkelin durch Verständnis, als sie ihm ihre ungewollte Schwangerschaft beichtet.

   In einer Nebenrolle als aufgeklärter Imam stellt er in SHAHADA (Deutschland 2010; der Titel verweist auf das muslimische Glaubensbekenntnis) den Gläubigen eine entscheidende Frage: «Was heißt Islam? Was heißt es, ein guter Muslim zu sein?» (Abb. 5) Der Debütfilm des deutsch-afghanischen Regisseurs Burhan Qurbani erzählt eindringlich, wenngleich mitunter auch mit eher eindimensionalen dramatischen Stereotypen von den Glaubensnöten und Lebenskrisen dreier junger Moslems in Berlin-Kreuzberg während des Fastenmonats Ramadan. Während in EVET – ICH WILL! das Hochhaus die unterschiedlichen Episoden verbindet, kreuzen sich in SHAHADA die Wege in der Berliner Moschee des aufgeklärten islamischen Geistlichen Vedat. Dessen Tochter Maryam ändert nach einer Abtreibung, von Schuldgefühlen geplagt, ihren Lebenswandel radikal. Ihr neues, fundamentalistisches Religionsverständnis

5 Vedat Erincin in SHAHADA
(Regie: Burhan Qurbani;
Deutschland 2010)

bringt sie in Konflikt mit ihrem Vater. Ein türkischer Polizist kann nach einem tödlichen Unfall mit seiner Dienstpistole seine Schuldgefühle nicht mehr bewältigen und verlässt als Buße seine Familie. Ein junger Homosexueller aus Nigeria vermag seine Liebe nicht mehr mit den (vermeintlichen) Ansprüchen seines Glaubens verbinden und verrät seinen Freund.

SHAHADA ist ein Film über Menschen im Ausnahmezustand, die im Islam eine Lösung ihrer Probleme suchen. Im Vergleich zu den integrativen deutsch-türkischen Komödien stellt SHAHADA den Islam explizit ins Zentrum der Handlung. Doch auch hier geht es um Toleranz und um Vergebung, auch wenn die Botschaft des liberalen Imam nicht bei allen Protagonisten auf fruchtbaren Boden fällt: «Der Koran sagt uns in vielem, was falsch und was richtig ist. Er will uns anleiten und Trost spenden, aber er kann uns nicht sagen, wer wir sind und wie wir zu uns stehen. In Allahs Augen sind alle Arten der Liebe gut. Das macht ihn erhaben über die Menschen, die das noch nicht begriffen haben.»

Magnus Striet

Ideengeschichte und Interkulturalität
Zu Fatih Akins Filmen GEGEN DIE WAND und AUF DER ANDEREN SEITE

Welche Hermeneutik?

Im Bereich der Filmanalyse methodisch mit einem Konzept von Ideengeschichte zu arbeiten, ist alles andere als üblich. Sofort steht der Verdacht im Raum, nicht nur der Hegemonie des Begriffs zu frönen, Götzendienst gegenüber der Kunst des Films und der ästhetischen Eigenart von Kunst, deren Autonomie, zu betreiben. Wenn dann auch noch ein Theologe mit einem solchen Konzept die Bildfläche betritt und meint, mit einer solchen methodischen Inszenierung Wirkung erzielen zu können, so verstärkt sich der Verdacht, dass hier einem Anachronismus gehuldigt wird, der den Film wie die Kunst überhaupt als Illustrationsvorgang ewiger Wahrheiten betrachtet beziehungsweise der Kunstgenres in den Dienst für die (wie auch immer dieses ‹die› zustande kommt) Verkündigung nimmt.

Und man kann noch grundsätzlicher fragen: Bleibt, wenn man hermeneutisch mit einem ideengeschichtlichen Zugang arbeitet, überhaupt die Offenheit des Kunstwerks gewahrt? Kann dann noch daran festgehalten werden, dass Kunst, wenn sie denn diesen Namen verdient, ein Moment der Selbsttranszendierung enthält – mithin, weil sie nur ist, wenn und indem sie rezipiert wird, sie so neue Wirklichkeit generiert? Sie ein Moment von Selbsttranszendierung aufweist, das darin besteht, dass neue Wirklichkeit geschaffen wird? Eine Wirklichkeit, die auf der Seite der Rezipierenden ihrerseits eine transzendierende Wirkung erzielt?

Es ist verständlich, wenn sich angesichts des Titels dieser Überlegungen zu zweien der wichtigsten Filme von Fatih Akin solche Ressentiments einstellen. Schließlich hat das Verhältnis von Theologie und Kunst eine lange, belastungsvolle Geschichte durchgemacht, die durch eben eine solche Erwartungshaltung der Theologie beziehungsweise besser der Kirche gegenüber der Kunst und auch dem Film gegenüber geprägt war. Aber auch wenn ich um diese Belastungsgeschichte weiß, möchte ich dennoch einen ideengeschichtlichen Zugang auf die Filme von Akin riskieren – und ideengeschichtlich vorzugehen, bedeutet dann notwendig auch, sich einen Begriff von dieser Idee zu machen. Wovon man keinen Begriff hat, hat man auch keine Idee. Es steht dann vielleicht eine Intuition im Raum, es kündigt sich etwas an, aber nicht mehr, noch nicht. Wenn ich deshalb auf Begriffliches dränge, begreifen will, geht es mir nicht im Geringsten darum, einem theologischen Verständnis von Kunst nachzuhängen, dass diese auf die Funktion von Illustration zurückschraubt.

Denn Theologie existiert nicht für sich. Sie ist vielmehr eingelassen in die eine Wirklichkeit, generiert sich immer wieder neu aus dieser. Sie ist eine Reflexionswissenschaft, die aus Praxis entstammt und neue Wirklichkeiten von Praxis schafft. Wenn sich deshalb Theologie im Medium von Kunst und in diesem Fall von Film vollzieht, so sucht sie einen Begriff von sich selbst zu finden. Sie ist genauso geschichtlich wie alles andere, was in der Geschichte hervorgebracht wird. Deshalb hat sie auch keinen absoluten Standpunkt, den sie einnehmen könnte. Lässt sich Theologie auf diese Einsicht ein, historisiert sie immer wieder ihre hermeneutischen Grammatiken, so kann dies dazu führen, dass sie ihre Begriffe neu aufzuklären und zu bestimmen sich gezwungen sieht. Sie bringt sich dann neu hervor, ohne darüber einfach den Kontakt zur Tradition zu verlieren. Sie ent-deckt sich vielmehr da, wo sie sich als rezipierte findet, ja schärfer: *als* Theologie, die mehr sein will als historisches Bewusstsein ihrer eigenen Geschichte, wird sie dort.

Es könnten dann gerade die nicht vermuteten Orte zu den Orten ihrer Selbstwerdung werden können. Allerdings sollte man sich auch nichts vormachen, nicht in einen Platonismus unter umgekehrten Vorzeichen verfallen. Auch Kunst ist nicht causa sui. Ob sie will oder nicht, sie bezieht sich auf kulturelle Vergangenheit und ihre Gegenwart.

Transkulturelle Bedeutung

So auch die Filme Fatih Akins. Meine These lautet, dass Akins Filme ihre ästhetische Kraft und transkulturelle Bedeutung daher beziehen, dass sie geschichtlich generierte Selbstverständigungsmöglichkeiten des Menschen in die erzählten Geschichten einbauen, sie produktiv verarbeiten und sie so «diskurs»-generierend wirken. Anders formuliert: Meines Erachtens geht es in diesen Filmen alles andere als nur um eine Auseinandersetzung zwischen kultureller Tradition und Moderne, zwischen einer als islamisch identifizierten Lebenspraxis und pluralisierter, auf individuelle Freiheits- und Selbstbestimmungsrechte setzender Moderne, auch nicht nur um die filmische Auseinandersetzung mit Fragen von Identität und Fremdwahrnehmung. Solche Fragen spielen eine gewichtige Rolle. Ihre ästhetische Kraft aber beziehen die Filme Akins, weil in ihnen die normative Frage verhandelt wird, wie überhaupt der Mensch sich verstehen kann. Und in diese Frage greifen Muster menschlicher Selbstverständigung ein, wie sie in lang währenden Prozessen generiert wurden.

Diese Prozesse aber sind ohne Fragen der Religion nicht zu verstehen. Akin inszeniert diese religiösen Traditionen dezent, aber: Ohne dieses religiöse Material in die Analyse seiner Filme einzubeziehen, erschließt sich meines Erachtens die Semantik seiner Filme nur unzureichend. Zudem gewinnt man nur dann die Bedeutung dieser Filme für eine interkulturelle Verständigungspraxis, die meines Erachtens insgesamt deutlich zu wenig von grundsätzlichen anthropologischen Fragen geleitet ist. In den Filmen von Akin geht es, wenn er Religiosität zum Gegenstand macht, um weitaus mehr als um Fragen einer restriktiv-paternalistischen Religiosität oder aber auch eines Männergehabes, das sich muskelprotzend als Wahrung eines authentischen Islam inszeniert, also um Rollenbilder von Mann und Frau – und um Fragen der Emanzipation. Diese Fragen, Phänomene eines religiös verbrämten Machogehabes, spielen bei Akin eine gewichtige Rolle. Zumal GEGEN DIE WAND (Regie: Fatih Akin; Deutschland/Türkei 2004) setzt sich mit ihnen auseinander.

Doch selbst wenn alles dies in den Filmen von Akin eine ganz zentrale Rolle spielt, lassen sie sich auch nochmals auf einer anderen Ebene verstehen. Über Fragen von kultureller Entsicherung und Beheimatung hinweg, werden hier in einer grundsätzlichen Weise Fragen von Menschsein aufgeworfen, die interkulturell verbindend – wobei ich gerne die Leistungsfähigkeit des Interkulturalitätsbegriffs infrage stellen will – und so tragfähig werden könnten für ein gemeinsames Miteinander, und zwar zu einem achtsamen Miteinander jenseits kulturell-herkunftsheimatlicher Prägungen. Ist dem so, muss es möglich sein, sich einen Begriff von dem Verbindenden zu bilden. Akin, so meine weiterfortschreibende These, bildet diesen Begriff um den sich verschweigenden Gott – ja weiter noch: Er inszeniert eine Idee von Menschsein, von Miteinander und gar Versöhnung im Medium eines Gottes, der die moralischen Möglichkeiten des Menschen unterschreitet.

Dies führt dann in der Umkehrbewegung nochmals zu einer Kritik der real existierenden Religion. Dass der Deutschtürke Fatih Akin vor allem den Islam im Blick hat, ist nachvollziehbar; seine Behandlung der religiösen Frage reicht aber weit über diese hinaus. Mit größter Sensibilität inszeniert er die ganze Uneindeutigkeit und Ambivalenz des Lebens, seine Tragik – und was Menschen möglich ist. Von daher oszillieren sie auch immer zwischen den Genres Komödie und Tragödie, in GEGEN DIE WAND noch mehr, jedenfalls anfänglich, als AUF DER ANDEREN SEITE (Regie: Fatih Akin; Deutschland/Türkei/Italien 2007). Akin legt deshalb zwar «einen Schwerpunkt auf Themen wie die strategische Übernahme stereotyper Rollen, die Flucht in die ‹negative Identität› sowie die Möglichkeit des (grundlegenden) Wandels der Einzelnen», hat Jochen Neubauer resümiert[1] – ich will zustimmen und ergänzen: Er geht dieser Möglichkeit

---

1   J. Neubauer, *Türkische Deutsche, Kanakster und Deutschländer. Identität und Fremdwahrnehmung in Film und Literatur: Fatih Akin, Thomas Arslan, Emine Sevgi Özdamar, Zafer Senocak und Feridun Zaimoglu*, Würzburg 2011.

des Wandels im Medium der Idee eines Gottes nach, der sich aufgrund seines Schweigens, ja mehr noch: der sich, weil er sich in seiner blinden Gehorsamsforderung als zutiefst problematisch zeigt, so nicht mehr akzeptabel ist. Aber nicht nur dies. Im Medium von Religion wird zugleich die Frage danach aufgearbeitet, was Menschsein sein könnte. Es sind Fragen nach dem Verzeihen, Anfangenkönnen, nach der Reue, ja: nach der Möglichkeit von Stellvertretung und damit letztendlich von Gnade, die hier faktisch aufgeworfen werden. Aber: Diese Möglichkeiten von Neuanfang und unbedingten Zuspruchs werden als menschliche begriffen, Gott muss (wenn er überhaupt existiert) keine Rolle spielen – und gerade so gewinnen sie eine transkulturelle Bedeutsamkeit.

Die beiden Filme

Zunächst zu GEGEN DIE WAND. Zweifelsohne sind hier Fragen von Migration, sozial-kultureller Spannungen etc. sehr präsent. Religion wird hier eingespielt als Phänomen im Spannungsfeld von traditionellen Lebensmustern und geschlechtsspezifischen Rollenzuschreibungen. Auf unterschiedliche Weise kommen die Figuren allesamt nicht mehr mit ihrem Leben, ihren eingeübten oder auch zugewiesenen Rollen zurecht. In die traditionellen Lebensmuster sind durch Fremdheitserfahrungen, Rationalisierungserlebnisse der gelebten Lebenswelt längst Verunsicherungen eingezogen. Was von Soziologen beschrieben wird, findet sich in GEGEN DIE WAND filmisch umgesetzt. In funktional ausdifferenzierten Gesellschaften prallen die Rationalitäten der Systemlogiken aufeinander; jedenfalls tun sie dies dann, wenn sie dann doch nochmals durch das Nadelöhr einer Zentralperspektive getrieben und so vereinheitlich werden sollen.

Der Film kennt aber auch noch einen anderen Text. Geschildert wird eine Liebesgeschichte zwischen Cahit, einem deutschstämmigen Türken, und Sibel, einer in Deutschland groß gewordenen Türkin, die anfangs alles andere als eine solche angelegt ist. Nach einer Alkoholfahrt von Cahit und einem Suizidversuch von Sibel begegnen sich die beiden in einer Psychiatrie. Sibel geht Cahit an, mit ihm eine Zweckehe einzugehen, um so der Enge ihrer Familie zu entkommen. Cahit hingegen ist völlig dem Alkohol verfallen, lebt in einer verdreckten Wohnung, kommt offensichtlich mit dem Leben nicht mehr zurecht. Erst spät erfährt man, warum. Seine ehemalige Freundin, die er sehr geliebt hat, ist an einer Krankheit verstorben. Tragisch ist, dass er in dem Moment (wieder) ihren Namen aussprechen kann, als er von Sibel nach seiner Freundin gefragt wird, die beiden sich gerade annähern, sich die Zärtlichkeit einer neuen, nun ihrer Beziehung andeutet, nicht zufällig beim Essen – und er es nicht erträgt, an ihren Tod erinnert zu werden. Zwar kommt es noch zu einer Aussprache zwischen Sibel und Cahit, die beiden gehen eine vorsichtige Beziehung ein. Zeit be-

1 GEGEN DIE WAND
(Regie: Fatih Akin;
Deutschland/Türkei 2004):
Cahit und Sibel gehen eine
Zweckehe ein.

kommen sie aber nicht, da Cahit sich von einem One-Night-Stand Sibels unmittelbar nach deren Hochzeit (Abb. 1) provozieren lässt; es kommt zu einer fahrlässigen Tötung und Cahit muss für Jahre ins Gefängnis.

Nach seiner Freilassung sucht er Sibel, die inzwischen nach Istanbul gegangen ist, dort zunächst selbst dem Alkohol erliegt, das Opfer einer Vergewaltigung wird, nur knapp überlebt, dann mit dem Mann, der sie findet, eine Beziehung eingeht und auch ein Kind hat, aber wenig glücklich ist. Cahit findet sie. Die beiden kommen noch einmal zusammen, verbringen glückliche Stunden miteinander, eine gemeinsame Zukunft haben sie aber nicht. Sibel bringt nicht den Mut – oder besser die Kraft? – auf, mit Cahit zu gehen. Der Zuschauer erfährt nicht, wie das Leben der beiden weitergeht.

Eines der bestimmenden Motive im Film ist Inszenierung von tragischer Verflechtung, allerdings: Der Film kennt auch komische Szenen. Überhaupt kennen ja alle Filme Akins überaus komische Szenen. Zudem zeichnet Akin seine Hauptfiguren sehr wertschätzend. Und es ist ein Film über die Liebe, über die Möglichkeiten der Liebe. Als die beiden sich annähern, wird Cahit wieder sprachfähig, vermag den Namen der Frau auszusprechen, die er unendlich geliebt hat. Tragischer Tod, Erinnerung und Verdrängung, eine haltlos gewordene Biographie, vorsichtiger Neuanfang und eine verhängnisvolle Provokation, aber: Akin moralisiert nicht. Er zeigt das Leben, wie es zuschlagen kann, in seiner ganzen Uneindeutigkeit und Unberechenbarkeit, in seiner Brutalität und der Lust an ihm.

AUF DER ANDEREN SEITE, der zweite Teil der von Akin geplanten Trilogie *Liebe, Tod und Teufel* zu den GEGEN DIE WAND den Auftakt bildete, der 2007 in Cannes bei den Filmfestspielen seine Premiere erleben durfte, lässt zwar den Zuschauer nicht selbst in ein tragisches Empfinden abgleiten. Es bleibt eine stärkere Distanz, aber gerade so wird ein Eindruck sehr eindringlich: Die Figuren sind allesamt in ein Schicksal eingewoben, das, so scheint es, unabwendbar ist. Ali, ein türkischstämmiger Rentner, überredet eine Prostituierte, Yeter, ebenfalls türkischstämmig, bei ihm einzuziehen – gegen Bezahlung. Was mehr oder weniger harmonisch beginnt, endet in der Katastrophe. Ali betrinkt sich während eines Abendessens mit Yeter und seinem Sohn Nejat, einem Professor für Germanistik. Er erleidet einen Herzinfarkt, überlebt zwar, ist aber ab nun deutlich charakterverändert. Gesundheitlich angeschlagen, aber auch völlig uneinsichtig, verkörpert Ali nun das Klischee eines Machos. Als Yeter droht auszuziehen, kommt es zu einer Handgreiflichkeit, Yeter erleidet eine tödliche Verletzung. Ali muss ins Gefängnis, Nejat sagt sich von ihm los und sucht die Tochter von Yeter, Ayten, in Istanbul, wo er schließlich eine deutsche Buchhandlung übernimmt und dort bleibt.

Die in der linken Politikszene engagierte Ayten war zwischendurch aus der Türkei nach Deutschland geflüchtet, nachdem es während einer Demonstration zu einer gewalttätigen Auseinandersetzung mit der Polizei kam, in deren Verlauf einer der Polizisten niedergeschlagen wurde; eine Waffe, die dieser verlor, versteckt Ayten auf der Dachterrasse eines Hauses. Sie flüchtet illegal nach Hamburg, lernt dort zufällig die Studentin Lotte kennen, sucht Unterschlupf bei ihr und deren Mutter Susanne – wird aber schließlich als Illegale durch die Polizei aufgegriffen, ausgewiesen und muss ins Gefängnis. Lotte reist nach Istanbul, versucht ihr zu helfen, vergeblich. Eine Untermiete hat sie derweil ausgerechnet bei Nejat gewunden, Zufälle – Zufälle. Lotte findet ein tragisches Ende, als sie, von Ayten dazu überredet, die Waffe holt, da diese für den politischen Kampf gebraucht werde. Sie wird ihr von spielenden Kindern entwendet. Nicht wissend, dass die Waffe geladen ist, wird sie von einem der Jungen erschossen. Susanne reist nach Istanbul, um zu trauern, dort zu sein, wo ihre Tochter zuletzt gelebt hat, trifft sich mit Nejat, der ihr gestattet, eine Weile in Lottes altem Zimmer zu schlafen.

Die Schlüsselszene in AUF DER ANDEREN SEITE, in gewisser Weise eine Wende, die zwar die tragischen Ereignisse nicht ungeschehen werden lässt, dennoch den Horizont neu öffnet, bietet ein Gespräch zwischen Susanne und Nejat. Susanne fragt, am Fenster stehend und Männer Treppen abwärts zum Bayram-Gottesdienst gehen sehend, nach dem Sinn dieses Festes (Abb. 2). Nejat erzählt ihr die alte Geschichte von der Bindung Isaaks, eine Geschichte, an der auch Susanne sich vage erinnert – und: die zum gemeinsamen Erzählgut der abrahamitischen Religionen gehört. Kaum eine andere Geschichte hat solche Kontroversen ausgeübt, provoziert.[2] Denn darf

---

2   Vgl. hierzu ausführlich meine Überlegungen in: Domestizierung der Gotteswillkür. Zu Hans Blumenbergs anderer Lesart neuzeitlicher Theodizee, in: H. Hoping u. a. (Hg.), *Die Bindung Isaaks. Stimme, Schrift, Bild*, Paderborn 2009, 213–224

2 Susanne und Nejat am Fenster in AUF DER ANDEREN SEITE (Regie: Fatih Akin; Deutschland/Türkei 2007)

Gott von Abraham als Erweis seines Glaubensgehorsams das Opfer seines Sohnes fordern? Muss Abraham sich nicht verweigern?

Es kann hier nicht die ursprüngliche Aussageintention dieser Erzählung rekonstruiert werden. Faktisch hat sie einen blinden Unterwerfungshabitus unter Gott beziehungsweise unter das, was als göttlicher Wille proklamiert wurde gefördert, hat sie einen Maßstab für das, was Glaube genannt wird, in den Raum gestellt, der in sich sinnlos, ja der gegen alle moralischen Standards gerichtet ist, wie sie in dem großen, Vernunftautonomie fordernden moralischen System der Neuzeit, für die zumal der Name Immanuel Kant steht, zu finden sind. Nejat erinnert sich in dem Film, wie ihm sein Vater diese Geschichte erzählt hat, und er erinnert sich daran, was sein Vater ihm damals sagte: «Er sagte, er würde sich sogar Gott zum Feind machen, um mich zu schützen.» Diese Erinnerung hat eine geradezu kathartische Funktion, er fragt Susanne, ob er sie besuchen könne – und bricht auf, seinen Vater zu suchen, um sich mit ihm zu versöhnen.

In beiden Filmen, sowohl in GEGEN DIE WAND als auch AUF DER ANDEREN SEITE, ist Gott somit präsent, er ist präsent als der Nicht-Präsente beziehungsweise als der, der so, wie er präsent ist, nicht sein darf. Im Medium des abwesenden Gottes, des Gottes, der sterben lässt und Cahit haltlos werden lässt, und des Gottes, der Nejat – ohne seinen Vater zu beschönigen – doch auch erkennen lässt, was er diesem verdankt, wird nicht weniger erlernt, als das, was das große Wort Menschlichkeit meint.

Vorstellung von Menschlichkeit

Ist von Interkulturalität die Rede, so geht es zumeist um Gemeinsamkeiten und Unterschiede von Kulturen. Dies ist in der Praxis zweifelsohne wichtig, diese gibt es, wenn auch soziologisch zu fragen ist, ob nicht in liberal-säkularen Gesellschaftssystemen mit ihren transformierenden und pluralisierenden Dynamiken der Begriff der Interkulturalität nicht viel zu statische Assoziationen auslöst. Interessant an den Filmen von Akin ist, dass er zwar Themen wie kulturell ausgeprägte Rollenstereotype inszeniert, hier zum Nachdenken anregt, er aber auch noch auf einer anderen Ebene inszeniert: Was könnte, auf dem gemeinsamen Nährboden von Kultur und Religion, die Vorstellung von Menschlichkeit orientieren? Was könnte transkulturell verbindend sein?

Vielleicht bildet der Humus für eine solche Menschlichkeit ein Gottesbild, das gemeinsam abgelehnt wird. Darüber muss ja nicht gleich Gott für tot erklärt werden. Auch wenn dem, der als der Abwesende erfahren wird, dies droht. Gott ist nicht mehr selbstverständlich, aber: Im Medium seiner Idee entwickelt, kann sich die Idee von einem Menschsein entwickeln, in der Nachsichtigkeit gegenüber den Ambivalenzen des Lebens und das Verzeihen zu den größten Möglichkeiten gehört.

Marie-Therese Mäder

Eine deutsche Serie über die Anderen

TÜRKISCH FÜR ANFÄNGER von Bora Dağtekin

Meine zwölfjährige Tochter machte mich auf die Serie TÜRKISCH FÜR ANFÄNGER (Regie: Bora Dağtekin; Deutschland 2005–2008) aufmerksam. Da unsere Geschmäcker bezüglich des Fernsehkonsums sehr weit auseinander liegen, zeigte ich mich ihrer Aufforderung gegenüber eher zurückhaltend. Nach dem Sichten der drei Staffeln mit 52 Folgen muss ich als Religions- und Filmwissenschaftlerin jedoch zugeben, dass es sich bei TÜRKISCH FÜR ANFÄNGER um eine Entdeckung handelt. Die Spannungen zwischen den einzelnen Figuren, ihren kulturellen und religiösen Zugehörigkeiten – im Speziellen in Bezug auf die muslimischen Figuren – werfen Fragen der Wirkung bestimmter Repräsentationsformen und ihrer gesellschaftspolitischen Bedeutung auf. Es stellt sich die Frage: Welches Bild des Islam wird mit welchen Mitteln, von wem und für wen konstruiert?

Gegenstand der Untersuchung sind also nicht Filmbilder, die im Fernsehen gezeigt werden, sondern das Fernsehformat der Comedyserie steht im Zentrum. Meine These lautet, dass TÜRKISCH FÜR ANFÄNGER ein Bild des Islam aus einer beurteilenden Perspektive konstruiert. Die Kommentare der Protagonistin Lena Schneider über die anderen Figuren werden mittels einer spezifischen Ästhetik, die ihren Blick favorisiert, visuell ins Zentrum gesetzt. Die Serie generiert dadurch einen einseitigen Diskurs über den Islam.

Religiöse Themenfelder in TÜRKISCH FÜR ANFÄNGER

TÜRKISCH FÜR ANFÄNGER handelt vom Alltag einer Patchworkfamilie in Berlin. Das mittelalte Paar Doris Schneider und Metin Öztürk hat je zwei Kinder aus früheren Beziehungen. In der ersten Folge teilen die beiden Elternteile ihren Kindern an einem gemeinsamen Abendessen mit, dass sie zusammenziehen werden. Die Serie wird aus der Sicht von Lena, der Tochter Doris Schneiders, erzählt. Sie ist zu Beginn der ersten Staffel 16 Jahre alt. Neben den zentralen alltäglichen Konflikten der Familie spielen auch die Probleme der Adoleszenten eine wichtige Rolle. Das Konfliktpotenzial zwischen Metins Tochter Jağmur, deren um zwei Jahre älterer Bruder Cem und der

1 Das Familienporträt aus dem Vorspann deutet die Anlage der einzelnen Figuren an: Jağmur trägt ein Kopftuch und hält die Hand ihres Vaters Metin Öztürk. Lena in der letzten Reihe zeigt den Stinkefinger. V.l.n.r.: Doris Schneider, Jağmur Öztürk, Metin Öztürk, Lena Schneider, Nils Schneider, Cem Öztürk.

gleichaltrigen Lena ist besonders groß, da sie altersmäßig nahe beieinander liegen. Die Serie thematisiert neben Ausbildung, Schule, Sexualität, Freundschaft auch andere gesellschaftliche Themen wie die Berufstätigkeit der Mutter oder die Beziehung zwischen Metin und Doris.

Gerade zu Beginn der Serie, in der ersten und zweiten Staffel, spielt Religion eine zentrale Rolle, da Jağmur, die Tochter von Metin, eine gläubige Muslima ist, die sich gegenüber Lenas körperlicher und vestimentärer Freizügigkeit sowie ihrer sprachlichen Direktheit klar abgrenzt (Abb. 1). Die Spannung zwischen Jağmurs religiöser Praxis und dem wenig regulierten Leben der übrigen Familienangehörigen führt immer wieder zu konfliktgeladenen und gleichzeitig komischen Situationen.

Die Figurentabelle auf S. 128 erfasst die Personen, welche mehrmals vorkommen und hebt im Speziellen, falls vorhanden (*), deren religiöse Ausrichtung hervor.

Die Figuren können in drei Gruppen aufgeteilt werden: Die erste Gruppe umfasst die Patchwork-Familie von Mutter Doris Schneider mit Tochter Lena und Sohn Nils und dem Vater Metin Öztürk mit Sohn Cem und Tochter Jağmur. Aus der dritten und vierten Tabellenspalte ergibt sich eine zweite Gruppe, zusammengesetzt aus weiteren Familienmitgliedern und Nebenfiguren. Und schließlich werden als dritte Kategorie in der fünften und sechsten Spalte die Nebenfiguren und Freunde aufgeführt. Von den Hauptfiguren verfügen die beiden weiblichen Figuren Jağmur Öztürk als Muslima und Doris Schneider als New Age Anhängerin über eine gelebte religiöse Praxis. Die übrigen Hauptfiguren tangiert das religiöse Verhalten ihrer Familienmitglieder unterschiedlich. Metin beispielsweise, fügt sich seiner Tochter und praktiziert mit ihr den Ramadan, heiratet Doris jedoch nach einem schamanischen Ritual.

Religion wird vor allem auch durch die Nebenfiguren über mehrere Folgen hinweg thematisiert. Bei den Familienangehörigen sind dies Markus Lemke, der Ex-Mann von Doris und Vater von Lena und Nils. Er lebt als Schamane im Dschungel am Amazonas. Der Vater von Doris Schneider wird als Alt-Nazi und Katholik dargestellt und die Mutter von Metin Öztürk ist wie ihre Enkelin eine strenggläubige Muslimin, die sich jedoch

Hauptfiguren	Charakterisierung	Nebenfiguren Familie	Charakterisierung	Nebenfiguren Freunde	Charakterisierung
Doris Schneider*	40 Jahre. Psychoanalytikerin, New Age, kann nicht kochen, religiös-alternative Ausrichtung, durch die Familie zwangssozialisiert, grenzt sich vom traditionellen Frauenbild ab.	Dana Schneider	Schwester von Doris, Lehrerin von Lena und Cem, Gegenfigur zu Doris, traditionell, möchte einen Mann zum Heiraten.	Ulla Jarmuschke*	Evangelische Pastorentochter, Zwischenzeitliche Freundin von Cem.
Lena Schneider	16 Jahre, frech, kompliziert, streitet oft, tritt in alle Fettnäpfchen, loses Mundwerk, fühlt sich von ihren türkischen Stiefgeschwistern eingeengt, kritisiert Jaǧmurs muslimische Glaubenspraxis.	Markus Lemke*	Ex-Mann von Doris und Vater von Lena und Nils, Schamane «im Dschungel am Amazonas.»	Axel Mende	Freund von Lena und Patient von Doris Schneider, altklug, wenig Selbstvertrauen, unterwürfig, angepasst.
Nils Schneider	12 Jahre, Bruder von Lena, hochbegabt, zurückhaltend.	Opa Hans Hermann Schneider*	Vater von Doris, Überzeugter Altnazi und Katholik, gescheiterter Unternehmer, mittellos, steht aber nicht dazu.	Costa Papavassilou*	Der «Grieche», Freund von Cem und später von Jaǧmur, stottert und wirkt geistig minderbemittelt.
Metin Öztürk	Freund von Doris Schneider, Türke, nicht religiös, Polizist, unterwirft sich seiner Mutter.	Ümet Öztürk*	Türkin und gläubige Muslima, Mutter von Metin, resolut und streng muslimisch, betrügt aber, wo sie nur kann.	Esther Rosenstein*	Altersheimbewohnerin, hat KZ überlebt, Opa Hans Hermann Schneider verliebt sich in sie.
Cem Öztürk	16 Jahre, Türke, Macho, nicht religiös, schlecht in der Schule, faul, sexistisch.				
Jaǧmur Öztürk*	14 Jahre, streng gläubige Muslima, stereotypisierte Türkin, möchte heiraten und Kinder.				

Tabelle 1 Die mit einem * gekennzeichneten Figuren bringen religiöse Themen in die Handlung ein.

nicht immer an alle Vorschriften hält und ohne Hemmungen betrügt, wenn es zu ihrem Vorteil ist. Bei den zum engeren Kreis der Familie Schneider-Öztürk gehörenden Freunden fallen drei Figuren auf. Ulla Jarmuschke, eine evangelische Pfarrerstochter, ist die zwischenzeitliche Freundin von Cem. Der Grieche Costa Papavassilou wird nach einer schwierigen Anlaufzeit zum Langzeitfreund von Jağmur. Er fügt sich ihrer Religionszugehörigkeit und versucht, die muslimischen Gebote zu respektieren. Die Jüdin Esther Rosenstein hat das Konzentrationslager überlebt, begeht die jüdischen Feiertage und trifft im Altersheim auf Opa und Alt-Nazi Hans Hermann Schneider, der sich in sie verliebt.

Dieser kurze Überblick über die Figuren im Hinblick auf ihre religiöse Orientierung zeigt, dass das Spektrum religiöser Themenbereiche in der Dramaturgie mittels der Figuren über eine konstante Präsenz verfügt. Narrativ wird der Islam, das Christentum in seiner evangelikalen und katholischen Ausprägung, das Judentum und eine Form des Schamanismus als New-Age-Ausprägung bearbeitet. Doch wie im Titel mit Verweis auf das Türkische angedeutet wird, spielt der Islam eine zentrale Rolle: Die Hauptfigur Jağmur bringt diesen vor allem im Laufe der ersten und zweiten Staffel als Konfliktpotenzial und als Abgrenzungsstrategie ein.

Theoretische und methodische Grundlagen einer Fernseh- und Rezeptionsanalyse

Die Idee zu TÜRKISCH FÜR ANFÄNGER, eine ARD-Produktion aus den Jahren 2005–2008, stammt aus der Feder des deutsch-türkischen Regisseurs Bora Dağtekin, welcher auch die meisten Drehbücher verfasste. Die Wahl von nichtdeutschen Schauspielerinnen und Schauspielern oder solchen mit Migrationshintergrund kann meines Erachtens als Kalkül bewertet werden. Auf dem Hintergrund des im Jahre 2007 von der Bundesregierung Deutschlands initiierten Integrationsgipfels erscheint die Besetzung der Serie als Casting-Konzept.[1] Am Integrationsgipfel nahmen unter anderem auch Vertreter der öffentlich-rechtlichen Fernsehanstalten teil. Dabei wurden fiktionalen Unterhaltungsformaten im Fernsehen ein Integrationspotenzial zugeschrieben, das den Einsatz von ausländischen Schauspielerinnen und Mitarbeitern verlange. Es wurde gefordert, dass Protagonisten mit türkischem Hintergrund gefördert werden sollten, um eine angemessene, positive Darstellung von Minderheiten zu gewährleisten.[2]

---

1   Vgl. J. Domartius, Cultural Diversity Mainstreaming in TÜRKISCH FÜR ANFÄNGER und ALLE LIEBEN JIMMY, in: C. Böttcher, J. Kretzschmar und M. Schubert (Hg.), Heimat und Fremde, Selbst-, Fremd- und Leitbilder in Film und Fernsehen, München, 2009, 200 f.

2   In Deutschland lebten 2011 1,6 Millionen Türkinnen und Türken. Sie stellen somit mit 23 Prozent die mit Abstand größte Ausländergruppe in Deutschland dar. Vgl. Broschüre vom Bundesamt für Migration und Flüchtlinge, Das Bundesamt in Zahlen 2011, 106; http://www.bamf.de [wo nicht eigens belegt jeweils 4.4.2013].

Diese Forderung wurde bei TÜRKISCH FÜR ANFÄNGER zukunftsweisend umgesetzt, wie folgende tabellarische Aufstellung zeigt:

Ganze Familie Öztürk		
Metin, Vater	Adnan Maral	in der Türkei geboren
Cem, Sohn	Elyas M'Barek	Vater Tunesier, Mutter Deutsche
Jağmur, Tochter	Pegah Ferydoni	im Iran geboren
Ümet, Grossmutter	Lilay Huser (ehemals Erincin)	in der Türkei geboren
Freunde der Kinder		
Costa, Freund von Jagmur	Arnel Taci	stammt aus Bosnien-Herzegowina
Cheng, Freundin von Axel resp. Cem	Dung Tieu thi Phuong	asiatischer Hintergrund
Kathy, Freundin von Lena	Cristina do Rego	in Brasilien geboren

Somit kann den Produzenten der Serie unterstellt werden, dass sie ein Publikum ansprechen wollten, das über unterschiedliche kulturelle Hintergründe verfügt und sich in Figuren aus diversen nicht-deutschen Länder- und Kulturkontexten wiedererkennt. Dass die Serie auf ein kulturell durchmischtes Publikum zugeschnitten wurde und dieses Konzept erfolgreich umsetzte, bezeugen die Auszeichnungen, die ihr zugesprochen wurden. So erhielt TÜRKISCH FÜR ANFÄNGER 2006 unter anderem den Deutschen Fernsehpreis für die beste Serie, 2007 folgte der Adolf-Grimme-Preis in der Kategorie «Unterhaltung». Interessant im Zusammenhang mit der Thematik von Ausländerintegration in deutschen Unterhaltungsmedien ist der Deutsche «Civis – Europas Medienpreis für Integration» in der Kategorie Unterhaltung, den die Serie gewann. Civis bezeichnet sich als «Medienstiftung für Integration und kulturelle Vielfalt»[3] und wird von den Landesrundfunkanstalten der ARD und der Freudenberg-Stiftung getragen. Auch international wurde TÜRKISCH FÜR ANFÄNGER wahrgenommen und 2009 für einen Emmy in der Kategorie «Bestes Comedyprogramm» nominiert. Ähnlich wie in der Fernsehlandschaft und den damit verbundenen Auszeichnungen wurde die Serie in den wenigen wissenschaftlichen Arbeiten, auf die ich im Folgenden kurz eingehen möchte, vor allem auf deren Integrationspotenzial hin gelesen.

Bis anhin wurde TÜRKISCH FÜR ANFÄNGER nur begrenzt innerhalb eines akademischen Rahmens diskutiert. Die Serie war aber umso mehr Thema in den Feuilletons deutscher Zeitungen wie *Die Welt*[4], *Frankfurter Allgemeine Zeitung*[5], *Die Zeit*, *Der Ta-*

---

3   http://www.civismedia.eu.

4   Vgl. T.P. Gangloff, Kulturkampf als Sitcom: TÜRKISCH FÜR ANFÄNGER, in: *Die Welt*, 14. März 2006; http://www.welt.de/print-welt/article203713/Kulturkampf-als-Sitcom-Tuerkisch-fuer-Anfaenger.html.

5   Vgl. P. Schader, Öztürks von nebenan, in: *Frankfurter Allgemeine Zeitung*, 14. März 2006; http://www.faz.net/aktuell/feuilleton/kino/fernsehen-oeztuerks-von-nebenan-1305137.html.

gesspiegel[6], *Süddeutsche Zeitung*[7], wo sie durchs Band lobend erwähnt wurde.[8] Eine umfangreiche Studie jedoch stammt aus der Feder von Studierenden der Universität Erfurt, die im Rahmen einer Bachelorarbeit eine quantitative Inhaltsanalyse durchführten.[9] Die Forschenden fragten danach, ob die Serie tatsächlich zur Integrationsförderung beitrage und sich positiv auf das Zusammenleben von Deutschen und türkischen Migranten auswirke.

Dazu nahmen 84 Probandinnen, Deutsche und Türkinnen, an der Studie teil, die vor und nach der Sichtung der Serie nach ihrer Wahrnehmung und ihrem Verständnis von Stereotypen befragt wurden. Die abgefragten Stereotypen (437) wurden mittels einer Inhaltsanalyse erhoben. Die Forschenden stellen fest, dass die Serie bei den deutschen Probandinnen besser ankommt als bei den türkischen. Jedoch konnte auch bei türkischen Befragten eine mediale Auseinandersetzung mit Stereotypen beobachtet werden. Die Studie kommt zum Schluss, dass die Serie nur teilweise zur Integration der Türken in Deutschland beitrage und formuliert deshalb Vorschläge zu einer verbesserten Berichterstattung, darunter der Verzicht auf Klischeedarstellungen und die Zeichnung von realistischen Charakteren, die nicht über ihre Herkunft, sondern über ihre Position in der Gesellschaft definiert werden sollten. Die Situierung im Unterhaltungssektor wurde zwar begrüßt, das Comedyformat jedoch als zu wenig informativ kritisiert. Zuletzt wurden langfristige Formate zum Thema Integration gefordert, die Migrantinnen und Migranten in den Produktionsprozess einbeziehen.

Auch Jana Domartius widmet sich der Frage der Integrationsleistung von TÜRKISCH FÜR ANFÄNGER. Sie vertritt gemäß des genannten Integrationsgipfels die Meinung, dass die Medien eine wichtige Rolle zum deutsch-türkischen Verhältnis spielen. So «sehen sich die Fernsehanstalten gezwungen, geeignete Formate zu schaffen, welche tendenziell Beiträge für eine bessere Integration leisten».[10] Für Domartius ist dies mit TÜRKISCH FÜR ANFÄNGER gelungen, obwohl auch sie auf die stereotypisierten Darstellungen im Bereich Religion hinweist.

Bei beiden Studien fällt auf, dass der Religionsbegriff vor allem im Zusammenhang von muslimischen Akteuren auftaucht und deren Darstellungsweise als zu stereotyp

---

6   Vgl. B. Hedden, Multikulti, unverdrossen, in: *Der Tagesspiegel*, 17. Juni 2005; http://www.tagesspiegel.de/medien/
     multikulti-unverdrossen/617068.html; E. Lottman, Gib mir Regeln!, in: *Der Tagesspiegel*, 14. März 2006; http://www.
     tagesspiegel.de/medien/gib-mir-regeln/693052.html.

7   Vgl. C. Keil, Lachen Lernen, in: *Süddeutsche Zeitung*, 14. März 2006, 19.

8   2012 kam die Kinoversion von TÜRKISCH FÜR ANFÄNGER in die Kinos, die jedoch vorwiegend negativ rezensiert wurde.
     Trotzdem wurde der Film zum erfolgreichsten deutschen Film im Jahr 2012.

9   Vgl. J. Henning, F. Spitzner und S. Reich, TÜRKISCH FÜR ANFÄNGER. Ein raffiniertes Spiel mit ethnischen Klischees?, in:
     Medien und Diversity, Dossier, Heinrich Böll Stiftung, Migration, Integration, Diversity, Berlin 2007, 19.
     http://www.migration-boell.de/downloads/diversity/Dossier_Medien_und_Diversity.pdf [1.6.2012].

10   Domartius, *Cultural Diversity Mainstreaming*, München 2009, 202.

kritisiert wird. Die Untersuchungen greifen jedoch auf einen Religionsbegriff zurück, der selber als stereotyp und oberflächlich bezeichnet werden kann. Zum Beispiel wird das Kopftuchtragen als wichtiger Aspekt des Islam und Ausdruck von traditioneller Einstellung genannt, was in verschiedenen religionspolitischen Untersuchungen kritisch hinterfragt wird.[11] Außerdem berücksichtigen die beiden Untersuchungen vor allem die vorfilmische Ebene der Sprache, Gestik und Kleidung sowie dramaturgische und narrative Aspekte der Serie und gehen nicht auf die filmische Umsetzung ein. Ich werde deshalb im Folgenden zuerst auf die Bedeutung von Religion mit Fokus auf den Religionsbegriff in TÜRKISCH FÜR ANFÄNGER eingehen und danach den theoretisch-methodischen Rahmen in Bezug auf die filmische Umsetzung skizzieren.

Religiöse Symbole in Zugehörigkeits- und Abgrenzungsprozessen

Ich möchte in meinem weiteren Vorgehen den funktionalen Religionsbegriff von Clifford Geertz[12] ausweiten: Eine Religion ist ein Symbolsystem, *das sowohl dem Subjekt als auch ganzen Gruppen Orientierung schafft.*[13] Religiöse Zugehörigkeit dient dabei dazu, sich sowohl gegenüber der Umwelt abzugrenzen als auch in *Zugehörigkeitsprozessen* zu bestimmten Gruppen eine Verbindung zu den anderen Individuen derselben Gruppe zu schaffen. In den Sozialwissenschaften werden diese beiden Prozesse, Abgrenzung und Zugehörigkeit, als *Grenzziehungsprozesse* oder als *boundary making processes* bezeichnet. Nach dem Schweizer Ethnologen Andreas Wimmer[14] verfügt der Begriff der *Grenze* sowohl über eine kategorische als auch eine soziale beziehungsweise verhaltensbezogene Dimension: «Der Erstere bezieht sich auf soziale Klassifizierung und kollektive Deutungen, letztere auf alltägliche Beziehungsnetzwerke, die aus einzelnen Akten der Annäherung und Distanzierung entstehen.

11   Vgl. N. Göle, Islam in Sicht, in: L. Ammann und N. Göle (Hg.), *Die sichtbare Präsenz des Islam und die Grenzen der Öffentlichkeit*, Bielefeld 2004, 11–44; *Islam in Public: New Visibilities and New Imaginaries*, Public Culture 1/14 (2002) 173–190: «A sign must be interpreted using ‹thick description› and placed in historical perspective if we want to reveal all of its possible meanings. We need to go back and forth between micro- and macrolevels of analysis, between empirical practices and theoretical readings. If we introduce anthropological unfamiliarity, historical distance, and the shift between micro- and macrolevels, the ordinary will appear less ordinary, and the still picture will turn into a movie» (179).

12   Vgl. C. J. Geertz, Religion als kulturelles System, in: *Dichte Beschreibung. Beiträge zum Verstehen kultureller Systeme*, 9. Auflage, Frankfurt [1987] 2006, 44–95; Religion as a Cultural System, in: *The Interpretation of Cultures. Selected Essays*, New York 1973, 87–125.

13   Die viel zitierte Religionsdefinition von Geertz (*Religion als kulturelles System*, 48) lautet: «[...] eine Religion ist (1) ein Symbolsystem, das darauf zielt, (2) starke, umfassende und dauerhafte Stimmungen und Motivationen in den Menschen zu schaffen, (3) indem es Vorstellungen einer allgemeinen Seinsordnung formuliert und (4) diese Vorstellungen mit einer solchen Aura von Faktizität umgibt, dass (5) die Stimmungen und Motivationen völlig der Wirklichkeit zu entsprechen scheinen.»

14   Vgl. A. Wimmer, Ethnische Grenzziehungen. Eine prozessorientierte Mehrebenentheorie, in: M. Müller und D. Zifonun, *Ethnowissen, Soziologische Beiträge zu ethnischer Differenzierung und Migration*, Nr. 1, Wiesbaden 2010, 99–152.

Auf der individuellen Ebene handelt es sich um kognitive Schemata, die sowohl zur Unterteilung der sozialen Welt in soziale Gruppen ‹wir› versus ‹die anderen› dienen als auch Handlungsanweisungen bereitstellen, wie wir uns gegenüber den klassifizierten Individuen unter bestimmten Umständen verhalten sollten. Nur wenn diese beiden Dimensionen übereinstimmen, also wenn Ansichten mit Handlungen korrespondieren, spreche ich von einer sozialen Grenze.»[15]

Religiöse Symbole werden in Grenzziehungsprozessen oftmals verwendet, um ein Zusammengehörigkeitsgefühl zu vermitteln und sich von Aussenstehenden als anders abzugrenzen. Diese Praxis findet innerhalb ethnischer Grenzziehungen statt, die in einem engen Verhältnis zu Kategorisierungen wie Rasse und Nation stehen; diskutiert wird dieser Zusammenhang von Wimmer wie folgt: «Entsprechend der von Max Weber [...] begründeten Tradition definiere ich Ethnizität als subjektiv empfundenes Gefühl der Zugehörigkeit, basierend auf dem Glauben an eine gemeinsame Kultur und Abstammung. Dieser Glaube bezieht sich auf *kulturelle Praktiken*, die als ‹typisch› für die Gemeinschaft empfunden werden, auf die *Mythen einer gemeinsamen historischen Herkunft*, oder auf phänotypische Ähnlichkeiten [...]. Man erhält weitere Unterkategorien, die als Belege für den Glauben an eine gemeinsame Kultur und Abstammung verwendet werden. Die wichtigsten sind *ethno-religiöse*, ethno-regionale und ethno-linguistische Kategorien und Gruppen.[16]

Die kulturellen Praktiken beziehen sich auch auf religiöse Praktiken, die *den Mythos einer gemeinsamen historischen Herkunft* aufrechterhalten oder bei den Akteuren ein Gefühl der Zugehörigkeit generieren und verfestigen möchten. Die Verwendung des Begriffs Mythos kann in diesem Zusammenhang auf Roland Barthes zurückgeführt werden, der den Mythos als *entpolitisierte Aussage* versteht.[17] «Die Dinge verlieren in ihm die Erinnerung an ihre Herstellung.»[18] In diesem Sinne können religiöse Praktiken – aus emischer wie etischer Perspektive – von Akteurinnen und Akteuren als Ausdruck von Zugehörigkeit verstanden werden, die sie als wahrhaftig und immer schon da gewesen empfinden. Was sich um eine historisch-politische Konstruktion handelt, wird durch die religiöse Praxis «vernaturalisiert». Das Kopftuch oder eine Burka kann in dieser Perspektive dann als Sinnbild von Religiosität verstanden werden – anstatt als performativer Akt, sich einer Gruppe anzuschließen, sich abzugrenzen oder auch als Mittel der Macht zur Unterdrückung und Kontrolle.[19] Die Repräsentation von Religion im Fernsehen stellt also deshalb eine Herausforderung für die Zuschauer dar,

---

15   Ebd., 104.
16   Ebd., 102 f.
17   Vgl. R. Barthes, *Mythen des Alltags*, Frankfurt 1964, 130–133.
18   Ebd., 130.
19   Vgl. J. Fiske, *Introduction to Communication Studies*, London 2011, 82–85.

da sie mit Geschichten und Werten verbunden wird, die als Fakten in Erscheinung treten. Religiöse Symbole werden gemäß obiger Religionsdefinition jedoch genau wie alle anderen Bestandteile einer Narration inszeniert. Auf der audio-visuellen Ebene werden religiöse Symbole verwendet, um verschiedene Welten voneinander abzugrenzen, Grenzen aufzuzeigen und Zugehörigkeiten zu kommunizieren. Mittels Kleidung, Gegenständen, Verhalten und Regulationen des Essverhaltens und der Sexualität ordnen sich Personen einer bestimmten Gruppierung zu.

Zusätzlich verfügen religiöse Symbole über einen hohen Kodierungsgrad[20], der mit anderen gesellschaftlichen Kodierungsebenen in Beziehung steht. Dadurch entsteht ein kulturelles Spannungsfeld, in dem Wertungen, Haltungen und Verhalten aufeinandertreffen. Die Frage nach der Kodierung religiöser Symbole, wie sie in der Inszenierung von TÜRKISCH FÜR ANFÄNGER auftreten und in Szene gesetzt werden, möchte ich im Folgenden anhand einer theoretischen Auseinandersetzung mit Kodierungsprozessen im Fernsehen behandeln.

Kodierungsprozesse

Die Kodierung ist im Fernsehen durch die Spezifität des Mediums geprägt und verfügt gemäß Stuart Hall auf der Kommunikationsebene über zwei Seiten: Die *Produktion*, in der Symbole kodiert (*encoding*) werden, und die *Rezeption*, in der die Symbole entschlüsselt werden (*decoding*).[21] Die *decoding*-Seite lässt verschiedene Lesarten zu: eine dominante Lesart, die die Bilder so liest, wie sie die Produktionsseite vorgesehen hat, ohne diese zu hinterfragen. Die zweite Möglichkeit besteht darin, die gezeigten Bilder kritisch zu hinterfragen. Die dritte Rezeptionsweise lehnt die von den Produzenten vorgeschlagene Lesart ab und zeigt auf, wie das Dargestellte ein Wertesystem konstruiert und einer Ideologie unterliegt.[22] Basierend auf Halls Überlegungen entwickelt John Fiske in «Television Culture» ein Modell, welches aufzeigt, wie Deutungsprozesse im Fernsehen ablaufen.[23] Fernsehen ist ein kultureller Vertreter (*cultural agent*) und Bedeutungsträger (*circulator of meanings*),

---

20 Vgl. ebd. «Codes are, in fact, the systems into which signs are organized. These systems are governed by rules which are consented to by all members oft he community using that code. This means that the study of codes frequently emphasizes the *social* dimension of communication» (61).

21 Vgl. S. Hall, Encoding/Decoding, in: Documentary Research, Band 1, London 2006, 233–246.

22 Stuart Hall führte zusammen mit Paul du Gay seine Überlegungen weiter und entwickelte den *Circuit of Culture*. Dieser besteht aus den fünf Elementen *representation, identity, production, consumption und regulation*. Der Kreis zeigt auf, dass jedes kulturelle Produkt auf den Ebenen von Produktion, Repräsentation, Konsumation und Regulation von ästhetischen, sozio-kulturellen, ökonomischen und politischen Bedingungen beeinflusst ist. Vgl. S. Hall, *Representation, Cultural Representations and Signifying Practices*, London 1997, 1–75.

23 Vgl. J. Fiske, *Television Culture*, London 1987, 1–20 sowie 149–178.

geprägt von einer Ideologie, die mittels bestimmter Kodes eine dominante Lesart vorschlägt, die jedoch unterlaufen werden kann und auch soll. Kodes sind demnach Regeln unterworfen und stellen eine Verbindung zwischen Produzenten, Texten und Zuschauern dar.

Fiske unterscheidet drei Kodierungsebenen des Fernsehens: Die *Realität*, die *Repräsentation* und die *Ideologie*.[24] Unter *Realität* versteht Fiske die sozialen Kodes, die in den vorfilmischen Bereich gehören: «Realism is (not) a matter (of any fidelity to an empirical reality, but) of the discursive conventions by which and for which a sense of reality is constructed.»[25] Fiske geht davon aus, dass schon die vorfilmische Realität kodiert ist. Dazu gehören unter anderem äußere Erscheinungen wie Kleider, Make-Up, Umgebung, Verhalten, Sprache, Gestik, Ausdruck, Tonalität. Diese sozialen Kodes werden auf der Ebene der *Repräsentation* mit filmischen Mitteln wie Kamera, Licht, Schnitt, Montage, Musik und Ton, die ebenfalls als Kodes zu verstehen sind, inszeniert. Die Technik erzeugt mittels konventionalisierten Repräsentationskodes Erzählungen, Konflikte, Charaktere, Handlungen, Dialoge, Settings, die einer *Ideologie* unterworfen sind. Eine Ideologie bringt die verschiedenen Kodes in kohärente Formen, die sozial akzeptiert sind, wie zum Beispiel Individualismus, Patriarchat, soziale Unterschiede, Materialismus, Kapitalismus. Die drei Ebenen werden in eine kohärente, scheinbar natürliche Einheit zusammengeführt, obwohl sie eine ideologische Konstruktion darstellen. Ziel einer Analyse gemäß Fiske soll deshalb sein, diese Konstruktion aufzudecken.

Fiskes Unterscheidung zwischen sozialen Kodes und medienspezifischen Fernsehkodes ist hilfreich, um zu untersuchen, auf welcher Ebene eine Aussage gemacht wird und wie die Aussage vom Fernsehen vermittelt wird. Der Begriff der Ideologie möchte ich auf der Ebene der Wertevermittlung, wie sie Roger Odin in seinem Aufsatz «Kunst und Ästhetik bei Film und Fernsehen»[26] vorschlägt, diskutieren. In der Wertevermittlung lässt sich festhalten, wie bestimmte Zuschreibungen ästhetisch produziert werden und wie soziale Kodes mit fernsehästhetischen Kodes verknüpft sind.

Da mein Fokus sich mit TÜRKISCH FÜR ANFÄNGER auf Religion richtet, unterscheide ich die religiös-sozialen von den medienspezifischen Kodes und korreliere sie anschließend, um die dadurch generierten Aussagen und Werturteile zu erfassen. Zur Analyse einer Folge von TÜRKISCH FÜR ANFÄNGER und um diese anhand des Modells

---

24   Vgl. ebd., 4 f.

25   Ebd., 21.

26   R. Odin, Kunst und Ästhetik bei Film und Fernsehen, *Montage A/V. Zeitschrift für Theorie und Geschichte audiovisueller Kommunikation*, 11/2 (2002) 42–57.

von Fiske zu diskutieren, werde ich mich methodisch auf Jeremy G. Butler stützen[27], der sich wiederum an David Bordwell[28] anlehnt. Er kontextualisiert seinen formalistischen Ansatz wie folgt: «My fundamental approach to television-style history is that style exists at the intersection of economics, technology, industry, standards, and semiotic/aesthetic codes; and each of these elements has their own, semi-independent history.»[29]

Die, in der sich Axel in meine Familie verliebt (1. Staffel; Folge 5)

Die Folge kann bezüglich des dramatischen Bogens und der Ästhetik der Oberfläche als repräsentativ für die gesamte Serie bezeichnet werden. Ich habe eine Folge ausgewählt, in der der Islam speziell im Vordergrund steht, was, wie schon erwähnt, vor allem in der ersten und zweiten Staffel der Fall ist. In der zweiten Staffel werden zusätzlich mit der Figur Ulla Jarmuschkes das Christentum in seiner evangelikalen Ausprägung thematisiert sowie der Schamanismus als New-Age-Phänomen, das mit der Rückkehr von Lenas Vater Markus Lemke aus dem Dschungel in die Handlung eingebaut wird. Die Figur Jağmur Öztürk als bekennende Muslimin ist jedoch konstant, da sie in allen drei Staffeln vorkommt und ihre Entwicklung durchgehend gezeigt wird. In der fünften Folge praktiziert Jağmur den Ramadan, den muslimischen Fastenmonat, bei dem praktizierende Muslime unter anderem zwischen Sonnenaufgang und Untergang nichts essen und während des ganzen Monats auf Sexualität verzichten. Jağmur bringt ihren Vater dazu, mitzumachen; schafft es aber selber nicht, diesen Verzicht durchzuziehen. Sie stibitzt von einem Stück Kuchen, das in einer Einkaufstüte auf dem Küchentisch steht. Ihr Vater bringt sie außerdem dazu, Fleischbuletten zu essen, die, wie sich erst später herausstellt, Schweinefleisch enthalten. Daraufhin bestraft sich Jağmur selbst, indem sie sich zusätzliche Hausarbeit, wie beispielsweise die Toilette zu putzen, auferlegt. Diese Geschichte zieht sich noch durch Folge sechs und sieben weiter. Jağmur wird schließlich aus ihrer Gebetsgruppe ausgestoßen, nachdem Doris Schweinefleisch zu einem Buffet in der Koranschule mitgebracht hat.

Zuerst möchte ich auf die *sozial-religiösen und kulturellen* Kodes eingehen, die auf der vorfilmischen Ebene verortet werden können. Auffällig ist die Kleidung von Jağmur, die sich damit von den anderen Figuren stark unterscheidet. Sie trägt immer ein Kopftuch und einen Mantel in unauffälligen Farben. Die Kleidung von Lena und den übrigen Protagonisten dagegen ist eher unspezifisch und modern. Der Ramadan als religiöse Festivität stellt einen weiteren vorfilmischen Kode dar. Er reguliert unter

---

27   Vgl. J. G. Butler, *Television Style*, New York 2009.
28   Vgl. D. Bordwell und K. Thompson, *Film Art. An Introduction*, 8. Auflage, New York [1979] 2008.
29   J. G. Butler, *Television Style*, 19.

anderem Essverhalten und Sexualität und stellt ein wichtiges Ereignis im muslimischen Jahr dar. Auch Körperkodes spielen auf der vorfilmischen Ebene eine wichtige Rolle, wie folgende Szene veranschaulicht: Auf der Suche nach Axel schaut Lena aus Versehen ins Badezimmer hinein, als Cem auf der Toilette sitzt. Cem meint, er hoffe, sie habe nichts gesehen. Darauf antwortet Lena: «Ich dachte immer, Türken sind beschnitten.» Dieser soziale Kode wird den Zuschauern über den Kommentar mitgeteilt. Es ist eine Information über Cems türkisch-muslimischen Hintergrund, der entweder besagt, dass Cem nicht beschnitten ist oder, was eher wahrscheinlich ist, dass Lena dies nicht sehen konnte. Ein weiterer zentraler kultureller Kode zeigt sich in der Sprache. Vater Metin Öztürk spricht türkisch, wenn er sehr emotional, ehrlich oder persönlich sein möchte. Zum Beispiel spricht er in der Küchenszene, in der er Jağmur während des Ramadans zum Köfte essen verführt, türkisch.

Auf der zweiten Ebene, die ich *stilistische Repräsentation* nenne, befinden sich die Kodes, die erst in der audiovisuellen Bearbeitung durch das Medium entstehen. Auf dieser Ebene fällt auf, dass Lena in der Inszenierung als Protagonistin der Serie viel Raum zugesprochen wird. Sie hat die Möglichkeit über ihre Videokamera sowie mit Off-Kommentaren das Geschehen zu beurteilen und dem Publikum ihre Gedanken mitzuteilen (Abb. 2).

2 Lena spricht in ihre Kamera, mit der sie ein Videotagebuch führt. Ihre Kommentare sind jeweils an ihre Freundin Kathy und später an ihren Vater gerichtet (00:00:03)

Lena zeichnet ein Videotagebuch auf, das sie an Kathy richtet. Diese Figur tritt dann in der dritten Staffel (Folgen 37–52) auch auf. Später richtet Lena ihr Tagebuch an ihren Vater im Urwald, nachdem er wieder abgereist ist. Mit der Einspielung dieser Bilder in schlechter Videoqualität und mit technischen Angaben wie Ausschnittbegrenzung und Zeitangabe im Videobild versehen, wendet sich Lena direkt an die Zuschauer (Abb. 3).

Viele Folgen starten damit, dass Lena in die Videokamera spricht und mitteilt, was sie gerade bewegt. Diese Möglichkeit der Mitteilung bekommen die anderen Figuren nicht. Lenas Blick in die Kamera stellt ein zentrales stilistisches

3 Die von Lena aufgenommenen Bilder mit ihrer Kamera werden eingeblendet. Lena spricht nun direkt zu den Fernsehzuschauern (00:00:05)

Mittel in allen Folgen dar. Ihr wird damit ein privilegierter Platz in der Inszenierung eingeräumt, der es ihr erlaubt, den Zuschauern Kommentare über die anderen Figuren mitzuteilen. Lena äußert sich zum Beispiel auf diese Weise kritisch gegenüber Jağmurs religiöser Lebensweise, was umgekehrt weniger der Fall ist.

4 Der mit Süßigkeiten gedeckte Tisch wird als eine durch den Ramadan hervorgebrachte Hunger-Phantasie von Jağmur inszeniert (00:06:02).

5 Die Kamera befindet sich in der Tüte und fokussiert Jağmurs Gesichtsausdruck, der direkt in die Kamera gerichtet ist (00:09:17).

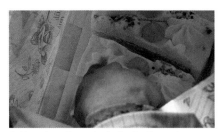

6 Kurz darauf verschwindet ihr Finger in der Tüte und kostet von der Sahnetorte. Die Detailaufnahme zeigt Jağmurs subjektiven Blick (00:09:18).

Auf der Montageebene werden die beiden Eltern-Kind Beziehungen als Gegenpole parallelisiert, indem die Beziehung zwischen Lena und ihrer Mutter Doris derjenigen Jağmurs und ihrem Vater Metin gegenübergestellt wird. Lena will sich von ihrer Mutter, die sich immer wieder in ihre Belange einmischt, abgrenzen. Jağmur dagegen möchte sich mit ihrem Vater verbünden und nimmt dessen Freundin als Konkurrenz wahr. Sie ist auf der Suche nach Gemeinsamkeiten und möchte mit ihrem Vater ihren Glauben und ihre religiöse Praxis teilen.

Jağmurs Kampf gegen den Hunger während des Ramadans wird in Folge 5 mehrfach hervorgehoben. Zweimal werden deshalb subjektive Bilder von ihr eingeblendet. Bei der einen Einstellung handelt es sich um eine Phantasie (Abb. 4), als sie sich den gedeckten Esstisch vorstellt. Die Einstellung wird mit folkloristischer türkischer Musik untermalt.

Bei der anderen Einstellung wird gezeigt, wie Jağmur in eine Tüte schaut, in der sich zwei Sahnetortenstücke befinden. Sie holt mit ihrem Finger aus (Abb. 5), um in der nächsten Sekunde davon zu kosten (Abb. 6).

Die drei Einstellungen heben hervor, wie beschwerlich der Ramadan ist, sodass er für einen normalen Menschen als unmöglich durchzuhalten erscheint. Diese Szenen formulieren auf der Repräsentationsebene einen stilistischen Kommentar über den Ramadan.

In einer weiteren filmischen Kodierung werden die Außenaufnahmen von Örtlichkeiten wie das Haus der Familie Schneider Öztürk, Schule und Polizeistation gezeigt, die in ihrer Funktion von Zwischenkapiteln eine neue Sequenz ankündigen. Bezeichnenderweise werden die Außenaufnahmen der Polizeistation wie auch Aufnahmen von Berlin allgemein immer mit türkisch gefärbter Musik unterlegt und dadurch türkisch kodiert.

Auch wenn in dieser diskutierten Folge und vielen weiteren die islamische Lebensweise im Speziellen gezeigt wird, kommen, wie schon erwähnt, auch andere religiöse Lebensformen und Gruppierungen zur Darstellung. Zwei religiöse Felder werden von den Figuren Doris Schneider und deren Ex-Mann Markus Lemke (2. Staffel; 27–36) in die Narration hineingetragen. Beide praktizieren New-Age-Rituale; Markus tritt sogar als Schamane auf und begleitet die Hochzeitszeremonie von Metin und Doris. Außerdem wird auch das Christentum in seiner evangelikalen Ausprägung in der Serie thematisiert. Ulla, eine junge Frau und Pastorentochter, tritt in der zweiten Staffel ab Folge 27–36 auf und versucht bei Familie Schneider-Öztürk zu missionieren.

Nicht nur der Islam wird in TÜRKISCH FÜR ANFÄNGER also humoristisch karikiert, sondern, stilistisch und dramaturgisch auf ganz ähnliche Weise, auch andere religiöse Gruppierungen. Auffällig ist, dass die evangelikale Ulla und der alternativ religiöse Markus zeitgleich auftreten. Sie bilden vor allem in der Montage ein Gegenpaar, da sie szenisch nur wenige Überschneidungen aufweisen. Thematisch besetzen sie aber ähnliche Felder, da sie sich beide in eindeutigen Wertesystemen befinden, die ihr Leben grundlegend strukturieren. Sie sind Teil einer bestimmten Gemeinschaft, die sich klar von den anderen abgrenzt. Die Hauptfigur Lena findet zu beiden erst einmal einen Zugang, wobei sie mit ihrem Vater nach seiner Rückreise in den Dschungel immer noch Kontakt hat. Ulla jedoch verschwindet aus der Serie. Auch bei diesen beiden Vertretern religiöser Gruppierungen werden die vorfilmischen Kodes in der stilistischen Umsetzung humorvoll und überspitzt dargestellt sowie mit Werten versehen.

Eine Fernseh-Serie als Diskurs über Religion

Religion wird in TÜRKISCH FÜR ANFÄNGER als ein kulturelles Feld neben anderen Themen wie Bildung, Politik und Ausländerproblematik dargestellt. Alle kulturellen Bereiche werden humorvoll und klischiert überzeichnet. In der Kodierung wird kein Unterschied zwischen den verschiedenen Bereichen gemacht. Die *Verwendung von Stereotypen* führt jedoch zu einer Verdichtung der Ereignisse und erlaubt es einer Fernsehserie, eindeutige Informationen zu vermitteln: «Von den Zuschauern werden solche stereotypisierten Verhaltensweisen entweder als ‹Klischee› erkannt und ab-gelehnt, häufig aber auch – als angebliche ‹Wahrheiten› – des menschlichen Lebens verstanden – als Norm akzeptiert. Gerade weil sie in den Unterhaltungsprodukten [...] nicht unbedingt im Leben – immer wieder verwendet werden, erscheinen sie als allgemeingültig, damit als invariabel. Verformungen stehen damit in einem ähnlichen Ambivalenzverhältnis wie die anderen bereits angeführten Bestandteile der Serie.»[30]

Die Verwendung von Stereotypen im Fernsehen kann also gemäß Hickethier von den Zuschauern als Norm (an-)erkannt werden. Wird diese Aussage auf TÜRKISCH FÜR ANFÄNGER übertragen, erhalten die Stereotypisierungen der Figuren auf der gesellschaftlich-politischen Ebene eine dramatische Dimension. Es bleibt zu hoffen, dass unterschiedliche Lesarten die klischierte Darstellung der Figuren kritisch unter-suchen und ein nach Hall *oppositional reading*[31] ausführen; dies sollte aufgeklärten Zuschauern zuzumuten sein.

Am vielseitigsten und damit am wenigsten stereotypisiert wird die Protagonistin Lena dargestellt. Sie kann als Teenager beschrieben werden, der ihrer Entwicklungs-phase entsprechend mit üblichen Ablösungskonflikten zu kämpfen hat und über kei-ne besondere Affinität zu Religion verfügt. Mit ihrer ironischen und teilweise sogar zynischen Haltung gegenüber allem, was mit Religion zu tun hat, schafft sie eine Dis-tanz zwischen sich und dem *Anderen,* ihr fremden. Die stilistische Umsetzung der Se-rie, die Off-Kommentare und die Kameraführung mit vielen subjektiven Einstellungen privilegieren Lenas Sichtweise.

Der Islam stellt eine thematische und ästhetische Konstante in der Serie dar. In Bereichen wie Gender, Politik, Sexualität, Bildung vertritt die muslimisch kodierte Fi-gur Jağmur eine vordergründig eindeutige Position. Indem sie sich aber nicht immer an ihre selbst auferlegten Regulierungen hält, werden diese, dem Genre der Come-dyserie entsprechend, humorvoll infrage gestellt. Gerade religiöse Traditionen und Strömungen stellen einen Fundus von Symbolen und Ritualen dar, die stark kodiert sind und eine eindeutige Lesart intendieren. Sie definieren und markieren die Figuren sozial und individuell. Diese durch regulierte Abläufe geschaffene Eindeutigkeit er-möglicht ein Spiel mit den Regeln, indem diese überschritten oder verändert werden und dadurch komische Situationen generiert werden.

Die religiös verankerten Klischees existieren zwar real in der Gesellschaft, sind jedoch nicht per se «wahr». Es handelt sich um eine stark konventionalisierte und kodierte Form, wie über jemanden oder etwas gesprochen wird. Ich gehe diesbe-

---

30 K. Hickethier, *Die Fernsehserie und das Serielle des Fernsehens, Kultur – Medien – Kommunikation. Beiträge zur Kultur-wissenschaft* 2, Lüneburg 1991.

31 Vgl. S. Hall, *Encoding/Decoding*, 245.

züglich mit Knut Hickethier einig: «Serien als Gesprächsanlass am Arbeitsplatz, beim Einkaufen und an anderen gesellschaftlichen Orten stimulieren gerade dann, wenn sie gesellschaftlich kontrovers beurteiltes Verhalten zeigen, die erneute Auseinandersetzung mit den konfliktreichen Verhaltensweisen.»[32]

Trotzdem scheint mir die Perspektive auf Religion zu einseitig. Die religiösen Symbole in Türkisch für Anfänger werden von der Fernsehästhetik instrumentalisiert. Die Wahrnehmung von Religion geschieht oftmals über die Hauptfigur Lena, die als deutsches, modernes Mädchen einen distanzierten, beobachtenden und beurteilenden Blick auf Religion wirft. Sich in die Position der religiös Praktizierenden zu versetzen, ihnen in der Narration Raum zu geben und nicht nur einen *Blick auf* diese Figuren zu werfen, würde die Sichtweise zwar erweitern, die ästhetische Umsetzung dieser Familiengeschichte gleichzeitig jedoch verkomplizieren. Vielleicht ist dies im Rahmen einer Vorabend-Serie auch nicht umzusetzen. Religion als fremd, unlogisch, oberflächlich und anachronistisch darzustellen, wirkt, nebst dem komödiantischen Potenzial, das sich dadurch bietet, als eine allzu vereinfachte Repräsentationsweise. Immerhin kann man es mit den Vertreterinnen und Vertretern aus verschiedenen religiösen Gruppierungen recht lustig haben! Ernst genommen werden religiöse Phänomene in der Comedy-Schublade aber nicht und, ob dadurch relevante Informationen über die türkische Kultur und den Islam verbreitet werden, stelle ich infrage. Wir erfahren einzig etwas über den Blick, der aus deutscher Fernsehperspektive auf die Anderen, den Islam, geworfen wird.

---

32   K. Hickethier, *Die Fernsehserie und das Serielle des Fernsehens*, 53.

Türkisches Filmschaffen

Bernd Buder

Religion auf Expansionskurs

Anti-Globalismus, islamischer Fundamentalismus und Nationalismus im aktuellen türkischen Mainstream-Kino

Das türkische Kino befindet sich in ständiger Bewegung. Das Autorenkino reüssiert auf internationalen Festivals noch immer, wenn auch mit sinkendem Anteil, und in den nationalen Box-Office-Charts standen im ersten Quartal 2012 an neun von zwölf Wochenenden einheimische Produktionen an der Spitze. Mit dem aufwändigen 17-Millionen-Dollar-Schlachtenspektakel FETIH 1453 (EROBERUNG 1453; Regie: Faruk Aksoy; Türkei 2012; Abb. 1) hat die türkische Filmwirtschaft endgültig zur Hochpreis-Technologie vergleichbarer Hollywood-Actionfilme aufgeschlossen. Inhaltlich werden im Mainstream-Sektor alle Zielgruppen bedient. Seitdem die Führung in der Türkei 2003 damit begann, heiße Eisen wie das sogenannte Kurdenproblem von der geheimpolizeilichen auf die politische Agenda zu setzen, werden bisherige Tabu-Themen auch im türkischen Kino offener diskutiert. Damit kommen Standpunkte, die noch bis Ende des 20. Jahrhunderts nur verklausuliert in den Nischen des Autorenkinos geäußert wurden, ins kommerzielle Kino. Inzwischen liefern sich Humanisten, Kemalisten und die religiöse Rechte einen Kulturkampf auf den Leinwänden der Multiplexe.

Zielten bis vor wenigen Jahren fast ausschließlich Komödien wie die Hau-Drauf-Blödeleien eines RECEP IVEDIK (Regie: Togan Gökbakar; Türkei 2008), aber auch subtilere Unterhaltung à la EYYVAH EYVAH (Regie: Hakan Algül; Türkei 2010) und Hollywood-Persiflagen wie die «Saw»-Satire DESTERE (Regie: Ahmet T. Uygun und Gürcan Yurt; Türkei 2008) auf den Nerv des türkischen Publikums, so kokettiert die Filmwirtschaft heutzutage mehr und mehr mit politischen Botschaften. Oder die politischen Botschafter mit dem Medium des kommerziellen Kinos. Populärste Beispiele sind die «Tal der Wölfe»-Filme, die 2006 (TAL DER WÖLFE: IRAK, Regie: Serdar Akar und Sadullah Sentürk) und 2011 (TAL DER WÖLFE: PALÄSTINA, Regie: Zübeyr Sasmaz) nationalistische Gefühle über den Umweg antisemitischer und rassistischer Ressentiments bedienten. Wie viele türkische Blockbuster entstanden sie auf Grundlage einer erfolgreichen Fernsehserie, deren Star-Potenziale hinreichend Möglichkeiten zur Zweitverwertung im großen Kino bietet.

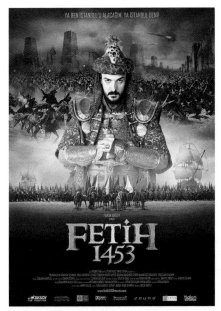

1-2 Türkisches Kino zwischen Mainstream-Schlachtenspektakel und feministischer schwarzer Komödie: FETIH 1453 (Regie: Faruk Aksoy; Türkei 2012) und KURTULUŞ SON DURAK (Regie: Yusuf Pirhasan; Türkei 2012)

Solch ein Amphibienprojekt ist auch BEHZAT Ç (Regie: Serdar Akar; Türkei 2011). Der Polizeikrimi um einen anti-heldischen Kriminalkommissar, der stets am Rand der Dienstvorschriften, aber auch des persönlichen Abgrunds agiert, ist ein Kino-Sequel der gleichnamigen populären Fernsehserie. Der Spielfilm beleuchtet kritisch, aber mit den filmischen Mitteln der Trivialkultur, ein zentrales gesellschaftliches Trauma aus den neunziger Jahren, als geheime Sondereinheiten der Polizei, heute bekannt als «Tiefer Staat», vermeintliche «Staatsfeinde» – Linke, Liberale und kurdische Aktivisten – willkürlich aus dem Weg räumten. Regisseur Serdar Akar war auch für TAL DER WÖLFE: IRAK verantwortlich – vielleicht ein Zeichen, dass das Action-Genre für viele Filmschaffende in der Türkei, unabhängig von politischer Haltung und filmischer Aussage, vor allem handwerkliche und ökonomische Anreize bietet. Zu den zahlreichen Autoren der TAL DER WÖLFE-Fernsehserie gehört auch Emre Özdür, der zeitweilig ein Filmprojekt vorbereitet hat, in dem er sich kritisch mit dem kriegerischen Engagement des türkischen Militärs im Osten seines Landes auseinandersetzt – co-finanziert von der staatlichen Filmförderung.

Wie durchlässig die politischen Fronten in der türkischen Filmlandschaft inzwischen sind, zeigen auch KURTULUS SON DURAK (Regie: Yusuf Pirhasan; Türkei 2012), eine feministische schwarze Komödie aus der Feder eines männlichen Autoren/ Regie-Gespanns (Abb. 2), oder die Publikumserfolge der wuchtigen Polit-Thriller von Mahsun Kirmizigül, der sich, reichlich plakativ, mit der Situation der Kurden in der Türkei (GÜNESI GÖRDÜM – ICH SAH DIE SONNE; Türkei 2009) und islamistischem Terror (FÜNF MINARETTE IN NEW YORK; Türkei/USA 2010) beschäftigt. Mit letzterem Film ist Kirmizigül, der seine hoch budgetierten Werke selbst produziert, einer der wenigen Filmemacher aus der kommerziellen Filmindustrie, der sich kritisch mit religiösen Eiferern auseinandersetzt. Das türkische Kommerzkino ist geprägt vom politischen Dualismus zwischen nationalistischen Filmemachern, deren Helden in Filmen wie der Erste-Weltkrieg-Mythenmalerei 120 (Regie: Özhan Eren und Murat Saraçoglu; Türkei 2008) oder dem antiglobalistischen VALI – DER GOUVERNEUR (Regie: Çagatay Tosun; Türkei 2009) türkische Flagge zeigen, und humanistischen Linken, die unter anderem mit GÜZ SANCISI – HERBSTLEID (Regie: Tomris Giritlioglu; Türkei 2009) oder SAKLI HAYATLAR (Regie: Haluk Ünal; Türkei 2011) auf historische und gegenwärtige politische und gesellschaftliche Sollbruchstellen der Türkei aufmerksam machen; in diesem Spannungsfeld war Religion bislang kein Sujet. Im Gegensatz zum Arthouse-Kino, wo man das Thema in Filmen wie TAKVA – GOTTESFURCHT (Regie: Özer Kiziltan; Deutschland/Türkei 2006) untersuchte. In Kommerzfilmen tauchte Religiöses in letzter Zeit bestenfalls als folkloristische Farbe am Rand der Plots auf. Zwischen Häme und Exotismus boten christliche Kirchen und Klöster die Kulissen für weihrauchgeschmückten Hokuspokus falscher Pfarrer (KUTSAL DAMACANA, Regie: Kamil Aydin und Ahmet Yilmaz; Türkei 2007) oder blödelnder Schatzsucher (SÜMELA'S CODE: TEMEL, Regie: Adem Kiliç; Türkei 2011).

Freund-Feind-Kolportagen

Wenn der Islam ins Spiel kommt, wird es spürbar ernster. Dabei lassen sich in den letzten Jahren zunehmend Erweckungsszenarien ausmachen: 2010 ließ Hüdaverdi Yavuz in seinem Film ESCHREFPASCHALILAR (Regie: Hüdaverdi Yavuz; Türkei 2010) einen mutigen Hodscha gegen eine Allianz aus Kleinverbrechern, Mafiosi und korrupten Politikern in einem heruntergekommenen Istanbuler Stadtteil antreten. Der schwankartig inszenierte Film nahm den offensichtlichen Rückzug des Staats aus dem öffentlichen Sektor zum Anlass, für ein Amalgam aus religiöser und weltlicher Autorität osmanischer Prägung als Alternative zum kemalistischen Staatsmodell einzutreten. Große Vorbildfunktion genießt im türkischen Mainstream-Kino der Islam-Gelehrte Said Nursi, der, glaubt man Mehmet Tanrisevers 164-minütigen Historienfilm HÜR ADAM (Türkei 2011), bereits zu Lebzeiten (1876-1960) zur Legende wurde. Seinen «Heiligen Krieg» führt Nursi, der als gottesfürchtige Lichtgestalt inszeniert wird, mit Bescheidenheit und Gewaltfreiheit. Ähnlich wie in dem Animationsspielfilm GOTTES TREUER DIENER (Regie: Esin Orhan; Türkei 2011) wird die asketische religiöse Praxis des Verfassers der «Risale-i Nur» gegen die bösartigen Schikanen des kemalistischen Staatsapparats ausgespielt. Nursi kam auf höchste Anweisung mehrmals ins Gefängnis, wurde verbannt und Opfer eines Mordanschlags. Beide Filme konstruieren aus der tragischen und unmenschlichen Verfolgung einen Leidensmythos, der unter Zuhilfenahme eindeutiger Gut-Böse-Schemata und Märtyrer-Sujets eine Heiligenfigur konstruiert. Wie Mustafâ Kemâl Pasa brandmarkte auch Nursi zu Beginn des 20. Jahrhunderts die gesellschaftliche Rückständigkeit des Osmanischen Reiches, bot sich aber als religiöse Alternative zum laizistischen Modernisierungskurs Atatürks an. Was in beiden Filmen nachhallt: Sowohl HÜR ADAM als auch GOTTES TREUER DIENER entwickeln sich von der spirituellen Reflexion schnell zu Freund-Feind-Kolportagen, die mit personenkultartigen Motiven für den religiös geprägten Staat werben.[1]

Solch eine Gesellschaft ist auch das Ziel von Afsin, der jugendlichen Identifikationsfigur von BENDEYAR (Regie: Joel Leang; Türkei 2011; Abb. 3). Mit dem von einem jungen US-Regisseur inszenierten Film gelang Produzent Hasim Akten, bis dahin vor allem als Macher des Mevlana-Sufi-Muslim-Theaters bekannt, ein islamischer Actionfilm, der machistischen Überlegenheitspathos mit religiösem Fundamentalismus verbindet. Afsin, testosterongesteuerter Ex-Agent des türkischen Geheimdienstes, kommt auf Betreiben des CIA ins Gefängnis, wo er durch die Bekanntschaft mit einem Sufi-Prediger zum gottesfürchtigen Helden im Kampf gegen westliche Ungläubige ausgebildet wird. Der grobmaschige Thriller setzt auf antiwestliche Ressentiments, lässt seine Identifikationsfigur gegen zwei sadistische US-Agenten in Lederkluft und deren whisky-trinkenden Führungsstab antreten. BENDEYAR arbeitet mit den Schwarz-Weiß-Mustern gängiger US-Actionfilme, nur eben unter umgekehrten Vorzeichen. In der Identifikationsfigur des Afsin verbindet er die menschelnde Religiosität eines HÜR ADAM mit der Durchschlagskraft der TAL DER WÖLFE-Helden. Hasim Aktens Helden trinken Buttermilch statt Cola, verzichten auf Alkohol, Tabak und Sex und treten gegen das «Rom unseres Zeitalters», an, gegen eine falsche «Freiheit, die ihr eigenes Ego versklavt». Ein fundamentalistisch geprägter Kampf gegen die Vorherrschaft der «Ungläubigen», mit dem Afsin schlussendlich auch die Vertreter des säkularen türkischen Staatsapparats von der US-amerikanischen Dominanz befreit.

Der antiwestliche, mit antiglobalistischen Motiven unterfütterte Schulterschluss verbindet die Filme der religiösen mit denen der nationalistischen Rechten. Produkti-

---

1   Vergleiche zu beiden Filmen den Beitrag von Tobias Specker in diesem Band.

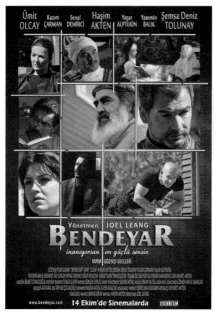 

3–4 Islamische Actionfilme: BENDEYAR (Regie: Joel Leang; Türkei, 2011) und ANADOLU KARTELLARI (Regie: Ömer Vargi; Türkei 2011)

onen wie VALI – DER GOUVERNEUR, dessen Identifikationsfigur den korrupten Machenschaften eines US-Konzerns in der Türkei auf die Schliche kommt, oder die türkische «Top Gun»-Variante ANADOLU KARTELLARI (Regie: Ömer Vargi; Türkei 2011; Abb. 4), in der eine türkische Kunstflugstaffel bei einer NATO-Übung klare Lufthoheit über die US Air Force gewinnt, sind nicht zuletzt filmische Manifestationen des gestiegenen Selbstbewusstseins der Türkei als regionale Vormacht in Nahost. Ein Staat, der, von der mitunter demütigenden Bevormundung durch atlantische und europäische Partner befreit, ökonomisch und machtpolitisch auf festen Füßen zu stehen gekommen ist, aber noch immer auf der Suche nach den inneren Werten ist, um die ethnisch heterogene Gesellschaft zu einigen.

Mit festem Glauben...

Der augenblickliche Zugewinn an nationaler Souveränität geht im religiös geprägten Kino freilich mit dem Ausverkauf säkularer Werte einher. Auffallend oft werden die Vertreter des kemalistischen Staatsapparats als Vasallen westlicher Konzerne und

Mächte gezeichnet, auf den eigenen Vorteil bedacht statt auf den des nationalen Kollektivs. Im Umkehrschluss fischt man im Fundus staatspolitischer Ideen des Mittelalters. Faruk Aksoys Historienepos FETIH 1453, das sich lange auf den ersten Rängen der nationalen Box-Office-Listen hielt, sucht das Heil der türkischen Nation in der Größe und Macht des religiös verfassten Osmanischen Reiches. Das mit Massenästhetik und zeitgenössischen Fantasy-Filmen entlehnten Mittelalter-Sujets inszenierte, 167 Minuten lange Schlachtengemälde über die Eroberung des damals christlichen Konstantinopel durch osmanische Truppen verbindet Action mit Märtyrer-Motiven und arbeitet den rechten Glauben als Fundament für den nationalen Kampf heraus. Nach einer Reihe von Niederlagen tritt der befehlshabende Sultan Mehmet II. vor der entscheidenden Schlacht seinem Imam gegenüber, der ihm versichert: «Große Eroberungen gelingen mit festem Glauben.»

Die Eroberung des heutigen Istanbul begründete die fast 500-jährige Vorherrschaft der Türken in Kleinasien und dem Balkan-Raum. Womit FETIH 1453 zum Monument nationaler Stärke avanciert: ein nationalistisches Fantasy-Spektakel, an dessen Ende Gott, Soldaten und Staat eins werden. In einer Schlüsselszene gehen tausende Soldaten mit dem synchronisierten Schlachtruf «Allah Akbar» gegen den Gegner vor – eine suggestive Massenszene, die den Triumph des göttlichen Willens und das Aufgehen des Einzelnen im nationalen Heer symbolisiert, wie die Arbeiten des filmkünstlerischen Vorbilds solcher Szenen, der bei den Nazis beliebten Regisseurin Leni Riefenstahl. Symbolträchtig brachte der Stuttgarter Filmverleih Kinostar (der eher von biederen Schwaben als eifernden Nationalisten geführt wird) den Film zum Jahrestag der Eroberung des heutigen Istanbul am 29. Mai noch einmal in die Kinos. Gut, dass, was noch einmal in Erinnerung gerufen sei, die religiös-nationalistische Sparte nur eine von mehreren ganz unterschiedlichen politischen Strömungen im zeitgenössischen türkischen Kino ist, die sich, wie der weltliche KURTULUS SON DURAK, ebenfalls im Kinostar-Katalog wiederfinden.

Aus dem Okzident kam inzwischen eine christliche Retourkutsche: Das italienisch-polnische Gemeinschaftsprojekt (man beachte das Datum) SEPTEMBER ELEVEN 1683 (Regie: Renzo Martinelli; Italien/Polen 2012) beschreibt die entscheidende Schlacht um Wien, bei der das Osmanische Reich mithilfe polnischer Truppen zurückgeschlagen wurde. Im Katalog des Polnischen Filminstituts gibt man sich martialisch-missionarisch: «Der Anführer [des Osmanischen Heeres], Großwesir Kara Mustafa, führt sie in eine Schlacht, mit der er das Christentum zerschlagen und Kontrolle über ganz Europa gewinnen wollte. Doch Europas Nationen haben sich vereint, um ihre Identität zu verteidigen und ihrem Unterdrücker mutig entgegenzutreten.» Es scheint, als ob der Religions- und Kulturkampf künftig nicht nur auf türkischen, sondern gesamteuropäischen Leinwänden ausgefochten wird.

Tobias Specker

Freier Mensch und Gottes Knecht – Glaube angesichts der Ent- und Retraditionalisierung

Eine Analyse der türkischen Filme HÜR ADAM und GOTTES TREUER DIENER – ALLAH'IN SADIK KULU. BARLA

Bei Mehmet Tanrısevers HÜR ADAM (Der freie Mensch; Türkei 2011; Abb. 1) und Esin Orhans GOTTES TREUER DIENER (Original: ALLAH'IN SADIK KULU. BARLA; Türkei 2011; Abb. 2) handelt es sich um zwei Produktionen, die wohl kaum die ästhetische Qualität des türkischen Kinos der letzten zehn Jahre widerspiegeln und deren erster zumindest sehr

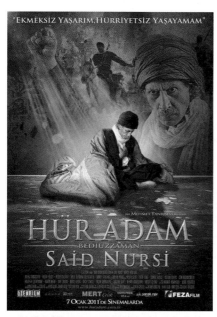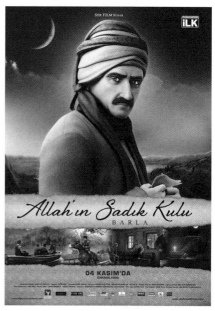

1–2 Filmplakate zu HÜR ADAM (Regie: Mehmet Tanrısever; Türkei 2011) und ALLAH'IN SADIK KULU. BARLA (Regie: Esin Orhan; Türkei 2011)

unverhohlen auf den Massengeschmack zielt. Beide Filme haben jedoch nicht nur mit Said Nursi die wahrscheinlich einflussreichste Person des türkischen Islam nach der Gründung der türkischen Republik zum Gegenstand (erstmals im türkischen Kino!), auf die sich zudem verschiedene, auch in Deutschland tätige Bewegungen berufen[1], sondern sie zielen mittel- und unmittelbar auch auf die Darstellung und Vermittlung des islamischen Glaubens. Beide Filme liefen zudem in der Türkei längere Zeit im Kino und fanden auch in deutschen Kinos (vor allem kommerzieller Ketten, die auf türkischstämmiges Publikum zielen) eine breite Resonanz. Zumindest der erste Filme hat auch eine kritische Diskussion in den türkischen Printmedien hervorgerufen.

Horizonte und Hintergründe

«Weißes Kino» – eine erste Einordnung

Wenn die kritischen oder lobenden Besprechungen die beiden Filme in die Geschichte des türkischen Kinos einordnen, fällt unvermeidlich der Begriff des *Beyaz Sinema*, des «Weißen Kinos».[2] Nun klingt dieser Begriff eher nach angestrengter artistischer Selbstreflexion als nach islamischen Heldenepen ohne allzu viel intellektuellen Ballast. Doch das «Weiß» des *Beyaz Sinema* spielt nicht auf eine leere Leinwand, sondern auf moralische Reinheit und nationale Integrität an – blieb doch die Leinwand im türkischen Kino keinesfalls stets weiß, sondern war zeitweise (vor allem in den siebziger Jahren) ausgesprochen gefüllt mit erotischen Kassenschlagern oder marxistisch grundierter Sozialkritik. Denn das türkische Kino blickt auf eine breite Vielfalt und eine reiche Geschichte zurück, die bis an das Ende des Osmanischen Reiches zurückreicht und der weder der Militärputsch der achtziger Jahre noch die verspätete Einführung des Fernsehens ein definitives Ende bereiten konnte: Vielmehr blühte gerade zur Jahrtausendwende die türkische Kinoproduktion wieder auf. Das «Weiße Kino» stellt in dieser Geschichte einen bestimmten Strang der türkischen Filmproduktion dar.

Nicolas Monceau identifiziert in der Geschichte des türkischen Kinos drei Formen, in denen die eigene Identität gesucht wird: Durch die Orientierung am Westen, durch

---

1 Zu nennen sind die Nurculuk-Bewegung und die sogenannte «Gülen-Bewegung», deren verschiedene Vereine sich von dem in Amerika lebenden türkischen Prediger Fethullah Gülen inspirieren lassen. Es ist interessant, dass der Regisseur selbst den Film Gülen widmen wollte, Gülen dies aber abgelehnt habe. Vgl. M. Tokay, Türkiye'nin en iyi dönem filmini çektim, Interview mit M. Tanrısever, in: *Zaman*, 2. Januar 2011, und die Rezension von A. Güler, Hür Adam ve «Müslümanların sineması», in: *Millî Gazete*, 2. Januar 2011. Vgl. hierzu auch ausführlich die heftige Diskussion zwischen dem Regisseur und dem Journalisten N. Gönültaş; http://www.on5yirmi5.com/genc/haber.29991/huradam-tartismasinin-oncesi-ve-sonrasi.html (19.8.2012). Vgl. auch G. Aytulu, Hür Adam. Kahraman mı kâbus mu? in: *Radikal*, 9. Januar 2011.

2 Ausführlicher in der Rezension in der «Millî Gazete». Der Regisseur spricht im Interview von einem «muhafazakâr (religiös-konservativen) film».

die Betonung nationaler beziehungsweise religiöser Eigenständigkeit und durch die positive Wertschätzung der Multikulturalität.[3] Auch wenn diese drei Orientierungen zwar grundsätzlich chronologisch aufeinanderfolgen und verschiedene Etappen vom Zweiten Weltkrieg bis in die Gegenwart anzeigen, reagieren sie zugleich aufeinander und überlappen sich. Am dichtesten wird die Debatte um die Identität des türkischen Kinos in den sechziger und siebziger Jahren im Klima einer allgemeinen politischen Öffnung nach der durchaus autokratisch durchgesetzten Westorientierung der frühen Republikzeit geführt. In dieser hochpolitisierten Zeit stehen sich die beiden Lager der Verwestlichung und der Betonung nationaler Eigenart gegenüber – exemplarisch repräsentiert in den Zeitungen und intellektuellen Zirkeln rund um *Yeni Sinema* (Neues Kino) und *Ulusal Sinema* (Nationales Kino). Beide Seiten argumentieren unter dem frühen Vorzeichen der sozialkritisch gesellschaftlich engagierten Kunst und mit dem Pathos der Freiheit und Unabhängigkeit der Türkei. Während das in den Ideen der Republikzeit verankerte *Yeni Sinema* die türkische Identität in der Übernahme westlicher Filmtheorien und Methoden artikuliert sah und sich stark vom italienischen Neorealismus und französischem Existenzialismus inspirieren ließ, speiste sich die Verve des *Ulusal Sinema* aus einer (nicht unwestlichen!) Mischung aus marxistischer Gesellschaftsanalyse, Entdeckung anatolischer Kultur und Betonung der Unvergleichlichkeit «westlicher» und «östlicher» Gesellschaftssysteme. Dementsprechend stehen im «Nationalen Kino» weder die existenzielle Verlorenheit des Einzelnen noch die – mitunter propagandistisch – verfilmten kemalistischen Ideen des gesellschaftlichen Fortschritts und der Kritik der religiösen Tradition im Vordergrund, sondern die mit den Umwälzungen der Republikzeit einhergehenden sozialen Probleme (zum Beispiel der Verstädterung) und des Verlustes der religiösen und kulturellen Wurzeln. Das *Ulusal Sinema* widmet sich zudem auch geschichtlichen Themen aus der Zeit vor der Republik, bezieht die türkisch-arabische Mythologie mit ein und thematisiert politische Tabus (Laizität, Kopftuch).

Umgekehrt ist nicht zu vergessen, dass das westlich orientierte türkische Kino nicht nur hochwertige Leinwandkunst hervorbrachte, sondern mit den *Yeşilçam*-Studios auch einen ausgesprochen erfolgreichen Flügel der populären Massenproduktion begründete, vergleichbar mit der Filmindustrie des ägyptischen und indischen Kinos.

Nach dem Einschnitt des dritten Militärputsches Anfang der achtziger Jahre ist mit der ökonomischen Öffnung des türkischen Marktes, der globalen Neuorientierung nach dem Zusammenbruch der Sowjetunion und speziell der Hoffnung, vollständig

---

3   Vgl. die Zusammenfassung in: N. Monceau, Cinéma et identité nationale, in: Semih Vaner (Hg.), *La Turquie*, Paris 2005, 627–641, 641.

in die Europäische Union aufgenommen zu werden, eine Wiederbelebung des türkischen Kinos zu beobachten. Am produktivsten ist das sogenannte «kulturelle Mosaik», der von Monceau identifizierte dritte, neueste Strang im türkischen Kino. Die Identität wird hier insbesondere in der geschichtlich verankerten kulturellen Vielfalt gesucht und mit einer kritischen Perspektive auf die Idee kultureller und ethnischer Homogenität verbunden. Dieses Kino rückt die Geschichte der Minderheiten in den Mittelpunkt. Hierbei ist neben wenigen Versuchen, die griechische und armenische Perspektive zu thematisieren, die Auseinandersetzung um das Verhältnis der kurdischen zur türkischen Identität prägend. Gerade vonseiten junger Autoren werden die alten Dichotomien von Militär und Guerilla und die monolithischen ethnischen Zugehörigkeiten kritisch hinterfragt. So lebt in diesem Kino der sozialkritische Impuls fort, der die Debatte um die nationale Identität prägte. Zugleich hat sich durch die Teilnahme an internationalen Wettbewerben die auf sich selbst konzentrierte Perspektive geöffnet.

Stärker in der Tradition des *Ulusal Sinema* steht schließlich das besonders in den neunziger Jahren erfolgreiche *Beyaz Sinema*. Schon das *Ulusal Sinema* hatte einen eher türkisch-national-säkular orientierten und (im sogenannten *Millî Sinema*) einen eher national-religiös orientierten Flügel. Das *Beyaz Sinema* wird nun vor allem als Transformation und Fortsetzung des zweiten verstanden. Mit ihm verbinden sich die Namen von Yücel Çakmaklı bis hin zu Ismail Güneş, von dem international bekannten Semih Kaplanoğlu bis hin zu dem Regisseur von HÜR ADAM, Mehmet Tanrısever. Der Vater des Begriffs *Beyaz Sinema*, Abdurrahman Şen, sagt in einem ausführlichen Interview, dass es die gesamte, auch religiös verfasste existenzielle Wirklichkeit des Menschen mit den bewusst eingesetzten Mitteln der Ästhetik thematisiere. Grundlegende Fragen der Existenz, eine oft kontemplative Bildsprache und erzählende Elemente aus der religiös-mythologischen Vorstellungswelt prägen zumindest die späteren Produktionen. Dies stimmt mit der Charakterisierung Monceaus überein, der dem *Beyaz Sinema* eine starke Introspektion und bewusste Zuwendung zur Ästhetik zuschreibt, die es von den klar politischen Filmen des *Ulusal Sinema* unterscheidet. Die gegenwärtige Kraft dieses Kinos, in dem Şen noch keine eigne Schule sieht, ist umstritten: Serdar Doğran, der sicherlich nicht unter die Sympathisanten zu zählen ist, kritisiert die politische Sprachlosigkeit; und Nicolas Monceau spricht vom Verschwinden[4]. Demgegenüber verweist Şen auf den Erfolg der sich am Massengeschmack orientierenden Produktionen des *Beyaz Sinema*, für die nicht zuletzt die Filme Mehmet Tanrısevers stehen. Diese Spielart des *Beyaz Sinema* steht mithin weniger für eine ästhetisch aufgeladene Introspektion und eine subtile Thematisie-

---

4   Ebd., 636.

rung islamisch-kultureller Werte als für die Verbindung des kommerziellen Arrangements der Yeşilçam-Zeit mit der inhaltlichen Orientierung ihrer großen Opponenten aus dem national-religiösen Lager. Ob diese Verbindung tragfähig ist oder ihre große Zeit schon hinter sich hat und zunehmend in die beliebten Serien des türkischen Fernsehens auswandert, ist ebenfalls umstritten – die Besucherzahlen von HÜR ADAM, ALLAH'IN SADIK KULU und FETIH 1453 (EROBERUNG 1453; Regie: Faruk Aksoy; Türkei 2012) jedenfalls warnen vor einer zu schnell aufgegebenen Todesanzeige.

Zur Person Said Nursis

Die deutende Perspektive auf Muḥammad Said Okur kommt bereits in dem Namen zum Ausdruck, unter dem er bekannt ist: Bediüzzaman Said Nursi. Während «Nursi» die *nisba*, die Angabe des Herkunftsortes, ist (in die natürlich fromm interpretierende Seelen bereits das «Licht» [*nūr*] hineinhören können[5]), deutet der *laqab*, der Ehrentitel, «Bediüzzaman» den Sohn des kleinen ostanatolischen Dorfes als den «Unvergleichlichen seiner Zeit». Dies stellt ihn in die Tradition der *muğaddidūn* – der jedem Jahrhundert versprochenen Erneuerer – und hebt ihn somit zugleich aus der Reihe anderer Reformbestrebungen des beginnenden 20. Jahrhunderts heraus.[6] Verbreitet ist die Einteilung seines Lebens in drei Phasen – in die des «Alten Said», des «Neuen Said» und des «Dritten Said», die dem hagiographischen Anliegen entspringt, klare Übergänge und Zuordnungen zu treffen.[7]

Der «Alte Said» (1876–1925)

Die Phase des «Alten Said» umfasst weit mehr als die Hälfte des im kurdischen Osten des Osmanischen Reiches geborenen Gelehrten: seine Jugend, deren unruhige Wanderschaft durch verschiedene Institutionen der klassischen islamischen Bildung die Differenz zwischen den Anforderungen der in die Türkei eindringenden Moderne und der traditionellen Gelehrsamkeit widerspiegelt, sein Engagement für die Bildung Ostanatoliens, das sich in dem großen Plan einer Universität niederschlägt, die moderne Wissenschaft und theologisch-religiöse Bildung versöhnen soll[8], seine unermüdliche literarische Tätigkeit in Zeitungskommentaren und bereits medial inszenierten und rezipierten Reden (Istanbul, Saloniki, Damaskus), seine Fähigkeit zur Mobilisierung,

---

5   C. Şahinöz, *Die Nurculuk Bewegung. Entstehung, Organisation und Vernetzung*, Istanbul 2009, 62.

6   C. Turner und H. Horkuc, *Said Nursi (Makers of Islamic Civilization, Oxford Centre for Islamic Studies)* London/New York 2009, 2. Anders Şahinöz, *Die Nurculuk Bewegung*, 65. Im «Said» schließlich sehen nur wenige eine genealogische Verbindung zur Prophetenfamilie. Vgl. Turner und Horkuc, *Said Nursi*, 4.

7   Vgl. Şahinöz, *Die Nurculuk Bewegung*, 61f.; vgl. insgesamt: Turner und Horkuc, *Said Nursi*, 5–44, und Şahinöz, *Die Nurculuk Bewegung*, 61–94.

8   In nicht allzu bescheidener Analogie zur Kairoer Al-Azhār «Medresetüz Zehra» genannt.

die ihn zuerst in den Ersten Weltkrieg und dann in eine zweijährige russische Kriegsgefangenschaft führt, und schließlich seine ernüchternde Begegnung mit den Protagonisten der entstehenden türkischen Republik. Die Phase endet mit der (ersten) Exilierung nach Barla in Westanatolien, die auf eine – sei es Verwechslung, sei es unterstellte Nähe – zu einem aufständischen kurdischen Şeyh Sait zurückgeht. Charakteristische Elemente der Phase des «Alten Said» sind mithin: Der aus Elementen panislamischer Vorstellungen und des Konstitutionalismus gespeiste politische Aktivismus im Kontext der jungtürkischen Bewegung, die Bemühung um neue institutionelle Formen der Bildung, die intellektuelle Auseinandersetzung mit den Naturwissenschaften und der sogenannt westlichen Philosophie (genannt werden stets Sigmund Freud, Charles Darwin und Karl Marx) sowie die zunehmende Konzentration auf die Wirksamkeit des Wortes.

Der «Neue Said» (1926–1948)

Wenn der älter werdende umherziehende Aktivist paradoxerweise den jungen Said als «alt» hinter sich lässt, so zeigt dies bereits das vielfältige Spektrum der «Erneuerung» an, das Said Nursis Leben in seiner zweiten Phase bestimmt. Zuerst ist es die innere Erneuerung des in die Einsamkeit gezwungenen, isolierten Said Nursis. Die individuelle Erneuerung wird jedoch vor dem Hintergrund der zum Teil gewaltsam verordneten und als kultureller Bruch empfundenen äußeren Erneuerung der jungen türkischen Republik durchlebt. Deswegen will Nursi diesen kulturrevolutionären Maßnahmen schließlich eine andere Form der Erneuerung entgegenstellen – eine, die der inneren Reform des Glaubenslebens entspringt. Äußerlich ist die Phase durch drei abgelegene Orte des innertürkischen Exils (Barla, Kastamonu und Emirdağ) sowie durch drei der Bekanntheit Said Nursis eher förderliche Prozesse (Isparta, Denizli, Afyon) mit begleitendem Gefängnisaufenthalt gekennzeichnet, die Said Nursi liebevoll als *Medrese-i Yusufiye* (in Anspielung auf die koranische [und biblische] Josefsfigur als «Lehrhaus des Josef») bezeichnete. Charakterisiert ist der «Neue Said» durch die Distanz zum politischen Engagement und zur institutionellen Erneuerung. An die Stelle des Aktivismus tritt die Konzentration auf die Erneuerung des Glaubens und die innere Reform des Individuums, die sich auch in neuen literarischen Formen äußert: Nicht mehr situative und mobilisierende Gelegenheitsschriften, sondern das große zusammenhängende Werk des «Risale-i Nur» prägen nun das intellektuelle Schaffen Said Nursis. Auch wenn das Werk weiterhin durch literarische Formen der gesprochenen Rede gekennzeichnet und zudem der reformistischen Tradition von Korankommentaren (wie dem ägyptischen Tafsīr al-Manār) nicht ganz fremd ist, geht Said Nursi, sowohl mit dem hermetischen literarischen Stil als auch mit dem Anspruch auf Unmittelbarkeit zur koranischen Botschaft, neue Wege, die die traditionelle Gelehrsamkeit verlassen. Die neue literarische Form trägt schon durch die Eigenart ihrer Entstehung (das Diktat in isolierter Umgebung) als auch erst recht durch ihre Verbreitung anhand von engagierten, treuen Boten eine neue Form sozialer Wirksamkeit jenseits der traditionellen Bildungsinstitutionen in sich: einen durch die Lektüre und das Gespräch geformten Schülerkreis, der an die Stelle der Idee einer ostanatolischen Universität tritt, und der zunehmend auch neue mediale Wege sucht – durch Kopien, Drucke und später auch durch die Verwendung des lateinischen Alphabetes.

Der «Dritte Said» (1949–1960)

Trotz der politischen Abstinenz des «Neuen Saids» steht das Leben Said Nursis insgesamt in engem Zusammenhang mit den gesellschaftspolitischen Bedingungen der Türkei und verkörpert in einer individuellen Biographie die Auseinandersetzungen, Abbrüche, Koexistenzen und Neuanfänge der islamischen Tradition unter den sich rapide wandelnden Bedingungen der neuen Republik. So ist es vor allem das Ende der Einparteienherrschaft und die neue Regierung der Demokratischen Partei unter Adnan Menderes, die ab 1950 der islamischen Tradition wieder breiteren Raum einräumt, die den «Neuen Said» zum «Dritten Said» machen. Äußerlich ist es das Ende des innertürkischen Exils (bei immer wieder aufflackernden Prozessen), das die letzte Phase seines Lebens einleitet. Inhaltlich ist diese durch die Konzentration auf die bewusst strukturierte Weitergabe an die nächste Generation gekennzeichnet: Mit Abschluss des Risale-i Nur wendet sich Said Nursi mit ganzer Kraft seinem Schülerkreis zu und gibt ihm in Schulungszentren (*Dershaneler*) dauerhaftere Formen. Eine offiziell autorisierte Biographie spiegelt nicht nur die enge Verbindung von Individuum und Glaubenslehre wieder, sondern etabliert auch eine gewisse Gemeinsamkeit im narrativen und identitätsbildenden Rückbezug der ersten Schülergeneration. Deutlicher als zuvor versteht sich Said Nursi zudem als öffentliche Person: Er sucht Kontakte zur arabischen und nichtislamischen Welt und seine Reisen werden zum öffentlichen Ereignis. Schließlich wendet sich Said Nursi in dieser Phase wieder der Politik zu: Er nimmt sie nicht nur durch Zeitungslektüre wieder zur Kenntnis, sondern korrespondiert auch beratend und Stellung nehmend mit Politikern. Der Aktivist ist zum geistlichen Berater geworden. Die öffentliche Wirksamkeit seiner Person bezeugt schließlich eindrücklich die Zerstörung und Verlegung seines Grabes an einen unbekannten Ort – wenige Wochen nach dem Militärputsch von 1960.

Theologische Grundzüge – ein Überblick

So eigenständig und kontextbezogen jede Phase seines Lebens auch ist, so lassen sich doch folgende Grundzüge ausmachen: Mit Said Nursi wird das Individuum bewusst in den Mittelpunkt gesellschaftlicher Auseinandersetzungen und theologischer Lehre gestellt. Dies gilt im Blick auf sein eigenes Leben, in dem nicht nur die einzelnen Phasen ein Spiegel der Geschichte der islamischen Welt sind[9], sondern in dem die Glaubensüberzeugung und die eigene Existenz auf das Engste verbunden werden. Die zentrale Bedeutung des Individuums gilt sodann auch im Blick auf den theologischen Ansatz Said Nursis selbst, in dem die Entwicklung und Bildung der einzelnen Person im Vordergrund steht.[10] Die theologische Konsequenz der Individualisierung ist eine ausgeprägte Ethisierung und Moralisierung des religiösen Denkens, die an die Stelle der spekulativen systematischen Theologie und des religiösen Rechtes tritt.

Der zentralen Stellung des Individuums ist der Begriff der Einheit an die Seite zu stellen, der das gesamte Denken Said Nursis durchzieht. Gegründet in der fundamentalen theologischen Vorstellung der Einheit Gottes (tawḥīd), formt er sich sowohl in Bezug auf die Gesellschaft, in der Gemeinsamkeit vor jede Partikularität gesetzt wird, als auch in Bezug auf das Verhältnis von Vernunft und Glaube aus, die in einem berühmten Bild Said Nursis als die zwei Schwingen der Wahrheit charakterisiert werden.[11]

Der inhaltlichen Betonung der Einheit entspricht methodisch der synthetisierende Charakter seines Denkens: Said Nursi vereinbart nicht nur zwei bedeutende, historisch eher entgegengesetzte Strömungen der sufischen Tradition ('Abd al-Qādir al-Ǧīlānī und die Naqšbandīya)[12], sondern eignet sich, mitunter eklektisch, verschiedene Elemente sowohl westlicher als auch östlicher Geistesgeschichte an, ohne sich einem Traditionsstrang ausschließlich und vertieft zuzuordnen.

Der synthetisierende Charakter des Denkens verbindet sich mit dem grundlegenden Anliegen der Elementarisierung. Sie ist das ausdrückliche Programm Said Nursis, das er gegenüber der sufischen Lehr- und Lebenstradition formuliert: Im Umfeld der Säkularisierung und des Materialismus müsse die Bewahrung der Fundamente des Glaubens und die Lehre der uṣūl al-imān (genannt werden Einheit Gottes, Prophetie und Glaube an das Jenseits) im Vordergrund stehen.[13] Sie bestimmt aber auch inhaltlich seinen theologischen Zugang, in dem Said Nursi den unmittelbaren Zugang zum Koran und zur Prophetentradition über die komplexe Lehr- und Rechtstradition der islamischen Geschichte stellt.[14] Bei aller Ausführlichkeit des viele tausend Seiten umfassenden Risale-i Nur ist Said Nursis theologischer Zugriff eine Abkürzung der langen und verschlungenen Wege der traditionellen theologischen Diskussion.[15]

---

9   Turner und Horkuc, Said Nursi, 34.
10 «The primacy of the individual is a recurring theme in many parts of the Risale.» Ebd., 104 f.
11 Vgl. ebd., 13 und Şahinöz, Die Nurculuk Bewegung, 66 f. und 73 f.
12 Vgl. Turner und Horkuc, Said Nursi, 25 und 87.
13 Vgl. ebd., 47–49 und 85–90.
14 Vgl. ebd., 91–93. Zum visionären Grund dieser Konzentration vgl. Şahinöz, Die Nurculuk Bewegung, 75.
15 Die theologische Systematik Said Nursis, die Grundelemente der Glaubenslehre mit speziellen mystischen Akzenten

Das Zusammenspiel von Traditionsbewahrung und Enttraditionalisierung zeigt sich schließlich noch einmal besonders in Bezug auf die gewählten institutionellen Formen: Said Nursi wendet sich von der bloßen Erhaltung der klassischen Bildungsinstitutionen der *Medrese* (der religiösen Elementarbildung) und der *Tekke* mit ihrem *şeyhli*-System (der Zugehörigkeit zu einem mystisch initiierten Lehrer) ab und findet in dem textgebundenen, durch die gemeinsame Lektüre organisierten Schülerkreis eine flexiblere religiös grundierte soziale Organisationsform jenseits des durch die Republik in Misskredit gebrachten Systems der *Ṭarīqāt* (der mystischen Orden). Auch die Verwendung von modernen Kommunikationsmedien und der lateinischen Schrift weisen in die Richtung der Reformulierung der Tradition unter den Vorzeichen des erzwungenen Traditionsbruches. Von hier kann die späte, aber bewusste Zuwendung zu dem Medium des Films nur als konsequente Fortsetzung des von Said Nursi selbst eingeschlagenen Weges gedeutet werden.

HÜR ADAM

Das mehr als zweieinhalb Stunden lange Epos konzentriert sich fast ausschließlich auf den «Neuen Said» und damit auf die äußeren Bedrängnisse des Exils, die Bildung eines Schülerkreises und die Verteidigung der Überzeugungen vor Gericht. Die Spannung zwischen äußerer Bedrängnis und innerer Freiheit bildet das Grundmotiv des Films. Sie wird schon im Titel angesprochen, zieht sich in vielfachen Anspielungen wie ein roter Faden durch den Film und wird in der abschließenden Rede noch einmal mit viel Nachdruck und Pathos ausformuliert. Die Handlung ist wesentlich in zwei Teile gegliedert. Der erste Teil schildert die Zeit in Barla, während der zweite sich vor allem auf die Gerichtsverhandlungen von Denizli und Isparta mit den zugehörigen Gefängnisaufenthalten konzentriert. Der Zugang des Films ist grundsätzlich chronologisch-biographisch, wobei die Biographie stets auch Anlass ist, die Gedankenwelt Said Nursis vorzustellen (Abb. 3–4). Dies geschieht in kurzen Zitaten aus Said Nursis Schriften und Reden, in inszenierten Dialogen, die auch zur Belehrung dienen, und in für den Zuschauer unmissverständlich hervorgehobenen Handlungen, Orten und Ereignissen mit symbolischem Wert. Die Darstellung des Protagonisten ist heroisch, Richard Attenboroughs GANDHI (Großbritannien/Indien 1982) nicht unähnlich.[16] Im Vordergrund steht die existenzielle Spannung aus Standhaftigkeit, Aufrichtigkeit und immer neuer Bedrängnis, die in vielfachen dramatischen Szenen umgesetzt

---

kombiniert, arbeiten Turner und Horkuc, *Said Nursi*, 53–84 heraus.

16   Interessanterweise gibt der Film in der Rückkehrszene nach Barla einen Seitenhieb auf Mahatma Gandhi, der sich mit der Macht arrangiert habe, ab.

wird. Said Nursi wird als Mensch in vielfacher Anfechtung geschildert, deren innerliche Komponente die Verzweiflung und drohende Resignation ist. Diese wird keineswegs verschwiegen, sondern im Gegenteil betont dramatisch inszeniert. Nichtsdestotrotz stehen seine Opferbereitschaft, seine selbstlose Zuneigung zu den Menschen und seine unbeugsame Standhaftigkeit im Mittelpunkt und machen ihn zum Charakter, den der Zuschauer zum Vorbild nehmen soll.

Der Film ist trotz vielfacher Metaphorik und durchaus konturiert herausgearbeiteter Szenen kein künstlerischer Film. Selbst die Sympathisanten des Films haben sich nie zu einer Verteidigung seiner ästhetischen Bedeutung aufgeschwungen:[17] Es wimmelt vor Stereotypen, bedeutungsschwangeren Dialogen und einer nicht allzu subtilen Naturallegorese. Keine der Personen ist zu einem

3–4 Said Nursi in HÜR ADAM
(Regie: Mehmet Tanrısever; Türkei 2011)

mehrdimensionalen Charakter ausgebaut, keine erfährt eine psychologisch plausible Entwicklung, die meisten Personen sind der Illustration der Inhalte und der mitunter moralischen Belehrung untergeordnet[18] und die wenigen geplant humorvollen Szenen entspringen direkt dem Volkstheater (der Dorftölpel, der Schutzmann). Nichtsdestotrotz ist der Film mit seinen Großeinstellungen, der Hintergrundmusik und dem pathosgeladenen Heroismus handwerklich aufwändig gemacht.[19]

---

17 Vgl. T. N. Telci, Sinemanın beyazı: *Beyaz Sinema*, Interview mit Abdurrahman Şen am 23. März 2011; http://www.sentezhaber.com/sinemanin-beyazi-beyaz-sinema-h37873.html (19.8.2012).

18 G. Aytulu betont in der linksliberalen *Radikal*, dass es eine in das Medium des Kinos übersetzte Erzählung ist und bezeichnet HÜR ADAM als «klasik bir propaganda filmi».

19 Dies gilt allerdings nicht für die deutschen Untertitel. Die grobe Fehlerhaftigkeit des Deutschen ist schlichtweg peinlich und zeigt deutlich, wer nicht als Zuschauer dieses Films angezielt ist. Sie bringt nicht nur Stilblüten wie eine «geheime Untergangsbewegung» hervor, sondern ist zudem mitunter auch inhaltlich irreführend – so zum Beispiel, wenn die Christen im Untertitel zur Aufgabe der «Konventionen» aufgerufen werden – im Türkischen aber zur Zurückstellung von «ihtilaf» – also Streitigkeiten unter den Glaubensschulen – die Rede ist.

Das theologische Programm

In der Abfolge kurzer kontemplativer sowie dramatischer Szenen führen die ersten 15 Minuten des Films wie in einem Zeitraffer bis nach Barla an den ersten Ort des innertürkischen Exils. Sie fassen zugleich die Zeit des «Alten Said» zusammen und eröffnen das theologische Programm Said Nursis. Bezeichnenderweise ist dem Film ein Zitat Said Nursis über Kino und Kunst vorangestellt, das das Verhältnis von Imagination und Realität beschreibt: Die Imagination dient der Ausschmückung der Realität, die Form wird aus dem Inhalt bestimmt und eine postulierte «Natur» gibt die Grenzen der Imagination vor. Mit dieser Selbstreflexion des filmischen Mediums wird das Kino legitimiert und die filmische Perspektive zugleich naturalisiert. Wie eine direkte Antwort zeigt die erste Szene das Kind Said Nursi, das im Koran liest und dem – poetisch sanft – ein Blatt von einer Platane in den Koran fällt, worauf dieses mit «Bismillah» antwortet. Diese künstlerisch verdichtete Momentaufnahme spielt nicht nur bereits in den ersten Sekunden das Thema der beiden «Korane» – der Natur und des geschriebenen Koran – ein, das für Said Nursi so prägend ist (und spielt zudem auf die Platane an, in der Said Nursi in Barla seinen Gebetsraum bauen wird). Es erlaubt zudem, in geschickt verwobener Frömmigkeit den Film mit der «Bismillah» anzufangen und intoniert zugleich das Motiv der Worte Said Nursis: *Bismillah her hayrın başıdır* (Bismillah ist der Anfang jeder Wohltat).

Die folgenden drei Szenen bieten sodann eine echte Ouvertüre, die die Grundelemente des ganzen Films vorwegnehmen. Die erste Szene bleibt beim Kind Said Nursi in seinem Heimatort. Eine Mondfinsternis versetzt die Dorfbewohner in Angst und Schrecken, ein Naturschauspiel, das sogleich noch einmal von dem Ausbruch eines Vulkans überboten wird.[20] Den mythologischen Grund der Angst bringt die Mutter ins Wort: Eine Schlange verschlinge den Mond. Das Kind Said Nursi verfolgt das Naturspektakel mit Neugier und setzt der Deutung der Mutter eine entlarvend logische Frage entgegen. Die Staunen erregende Gewalt und Größe der Natur verbindet sich mit einer geradezu entmythologisierenden Deutung. Diese rational-wissenschaftliche Erklärung von Naturereignissen wird in einer komplementären Szene in Barla noch einmal ausdrücklich ausformuliert, in der Said Nursi – jetzt ein gelehrter Erwachsener – den Einwohnern die Sonnenfinsternis erklärt. Doch die rationale Erklärung belässt die Natur nicht gottfern, sondern sieht – insbesondere in ihrer Schönheit und Komplexität – in ihr ein Zeichen und einem Hinweis auf Gott: Die Mutter spricht ihrem Kind das «Bismillah ist aller Wohltat Anfang» vor. Unausgesprochen steht angesichts der mächtigen Natur mithin schon das Grundmotiv in der Mitte, das wie ein Refrain den ganzen Film – von den überwältigend schönen Bergen Barlas bis hin zur tödlich-

---

20   Diesen Ausbruch fügt der Film erzählerisch der ansonsten der Biographie Vahides entnommenen Szene hinzu – sicherlich im Hinblick auf die «vulkanischen» Metaphern im Risale.

eisigen Gefängniszelle Afyons – durchziehen wird und der spirituelle Cantus firmus des Films ist: *Allah her şeyi iyi yapar, Allah her şeyi güzel yapar* (Gott macht alles gut, Gott macht alles schön).

Die zweite Szene springt 32 Jahre später nach Van: Der um den lehrenden Said Nursi versammelte Schülerkreis ist nicht mehr durch eine Natur-, sondern durch die Menschengewalt des Kriegs in Unruhe versetzt. Said Nursis beruhigende Worte formulieren zugleich seine sprichwörtlich gewordene Diagnose der drei Krankheiten der islamischen Welt (symbolisch erzittert und bröckelt ja auch die Medrese unter den Schüssen): Unwissenheit, Armut und Uneinigkeit. Dem gläubig-neugierigen Blick auf die Natur tritt der theologisch-analytische Blick auf die Gesellschaft zur Seite. Hier aber endet die Analyse noch in der Teilnahme am Krieg – ein Hinweis auf den Aktivismus des «Alten Said».

Die ausführliche dritte Szene zeigt zuerst Said Nursis Teilnahme am Ersten Weltkrieg und sodann seine Kriegsgefangenschaft im Norden Russlands. Hier kommt es zu einer symbolkräftigen Konfrontation zwischen Said Nursi und dem russischen Kommandanten. Das intonierte Thema ist hier Glaube und Macht – die Unbeugsamkeit des gläubigen Individuums vor den Funktionären der Macht. Die Konfrontation führt hier allerdings nicht mehr zur Gewalt, sondern äußert sich in passivem Widerstand, individueller Aufrichtigkeit und einem Appell an die Einsicht des Gegenübers. Damit sind der «Neue Said» und die Formen des Konfliktes zwischen Said Nursi und der kemalistischen Justiz vorgezeichnet.

Das Verhältnis von Glaube und Naturwissenschaft, die Reform der islamischen Welt durch Wissen und Bildung sowie der Glaube des Individuums als Widerstand und Herrschaftskritik – mit diesen drei kurzen Szenen präludieren die ersten wenigen Minuten bereits alle zentralen Motive des weiteren Films. Die Überleitung zur Barla-Zeit bildet nun die Auseinandersetzung um die Teilnahme an dem Aufstand des kurdischen Şeyh Sait. Diese Szene begründet die Exilierung Said Nursis und thematisiert zugleich Said Nursis Haltung zur Auseinandersetzung um die kurdische und die türkische Identität – ein wichtiges Motiv im vorliegenden Film.

Glaube, der Einheit stiftet: Eine gesellschaftliche Perspektive

Die Auseinandersetzung um die kurdische Identität Said Nursis und die Haltung zur türkischen Nation spielt in diesem Film implizit und explizit eine große Rolle. Der Film thematisiert die Frage in Worten und Taten Said Nursis so programmatisch, dass man vermuten kann, dass der Protagonist hier nicht nur in seine Zeit spricht.[21]

---

21   Das hebt auch die Rezension in der *Millî Gazete* ausdrücklich als bedeutsam hervor. Es ist nicht zu vergessen, dass der Film in einer Zeit gedreht wurde, in der die AK Partisi Recep Tayyip Erdoğans mit der «demokratischen Öffnung» eine größere Offenheit gegenüber der kurdischen Minderheit zeigte. Die Verbindung zur Regierungspolitik der AK

Die kurdische Identität weist in HÜR ADAM drei Aspekte auf: Erstens ist sie die selbstverständliche Herkunft Said Nursis. Das Kind (und der «Alte Said») spricht mit seinen Eltern und seiner Umgebung selbstverständlich kurdisch, sodass der Film in diesen Passagen auch türkisch untertitelt ist. Das kurdische Element ist also Teil seiner individuellen Biographie und des Lebensumfeldes der östlichen Türkei. Darüber hinaus wird es zweitens in seiner kulturellen Bedeutung ausdrücklich geschätzt. Hierfür steht emblematisch der Vater, der in einer Überblendungsszene des leidvollen Gefängnisaufenthaltes in Afyon 1948 mit dem Istanbuler Militärgerichtsprozess von 1909 seinen Sohn im Gefängnis besucht. Der Vater symbolisiert in Kleidung, Sprache und Person die ländliche Clan-Autorität, die ausdrücklich die Entwicklung seines Sohnes billigt. Das kurdische Element steht hier für Familienzusammenhalt, für kulturelles und heimatverbundenes Selbstbewusstsein und vor allem für die unbeugsame Wertschätzung der Gerechtigkeit. Ausgeschlossen werden aber drittens alle politischen Elemente der kurdischen Identität, die sich in Forderungen nach Autonomie und im Widerstand artikulieren. In mehreren Szenen lehnt der Protagonist ausdrücklich jede Infragestellung der Einheit des türkischen Staates ab: Im Şeyh Sait Aufstand stellt sich Said Nursi den Aufständischen entgegen und erklärt das Erheben der Waffen gegen die «seit 1000 Jahren verbundenen muslimischen Brüder» für «ḥarām».[22] Den Höhepunkt findet die Auseinandersetzung in dem rührenden Besuch der vertriebenen kurdischen Landsleute bei Said Nursi in Barla, der noch einmal mit seiner argumentativen Gegenwehr gegen den bewaffneten Aufstand etwa ein Jahrzehnt früher zusammengeschnitten wird: Said Nursi zeigt durchaus Verständnis für das religiöse Anliegen der Rebellion gegen die Ankaraner Zentralregierung – tritt aber vehement dafür ein, dass gerade das religiöse Motiv zur Unterlassung des Aufstandes führen müsse. So versöhnlich die Aussage «ein Fehler kann nicht durch den anderen Fehler beseitigt werden» ist – so unmissverständlich ist auch der Satz, in dem die Unterhaltung gipfelt: «Dieses Volk wird von den Türken beherrscht, dies wird auch in Zukunft so sein.» Die Einheit, so ist ersichtlich, wird ausdrücklich durch die Berufung auf die Brüderlichkeit im gemeinsamen Glauben gestiftet. Die verbindende islamische Identität wird dabei – nicht ohne jede Vereinnahmung – weit gefasst und umfasst auch die Aleviten, die einen nennenswerten Anteil der kurdischen Bevölkerung stellten und stellen: «Biz seninle kardeşiz. Ben samimi (!) Alevileri de Hazreti Ali Efendimizi severim» (Wir sind Brüder. Ich liebe die aufrichtigen Aleviten und den verehrten Ali von Herzen, so der Untertitel). Durch die Weiterführung der Worte wird das Alevitentum

---

Partisi – nicht nur in Bezug auf die kurdische Frage – spricht auch der Regisseur im Zaman-Interview sehr deutlich und geradezu programmatisch aus.

22   Was im Mund eines islamischen Gelehrten weitaus mehr als das im Untertitel übersetzte «verboten» ist.

als eine innerislamische Konfession gewertet – eine Deutung, die in der gegenwärtigen türkischen Politik ebenfalls ihre starken Anhänger hat. Insgesamt, könnte man meinen, ist der Schlusssatz nicht nur an die Vertriebenen seines Heimatortes gerichtet: «Seid geduldig. Hoffentlich sind die schwarzen Tage bald vorbei.»

Individueller Glaube und Widerstand

Einen weitaus breiteren Raum als die Auseinandersetzung um die kurdische Identität nimmt das Verhältnis zwischen der neu entstehenden türkischen Republik und der osmanischen Tradition ein. Auch diese Auseinandersetzung um die Grundlagen des türkischen Staates wird vom Glauben des Einzelnen her bestimmt.

Das Gegenüber zum Glauben des Einzelnen ist die Verwaltung und die Gerichtsbarkeit der türkischen Republik. Sie tritt in den Personen des Bezirksvorstehers, des Inspektors und des Staatsanwaltes auf. In oft holzschnittartiger und geradezu karikierender Darstellung stehen sie einerseits für brachial und undemokratisch durchgeführte Reformen einer Elite, die an die Grundlagen der Tradition und des Glaubens des einfachen Volkes rütteln[23], und andererseits – sich selbst in oft rührender Hilflosigkeit als bloße Befehlsempfänger charakterisierend – für individuelle Unfreiheit. Sie sind damit das genaue Gegenbild zum Protagonisten Said Nursi, der einerseits für die Glaubenstradition und Kontinuität der türkischen Geschichte steht und andererseits in unbeugsamer Ausübung seiner eigenen Glaubensüberzeugung als der fundamental freie Mensch – eben als «Hür Adam» – gezeichnet wird. So tritt in der Perspektive des Films die religiöse Tradition mit den (in einer Szene von seinem Vater explizit ausgesprochenen) modernen Menschenrechten (Religions- und Gewissensfreiheit) zusammen. Beide stehen der Allianz aus modernistischem Traditionsbruch und autoritärem Staat gegenüber. Für diese Gegenüberstellung wären viele Szenen zu nennen, von humoristischen Momenten in Barla, wenn der hilflose Wachmann der Dorfbevölkerung den Gebrauch der Mandoline anstelle des traditionellen Instrumentes der *Saz* verordnet, über emblematische Motive wie die Auseinandersetzung um den Turban und das Pflichtgebet bis hin zu den großen Gerichtsszenen des zweiten Teils des Films. Gerade in den letzteren legt der Protagonist gegenüber der staatlichen Macht in tief religiösem Sinne Zeugnis für die – aus der Perspektive des Films – Wahrheit des Glaubens ab. So sehr die Verankerung im einfachen Volk betont wird – der Film liebt die Gegenüberstellung von nur vermeintlich gebildeter Elite und nur vermeintlich ungebildetem Volk (Dorfbewohner, Imame, einfache Soldaten) – so charakteristisch ist für den Film die Deutung des Glaubens aus der individuellen Existenz des Einzelnen

---

23 «Her şey değişecek, her şey değişecek – Her şey? – Her şey! (Alles wird sich verändern, alles wird sich verändern – Alles? Alles!)» heißt es programmatisch in einem Gespräch zwischen dem Bezirksvorsteher und dem Wachmann.

heraus: Die Tradition lebt nicht mehr durch die institutionellen Garantien und auch nicht durch die bloße traditionelle Selbstverständlichkeit, sondern vielmehr durch den entschiedenen Glauben und die Gewissensfreiheit des Einzelnen. Dies spiegelt sich auch gut darin, dass der Film bei aller Aufmerksamkeit für die Entstehung und Verbreitung des Risale[24] und für die immer rührend und mitunter rührselig erzählte Treue des Schülerkreises letztlich ganz auf das Individuum Said Nursi zugeschnitten ist, dem kein zweiter Protagonist an die Seite tritt. Der Schülerkreis bleibt in diesem Film ganz im Hintergrund und tritt vor Gericht mitunter wie ein antiker Chor zur größeren Erhellung Said Nursis auf.

Interessant ist in diesem Kontext die Auseinandersetzung mit der Figur Atatürks. Einerseits hat der Film eine – mit Blick auf die zweite Amtszeit Recep Tayyip Erdoğans als Hintergrund der Produktionszeit vielleicht nicht mehr ganz – erstaunlich kritische Perspektive auf den Gründer der Republik.[25] Diese tritt besonders dann zutage, wenn seine Reformen in den Bereich der 'Ibadāt, der Glaubenspflichten im engeren Sinne, eingreifen. So ist sein charakteristischer Namenszug der durchaus entlarvend ins Bild gesetzte Hintergrund der staatsanwaltlichen Anklage bei den Denizli-Prozessen (überboten noch durch das in der zweiten Einstellung ironisch eingeblendete Zitat Atatürks: «Die Gerechtigkeit ist das Fundament der staatlichen Herrschaft [Adalet mülkün temelidir]»). Und bei einem Behördengespräch, das die Sprachreformen mit einer bewusst geplanten Zerstörung des Glaubens zusammenbringt, schauen die beiden Beamten wohl nicht zufällig ehrfürchtig zum Vater aller Türken auf, der in Öl über ihnen prangt.

Gleichzeitig stürzt der Film Atatürk nicht vollkommen vom Sockel, ja, er rehabilitiert ihn sogar mit der Behauptung eines – sogleich zensierten – Aufrufes desselben zur Treue zu Koran und Sunna kurz vor seinem Tod. So bleiben auch seine Reformen, die in die Mu'āmalāt, die Organisation des gesellschaftlichen Lebens, eingreifen, bei der Kritik außen vor: Weder die Bodenreformen noch der technische Aufschwung, weder die parlamentarische Demokratie noch die tatsächlich revolutionären Frauenrechte werden kritisch erwähnt – interessanterweise ist es im Film sogar der Mut einer weiblichen Richterin, der in den Afyonprozessen zum Freispruch Said Nursis führt. Nichtsdestotrotz erscheint Atatürk in dem gegen Ende des Films in einer Rückblende in Szene gesetzten Treffen zwischen ihm und Said Nursi opportunistisch und schwach, ja geradezu devot. Die Begegnung mit dem im Charakter, Weitblick und Standfestigkeit überlegenen Said Nursi, so will der Film wohl sagen, ist eine

---

24 Schon recht früh in der Barla-Zeit weiß der Protagonist, dass dereinst die ganze Welt diese Briefe lesen wird (00:41:08).

25 Die Rezension in der Millî Gazete stellt HÜR ADAM sogar in die Linie von Can Dündars viel diskutierter Atatürk-Dokumentation MUSTAFA (Türkei 2008).

verpasste Chance für die Republik – was durchaus auch als Botschaft für heute zu verstehen ist.

Zuletzt muss man noch darauf hinweisen, dass der Film im beschriebenen Gegenüber und Ineinander von Republik und Glaube, das ja durchaus nicht harmlos abläuft, natürlich nicht auf das Stilmittel des Geheimbundes verzichtet. Die Fäden der Reformen laufen in der Hand eines Gremiums nicht näher definierter grauer Eminenzen zusammen. Gekennzeichnet ist es einerseits durch die totale Isolation vom Volk und andererseits durch eine seltsame Kombination von Allmacht und Ohnmacht, sind die Eminenzen doch geradezu lächerlich hilflos angesichts von Said Nursis Geradlinigkeit (honi soi, wer da an *derin devlet*, den «Tiefen Staat», denkt). Dieses Stilmittel gehört sicherlich zu den schwächsten (aber mentalitätsgeschichtlich vielleicht wirksamsten) Elementen des Films: Die Figuren sind reine Karikaturen, gegen die die Bösewichte der James Bond Filme als profunde Charakterstudien erscheinen, und natürlich darf am Ende auch der Einfluss einer nicht näher genannten ausländischen Macht nicht fehlen…[26]

Eine individuelle, mehrdimensionale Annäherung

Mehmet Tanrısevers HÜR ADAM ist sicherlich nicht in jeder Hinsicht eine besondere Tiefe und Vielschichtigkeit zuzusprechen. In Bezug auf die Darstellung des islamischen Glaubens jedoch verdient der Film durchaus Aufmerksamkeit. Zusammenfassend seien die charakteristischen Elemente der filmischen Inszenierung des islamischen Glaubens festgehalten.

In großen Naturaufnahmen, die in ihrer Inszenierung zwischen amerikanischem Monumentalfilm und den tiefgründig meditativen Filmbildern der jüngeren türkischen Autoren (zum Beispiel Semih Kaplanoğlu) stehen, betont Tanrısevers Annäherung an Said Nursi den Zusammenhang zwischen Naturbetrachtung und Glauben: Zwar wird die von Said Nursi geforderte Kongruenz von Naturwissenschaft und Glauben in Äußerungen des Protagonisten immer wieder hervorgehoben, doch im Vordergrund der filmischen Inszenierung steht das kontemplative Element der Naturbetrachtung. Nicht der forschende, sondern der staunende Mensch wird herausgearbeitet. Dies ist angesichts der deutlichen Tendenz der Nurcu-Bewegung zu kreationistischem Gedankengut durchaus interessant: Auch wenn der Gedanke, dass die forschende Annäherung an die Natur direkte Hinweise auf die Existenz Gottes gebe, in diesem Film durchaus präsent ist, so erkennt man in ihm auch die theologische

---

26 Hierzu passt auch die Szene am Anfang des Films, in der der englische Kolonialminister («sömürgene bakanı», der interessanterweise im Untertitel zum «Premierminister» wird) die Unterwerfung des türkischen Volkes plant, in dem der Koran entweder zerstört oder als unverständlich dargestellt werden soll.

Einsicht, dass die dem Glauben zu eigene Erkenntnis der Welt als Schöpfung mit dem Staunen beginnt.

Der Glaube ist zweitens Repräsentant der Tradition und hält an der Unveränderlichkeit der zentralen Momente der 'Ibadāt sogar unter Einsatz des Lebens fest. Innerhalb der islamischen Tradition ist der Glaube noch einmal besonders mit der mystischen Tradition verbunden. In einer Szene – überfließendes Licht strömt unter der Türschwelle des Zimmers von Said Nursi hervor – wird er sogar explizit mit der mystischen Lichtmetaphysik in Verbindung gebracht. Interessanterweise tritt diesem individuellen Moment der Erleuchtung gegenüber die Verbindung Said Nursis zu den traditionellen organisatorischen Formen des mystischen Islam fast ganz zurück. Zugleich mit der Sensibilität für die mystische Tradition wird aber auch die Vereinbarkeit von Vernunft und Glaube deutlich herausgestellt: Es sind oft die modernistischen Gegner, denen es an Argumenten fehlt und die anstelle dessen auf Autorität und Gewalt zurückgreifen. Ihren Angriffen gegenüber spricht der tief erschütterte Protagonist in einer zentralen Stelle des Films immer wieder das «ispat edeceğim, ispat edeceğim» (ich werde es beweisen) vor sich hin.

Drittens ist der Glaube persönliche Kraft und Quelle der Unbeugsamkeit des Individuums. Hier tritt das zentrale Motiv der Freiheit hervor, das im Film in durchaus eigenständiger theologischer Annäherung durch drei Aspekte bestimmt wird: Freiheit ist individuelle Bedürfnislosigkeit und dadurch Unabhängigkeit, Freiheit ist selbstlose Orientierung am Nächsten und Freiheit ist Ausschließlichkeit der Orientierung an Gott und damit totales Gottvertrauen.[27] Es ist also ein theologisch besetzter Freiheitsbegriff, der das zentrale Motiv des Glaubens darstellt. Der Protagonist wird in der Ausarbeitung dieses Motivs geradezu zum Zeugen des Glaubens gegenüber der Macht einer ungerechten Herrschaft. Bezeichnenderweise wird in diesem Zeugnis gegenüber der Obrigkeit nicht nur allein auf passiven Widerstand, auf die Macht des Wortes und auf die in diesem Film so häufig und nachdrücklich ins Bild gesetzte Nächstenliebe Said Nursis gesetzt. Wiederholt wird geradezu das freiwillige Leiden als Quelle des Widerstandes herausgestellt. Der Protagonist weicht mehrfach den Bedrängnissen und Gefährdungen nicht aus, obwohl es ihm angeboten wird. Und noch wichtiger: Die freiwillig übernommene Situation der Bedrängnis dient nicht allein der Inszenierung eines heroischen Durchhaltevermögens, sondern führt in die an Said Nursi exemplarisch illustrierte Situation des türkischen Islam (von dem zwanziger bis zu den vierziger Jahren) als solchen hinein: Er kann nur im Verborgenen leben, ist der Verfolgung ausgesetzt und vom Untergang bedroht. Dieses Moment ist besonders in den Szenen der Gefangenschaft in Afyon präsent, in denen

---

27   Letzteres hebt der Regisseur im Interview in der *Zaman* hervor.

der überlegene Heroismus des Gelehrten in Barla fast gänzlich zugunsten eines geradezu stellvertretend für die Schüler und die bedrängte islamische Welt Leidenden zurücktritt.

Sind, so kann man an dieser Stelle fragen, in diesem Film nicht insgesamt mehrere christianisierende Motive zu verzeichnen? Erinnert nicht das verzweifelte Gebet in der Platane Barlas verblüffend an die Getsemani-Szene? Und ist es tatsächlich nur ein christliches Vorurteil, das sich in den eindrücklichen Szenen auf dem Eğirdir-See an den See Gennesaret und in dem Transport des ihn eigentlich bewachenden, verletzten Soldaten auf dem Esel nach Barla an den barmherzigen Samariter erinnert sieht? Eine direkte Abhängigkeit ist hier sicherlich schwer nachzuweisen, auszuschließen ist sie jedoch auch nicht. Auf jeden Fall, so kann man im Blick auf diese zentralen Momente der Darstellung des Glaubens resümierend festhalten, ist der Film in dieser Hinsicht origineller als sein erster Eindruck vermuten lässt.

Dies macht noch einmal besonders der Vergleich zu dem anderen Film deutlich, der ebenfalls Said Nursi als seinen Protagonisten erwählt hat.

Zum Kontrast: Gottes treuer Diener – Allah'ın Sadık Kulu. Barla

Der animierte Zeichentrickfilm unter der Regie von Esin Orhan lief im Jahr 2011 in der Türkei an und kam im Dezember in zwei Dutzend deutsche Kinos (sowie in einzelne österreichische, dänische und französische). Seine cineastische Qualität ist – trotz der sprachlich bedeutend besseren Untertitelung – Hür Adam deutlich unterlegen: Auch wenn die technischen Details des bisher längsten türkischen Animationsfilms in der Nurculuk-Bewegung gegenüber aufgeschlossenen Printmedien (*Yeni Asya*, *Zaman*, *Aksiyon*) ausführlich erörtert wird, erinnert seine zeichnerische Qualität der Szenen allen 3D-Techniken zum Trotz an durchschnittliche Computerspiele (Abb. 5–6): Die Mimik der Personen ist kaum ausgearbeitet und die Bewegung der Figuren wirkt sehr grobschlächtig. Trotz der sprachlich breit gefächerten Untertitel (neben Englisch, Französisch und Deutsch auch Spanisch, Niederländisch und Kurdisch!) scheint der Film auf ein enger gefasstes Publikum zu zielen, das eine hohe Bereitschaft hat, sich mit Said Nursi auseinanderzusetzen: Der Film ist, freundlich gesagt, nicht gerade handlungsstark, enthält lange Zitatpassagen aus den Schriften Said Nursis, ist sprachlich näher an der osmanisierenden und metaphorisch komplizierten Sprache Said Nursis und verwendet die in der Nurculuk-Bewegung verbreiteten Ausdrücke wie «Üstad» für Said Nursi und «Kalem» für seine Schüler. Da als ein verbindender roter Faden des Films verschiedene Kinder (vor allem das Mädchen Saniye und der Junge Mustafa) eingeflochten sind, kann man vermuten, dass ein Zielpublikum des Films Familien sind, die wohl nicht nur von der Erwartung eines actiongeladenen Filmabends

5–6 Filmstills aus Allah'ın Sadık Kulu. Barla
(Regie: Esin Orhan; Türkei 2011)

zum Kinobesuch motiviert werden: Kurz, der Film kann zumindest auch als Informationsmaterial für der Nurculuk-Bewegung Nahestehende dienen.

Der Inhalt des Films, der sich ganz auf die (erste) Barla-Zeit von 1927 bis 1934 beschränkt, ist im Vergleich zu Hür Adam durch folgende Eigenheiten charakterisiert: Der Film ist noch deutlicher auf die Vermittlung von Said Nursis Ideen gerichtet. Der Zeichen- und Beweischarakter der Natur, die Notwendigkeit und Kraft der logischen Argumentation und nicht zuletzt zentrale Begriffe wie *müsbet hareket* werden erläutert. Die Gedankenwelt Said Nursis wird dabei in Gottes Treuer Diener – Allah'ın Sadık Kulu. Barla nicht mehr durch ausgeführte Handlungsszenen oder allegorische Naturaufnahmen inszeniert, sondern in Form von ausführlichen Lehrgesprächen dargeboten. Der Ort des Geschehens ist in keiner Form mehr Symbol, sondern reine Kulisse.

Der Protagonist erscheint sodann viel mehr als in Hür Adam eingebettet in seinen Schülerkreis. Nicht nur wird der Entstehung und Art der Übermittlung des *Risale-i Nur* größeres Interesse entgegengebracht, auch gewinnen die Schüler viel stärker ein eigenes Gewicht und erhalten in der Person Şamlı Tefviks geradezu einen zweiten Protagonisten.

Konsequenterweise steht in Bezug auf den Glauben nicht mehr der einsame und widerständige Glaubensakt im Vordergrund, sondern vielmehr die selbstverständliche Praxis der Glaubenstradition, die unter den gefährdenden Bedingungen der frühen Republikzeit aufrechterhalten werden soll. So tritt in dem Film Said Nursi viel deutlicher als Lehrer des Koran auf, der die Kinder zum Auswendiglernen der für den Gottesdienst wichtigen Suren animiert, und der interessierte Zuschauer bekommt von ihm auch seine Praxis der täglichen tausendfachen Rezitation der 112. (al-Iḫlāṣ) Sure mitgeteilt. Geradezu emblematisch tritt diese zentrale Sure, die die Einheit und Einzigkeit Gottes bekennt, als Cantus Firmus des Films an die Stelle des «Allah her şeyi iyi yapar, Allah her şeyi güzel yapar» von Hür Adam. Hierzu passt auch, dass das existentielle Ringen Said Nursis fast ganz zugunsten der moralischen Belehrung (zum Beispiel über das Rauchen und die Verschwendung) zurückgetreten ist.

Gleichfalls wird die politische Dimension Said Nursis fast vollkommen ausgeblendet: Die in HÜR ADAM noch ansatzweise vorhandene inhaltliche Auseinandersetzung mit den Reformen der Republik schrumpft zur reinen Bedrohung des Lebens von Said Nursi zusammen (die dann auch ohne jeden Umweg auf den direkten Befehl von im Original englisch sprechenden «Kräften» zurückgeführt wird). Die kurdische Herkunft wird im Film zudem interessanterweise allein als Mittel der Spaltung des türkischen Volkes thematisiert.

Zu der stärker traditionell orientierten Glaubensperspektive des Films passt schließlich auch, dass in GOTTES TREUER DIENER – ALLAH'IN SADIK KULU. BARLA die Vorstellung der Vorherbestimmung Gottes explizit thematisiert wird: Der Protagonist spricht aus, «dass nichts aus Zufall geschehe», dass «wir die Ursache sind und Gott die Wirkung hervorbringt» und weiß bereits im Voraus, dass ihn einer seiner treuesten Schüler, Şamlı Tevfik, aufsuchen wird.

Insgesamt tritt die lebendige Person Said Nursis zugunsten des Wortes und der von ihm initiierten Bewegung zurück: Der Zuschauer erlebt in GOTTES TREUER DIENER – ALLAH'IN SADIK KULU. BARLA kein existenziell grundiertes Heldenepos wie in HÜR ADAM, sondern einen schön illustrierten Lehrfilm mit besonderem Focus auf die Weitergabe der Ideen und Anliegen Said Nursis an die nächste Generation.

Ausblick

Es ist zweifellos das vorrangige Ziel von HÜR ADAM und GOTTES TREUER DIENER / ALLAH'IN SADIK KULU. BARLA, Verständnis und Sympathie für die Botschaft Said Nursis zu erwecken. Dennoch sind die beiden Filme mehr als historische Monumentalepen oder reine Propagandafilme. Ihre historische Retrospektive auf die beginnende Republik ist auch auf die Gegenwart gerichtet und dient eindeutig der Selbstvergewisserung in der Auseinandersetzung um die türkische Identität zwischen islamischer Religion und Laizismus: «Hakiki Türkler zulmeyen Türkler'dir» heißt es in der Vergebungsszene am Ende von HÜR ADAM – «die wahren Türken sind die, die keine Unterdrückung tun». Und nicht weniger programmatisch formuliert der Protagonist gegenüber einem verunsicherten Polizeioffizier: «Bu milletin imânı için yeni bir nesil yetiştirmek lazım» (Für den Glauben dieses Volkes müssen wir eine neue Generation erziehen). Kein Wunder also, dass die Filme in der Tradition des «islamischen Kinos» gesehen werden. Interessant wird diese Selbstvergewisserung dadurch, dass beide Filme den Glauben und seine Weitergabe explizit unter den Bedingungen der Enttraditionalisierung in den Blick nehmen. Diese treten zwar im historischen Gewand der autoritär-restriktiven Einschränkungen der zwanziger bis vierziger Jahre auf. Dennoch sind sie wohl durchaus analog zu sehen zu dem gegenwärtigen 21. Jahrhun-

dert, in dem dem Glauben nicht mehr ein autoritärer Positivismus, sondern eine in-
dividualisierende, globalisierte, aber nicht weniger traditionsgefährdende Moderne
gegenübersteht. Die Besinnung auf die Moral und die Herausstellung der einzelnen
Person in ihrer unbeugsamen Glaubensentschiedenheit können dabei als eine Suche
nach der Möglichkeit einer (Re-)Traditionalisierung und Glaubensbewahrung unter
den Bedingungen des 21. Jahrhunderts verstanden werden. Inwiefern dies ein – im
Letzten dann eben doch sehr machtkonformer[28] – Heroismus exzeptioneller Gestalten leisten kann, sei hier dahingestellt. Interessanterweise gehen ja andere Teile
der von Said Nursi inspirierten Bewegungen, vor allem jene um Fethullah Gülen, mit
«Eşrefpaşalılar» und «Beş Minareli» andere, indirekte Wege – die ebenso populär
und durchaus der Analyse wert sind.

---

28   Hierauf weist S. Doğran entschieden hin, der bemängelt, dass alle Formen des «Beyaz Sinema» den sozialkritischen
     Impuls des «Ulusal Sinema» verloren hätten; *Beyaz Sinema» da dil sorunu*, 14. Mai 2011; http://www.adilmedya.net/
     yazdir.php?id=1373 (19.8.2012).

Iranische Filme

Heike Kühn

Licht. Schatten. Licht

Das iranische Kino

Die Osmose von Film und Wirklichkeit, das Diffundieren erfundener und gefundener Bilder hat die Filmproduktion des Irans seit den sechziger Jahren geprägt. Abbas Kiarostamis Filme WO IST DAS HAUS MEINES FREUNDES (Iran 1988), UND DAS LEBEN GEHT WEITER (Iran 1992) sowie QUER DURCH DEN OLIVENHAIN (Frankreich/Iran 1994) beruhten auf realen Ereignissen wie Mohsen Makhmalbafs Filme SALAAM CINEMA (Iran 1995) oder BROT UND BLUMENTOPF (Iran/Frankreich 1996). Beide Regisseure schätzten das Reale als Fundament eines künstlerischen Prozesses, den es sichtbar zu machen galt. In Kiarostamis Trilogie, die den Opfern eines Erdbebens gewidmet ist, spielen die Geschädigten sich selbst. Trauer und Komik entstehen, wenn die ihnen eigene und die ihnen verordnete Persönlichkeit kollidieren. Identitätskrisen dieser Art finden sich auch in Makhmalbafs BROT UND BLUMENTOPF, einem Meisterwerk innerfilmischer, ins Politische gespiegelter Reflexion, in dem der Regisseur sein eigenes Schicksal inszenatorisch einzuholen suchte.

Die Persönlichkeitsspaltung vor laufender Kamera, die Imitation des eigenen Lebens, zu der Zensur und Sittenwächter ohnehin zwingen, sollte zum Markenzeichen des iranischen Films werden. Noch bekannter wurde dieser subversive Stil, der politische Probleme in die Klammern eines filmischen Konjunktivs setzte, durch seine oftmals kindlichen Hauptdarsteller. Schon die frühen Filme von Kiarostami nutzten Kinder als Seismographen. Bis zum Ende des zwanzigsten Jahrhunderts nahmen Kinder im Iranischen Film, etwa in Jafar Panahis Filmen DER WEISSE BALLON (Iran 1995) und AYNEH (Iran 1997) wahr, was eine Gesellschaft erschüttert, die nicht nur ihre Erdbebenopfer verschweigen musste.

Eine andere Linie gab Forugh Farokhzad mit KHANEH SIAH AST (THE HOME IS DARK; Iran 1962) vor. Zugleich Irans berühmteste Lyrikerin, entschleierte sie mit KHANEH SIAH AST die Schattenseiten ihres Landes. Ihre Studie über Leprakranke, unbarmherzig konkret und mystisch überhöht, ist ein Filmgedicht von zeitentrückter Wahrhaftigkeit. Forugh Farokhzad starb 1967 bei einem Unfall. Ihr poetischer Realismus ist ein Vermächtnis, das trotz der verbotenen Melancholie Erben gefunden hat.

Viele iranische Filme folgten den auseinander strebenden Seiten der Dokufiction und des poetischen Realismus, den die späten Filme von Abbas Kiarostami, etwa DER WIND WIRD UNS TRAGEN (Iran/Frankreich 1999), zur Meisterschaft brachten. Der Versuch, das iranische Filmschaffen als Chronologie eines zuerst verschleierten, dann immer unverhüllteren Protests einzuordnen, kann jedoch nur scheitern. Auf Wellen der Hoffnung folgen Wellen des Zorns und des Ekels. Der Mystik, der Lichtblicke, der Schizophrenie, die sich in der Not-Wendigkeit von Heuchelei und Lüge ausbreitet. Des Selbsthasses und der Liebe.

Zu schwanken zwischen Angst und Hoffnung, zwischen Mut und Selbstaufgabe, zumal nach den Verhaftungswellen der «Grünen Revolution» des Jahres 2009, nach den Morden an oppositionellen Demonstranten und Journalisten, dem Berufsverbot für Panahi und andere scheint derzeit das Schicksal Irans. Es spiegelt sich in der Filmgeschichte der vergangenen zwölf Jahre. Diesem Schwanken möchte ich folgen, Filme verknüpfend, die weit auseinander liegen – und sich doch befremdlich nahe kommen.

Das Paradies der Metapher

Der Ästhetik des Doppelbödigen huldigen schon die Filme des 1953 geborene Majid Majidi (Abb. 1). Zugehörig zur sogenannten dritten Generation iranischer Filmemacher, bezeugen seine Filme Kiarostamis und Makhmalbafs Einfluss. Und wagen doch etwas Neues. DIE FARBEN DES PARADIESES (Iran 1999) scheinen die Welt der iranischen Zensur und des Tugendterrors auszublenden. Der blind geborene, zehnjährige Mohammad liest die Welt mit den Fingern, und sie ist schön.

1 Der iranische Regisseur Majid Majidi

Sein Vater sieht einen Krüppel, und die Welt wird hässlich. Eine zweite Ehe soll ihm den Sohn schenken, der ihn im Alter unterstützt. Der Vater verstößt den Jungen und bringt ihn fernab bei einem blinden Tischlermeister unter. Der Verlust ihres Enkels treibt Mohammads Großmutter aus dem Haus. Noch im strömenden Regen, die Augen beschlagen vor Trauer, wird die alte Frau einen an Land geschwemmten Fisch bemerken und seinem Element zurückgeben. Der Akt der Barmherzigkeit, der Majidis Figuren charakterisiert, ist ein Akt mythischer Naturverbundenheit. Ist das Kitsch oder Weltflucht?

Majidi grenzt seinen Film von beidem ab. Zwar gib es auch hier die Blindheit, die sehend macht, wo kaltherzig Sehenden Einsicht verwehrt bleibt. Aber Mohammads Visionen einer lesbaren, auf Übersetzung wartenden Welt sind nicht entsagungsvoll. Mohammad sieht die Welt als Zuflucht. Das größte Mysterium ist seine Lebensfreude. Bilder von großer Zartheit und eine Tonspur, die die Seele wachsen hört, bezeugen die Intensität einer lyrischen Wahrnehmung. Sie geben einen Gott zu bedenken, der in der Natur allen zugänglich ist und keine fundamentalistischen Vermittler braucht. Vieles lässt sich ändern, sagt dieser Film, selbst im Iran. Mit Gottvertrauen? Mit Vertrauen in die menschliche Vorstellungskraft und das Gute.

Die Hölle der Unverblümtheit

2 Filmplakat zu MODEST RECEPTION (Regie: Mani Haghighi; Iran 2012)

Üblicherweise werden iranische Filme durch eine Lobpreisung Allahs eingeläutet. Vor jedem Bild kommt die Schrift, und sie besagt: Im Namen Gottes, des Allmächtigen, des Gnadenvollen. Und nun dies: A MODEST RECEPTION (PAZIRAIE SADEH) von Mani Haghighi (Iran 2012). Der Film lässt die Lobpreisung aus und stellt eine Warnung voran: «Derjenige, der sich seiner Almosen rühme, wird hinweg gewaschen vom Regen wie Staub». Das Gute steht schon vor dem ersten Bild unter Generalverdacht. Kein Wunder, dass die beiden Protagonisten, darunter der Regisseur als Mann namens Kaveh, antreten, dem iranischen Volk die Augen zu öffnen. Nicht mithilfe mystischer Verbundenheit, sondern mithilfe von Geld. Ist es nicht gottesfürchtig, zu spenden? Schon. Doch der 1969 in Teheran geborene Haghighi gehört zu den Skeptikern, die sich um den Regisseur Asghar Farhadi versammeln. Zusammen mit Farhadi schrieb er das Drehbuch zu FIREWORK WEDNESDAY (Iran 2006). Wie in diesem hoch ironischen, die Mittelschicht sezierenden Film ist auch in A MODEST RECEPTION die großartige Taraneh Alidoosti die Hauptdarstellerin (Abb. 2).

A MODEST RECEPTION besitzt die Größe der Lessingschen Ringparabel und die narrative Eleganz eines Märchens, von dem man wähnt, dass es schon ewig unter den Völkern kursiert. Ein Mann und eine Frau, die sich als Geschwisterpaar erweisen, falls man das nach der Dekonstruktion aller Glaubenssätze im Film noch glauben kann, fahren mit einem luxuriösen Geländewagen durch die von Armut, Kriegen und Erdbeben erschütterte Bergregion an der Grenze zu Afghanistan. Möglicherweise ist es so, wie sie es am Ende ihrer Reise einem mitleidigen Soldaten erklären: Dass ihre Mutter diesem Gebiet entstammt und beschlossen hat, ihren Reichtum den gebeutelten Bewohnern zukommen zu lassen. Doch der Satz, der dem Film vorangestellt wird, verheißt, dass sie ihren Auftrag verfehlen. Sie rühmen sich ihrer Almosen und werden hinweg gewaschen vom Regen wie Staub.

Da niemand das Geld annehmen will, dass sie in Plastiksäcken spazieren fahren, führen die Spender Minidramen auf, die es den Zwangs-Beglückten unmöglich machen, das Almosen zurückzugeben. Ständig bemüht, ihre «frommen» Lügen zu filmreifen Plots zu verdichten, tatsächlich nehmen sie ihre Taten auch noch mit einer Kamera auf, stoßen die Zyniker bald an ihre Grenzen. Ein gottesfürchtiger Alter weigert sich, die Gabe einzustecken. Ein Wirt befürchtet schmutziges Geld aus den Drogenkriegen der Region. Die gute Absicht bleibt im Schlamm stecken. Mit jeder Zurückweisung verlieren die beiden Protagonisten den Zugang zur Heilsbotschaft des Helfens. Auf dem Höhepunkt des pseudo-religiösen Krieges, den sie gegen das Elend führen, während sie die Elenden aus dem Blick verlieren, kommt die Frau zu sich und der Mann um seinen Verstand. Sie erkennt, dass das Almosen Tod und Verderben bringt, wenn es ohne Demut gegeben wird.

Stellvertretend für die rachsüchtigen und gottverlassenen Mullahs, die den Iran seit Jahrzehnten dazu zwingen, Allah als Spende entgegenzunehmen, schwingt sich der Mann zum Herrscher über Leben und Tod auf. Seine Gabe wird von Mal zu Mal giftiger. Wer sein Geld will, muss gehorchen. Ein Bruder wird dazu gebracht, dem Bruder nichts von dem plötzlichen Reichtum abzugeben. Kain lässt grüßen.

Ein Lehrer, der dem tiefgefrorenen Boden ein Grab für sein Baby entreißt, soll im Gegenzug zur Spende den Leichnam den Wölfen überlassen. Der Lehrer widersteht lange der mephistophelischen Selbstherrlichkeit, die von dem iranischen Faust Besitz ergriffen hat. Dann gibt er auf. Drei seiner Kinder leben noch. Kaum ist der Lehrer mit dem Geld gegangen, gebeugt von Scham und Ekel, wirft sich der schizophrene Verführer auf den Leichnam und bedeckt ihn mit Tränen. Selbst für den, der sein will wie Gott, ist es nicht auszuhalten, dass die Menschen sich seinem verderbten Willen fügen.

Die, die das Böse für normal halten, setzen dem psychopathischen Treiben ein Ende. Da sie das Geld sowieso loswerden wolle, legt der Anführer der örtlichen Mafia der jungen Frau nahe, könne sie es ebenso ihm geben. Davongekommen mit dem

Leben, des Geldes beraubt wie des Autos und aller Illusionen, kehren Mann und Frau zurück. Doch wohin?

Und dann ist da noch das Maultier. Es ist der leibhaftige Gegensatz zu den Tieren in Majidis DIE FARBEN DES PARADIESES. So wie diese aus Gottesliebe gerettet werden, wird das Maultier aus Gier preisgegeben. Es gehört einem Schmuggler, der das Geld annimmt. Um den Preis, das geliebte Tier mit gebrochenem Lauf zurückzulassen. Es zu töten, wird er belehrt, wäre doch kein Akt der Gnade. Zunächst sieht es so aus, als würde die Natur der Laune der Frau recht geben. Das Maultier verschwindet. Am Ende werden Mann und Frau das arme Wesen wiederfinden, zerquält, hungrig und hilflos. Die Frau erschießt das Tier und blickt in einen Abgrund von Hochmut und Selbstverkennung. Auch sie hat Schicksal gespielt und sich versündigt. Soll man sich also doch dem Schicksal blind ergeben? Weit gefehlt. A MODEST RECEPTION beharrt auf der Wahl, die der Mensch hat. Der Film ist der dunkle Spiegel der Hoffnung, die Majidi einst so farbenprächtig in die Welt setzte.

Blicke

Gegen die Kunst des Hoffens wendete sich bereits Jafar Panahis preisgekrönter und im Iran bis heute von der Zensur nicht zugelassener Film DER KREIS (DAYEREH; Iran/ Italien/Schweiz 2000; Abb. 3). Als Staffellauf des Leidens funktioniert dieser iranische Reigen, in dem jede Frau einen Teilaspekt fundamentalistischer Doppelmoral und sexistischer Unterdrückung zu spüren bekommt. Geschöpfe eines selbstherrlichen Islam, der seinen Opfern auch noch die Einsicht in ihre «gottgewollte» Minderwertigkeit abverlangt, sind die Protagonistinnen trotz ihrer Verzweiflungstaten nicht. Mit der Hure Moigane kommt DER KREIS bei dem größten iranischen Tabu, der Prostitution an. In Panahis erstem Film DER WEISSE BALLON (Iran 1995) wird die siebenjährige Razieh von der Darbietung eines Schlangenbeschwörers fasziniert. «Das ist nicht gut für dich», sagt ihre Mutter und zieht sie weg. Für den Rest des Films wird Razieh beharrlich den einen Satz wiederholen: «Ich will sehen, was mir nicht gut tut». Panahis erwachsene Heldinnen sind einen Schritt weiter gekommen. Trotz ihrer Schleier, den von Männern verstellten Blickachsen oder dem Gebot, die Augen züchtig zu senken, sehen sie deutlich, wer ihnen nicht gut tut.

Lichtblicke

Das iranische Filmjahr 2006 brachte wunderbare, wenn auch düstere Filme hervor, darunter ZEMESTAN (ES IST WINTER; Iran 2006) von Rafi Pitts. Die Ausbeutung der Ärmsten in einer von Furcht und Egoismus dominierten Gesellschaft verbindet der Film mit einem im Iran berühmten Gedicht. «Es ist Winter», heißt es darin, «die

Menschen hüllen sich in ihre Mäntel und grüßen einander nicht». Welcher Art der Winter des iranischen Missvergnügens ist, bleibt in diesem auf ergreifende Weise widerständigen Film nicht verborgen.

Auch Nasser Refaies Spielfilm SOBH DIGAR (ANOTHER MORNING; Iran 2006) verweigert sich radikal dem Trost der Naivität. Weit entfernt davon, morbid oder defätistisch zu sein, erzählt sein Film von einem weitreichenden Tod. Die Frau des Angestellten Kamali, eines Mannes in mittleren Jahren, ist gestorben. Ihre Angehörigen beweinen sie getreu der islamischen Riten. Kamalis Trauer ist einsam und gibt sich nicht mit der Tradition zufrieden. Im Iran der Gedanken- und Gefühlszensur klammert sich Kamali an die Einzigartigkeit seiner Liebe. Seine Umwelt reagiert ungehalten bis feindlich. Schweigend registriert der Trauernde, wie die Unterdrückung durch die allgegenwärtige Sittenpolizei sich in nachbarschaftlichen Aggressionen fortsetzt. Refaies Film zeigt in unspektakulären Bildern die Wirklichkeit einer vor Selbstherrlichkeit oder Selbsthass implodierenden Diktatur. Kinder stehlen, Jugendliche dealen mit Drogen und Pornos, Erwachsene verüben Selbstjustiz. Die Frauen verkörpern eine Schutzzone, ein heimliches Innenleben, das Verbote erträglicher macht. Für Kamali ist mit seiner Frau der ganze Iran gestorben.

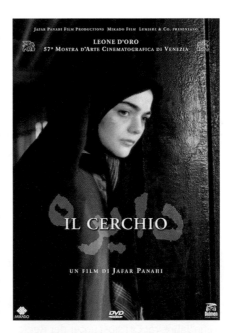

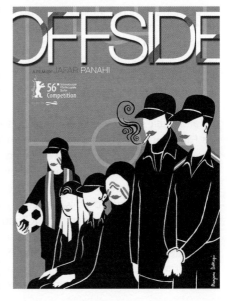

3–4 Plakate zu Jafar Panahis Filmen DER KREIS (Iran/Italien/Schweiz 2000) und OFFSIDE (Iran 2006)

Ausgerechnet Panahi transzendierte 2006 das Thema der verbotenen Blicke in einem Film, der das Zuschauen als Frauenrecht einklagte. OFFSIDE (Iran 2006), der Gewinner des Silbernen Bären der 56. Internationalen Filmfestspiele von Berlin im Jahr 2006, nimmt eine Idee auf, die im fußballbegeisterten Iran naheliegt, und verwandelt sie in eine ebenso komplexe wie vergnügliche Anweisung zur Revolte (Abb. 4). Gewidmet ist der Film einer Griechin, die vor 2000 Jahren trotz des herrschenden Verbots als Mann gekleidet eine Olympiade besuchte, um ihrem Sohn zuzujubeln. Ihre Nachfahrinnen im Geiste sind jene iranischen Mädchen, die sich als Fußballfans ins Stadium schmuggeln, obwohl ihnen drakonische Strafen drohen. Nach ihrer Entdeckung werden die Mädchen von jungen Soldaten gefangen gehalten, die ihnen nicht erlauben, das Spiel zu verfolgen. So nah am Ziel ihrer Wünsche werden die Mädchen mutig. Warum es Japanerinnen erlaubt gewesen sei, das Spiel Japan gegen Iran zu betrachten, wollen sie wissen und lösen einen grotesken Erklärungsnotstand aus. Die Absurdität der Situation potenziert auf herrliche Weise die Willkür der fundamentalistischen Männerherrlichkeit der iranischen Mullahs: OFFSIDE zeigt, dass kein Thema abseitig genug sein kann, um es den Zensoren heimzuzahlen.

Gewonnen. Verloren. Unentschieden

Zehn Jahre vor OFFSIDE, unter der Regie von Dariush Mehrjui, des 1939 in Teheran geborenen Meisters der iranischen Meister, versetzte LEILA (Iran 1998) den westlichen Betrachtern einen Schock. Der Film beginnt, als sei das Regime Vergangenheit. Eine wohlhabende Familie kocht in ihrem prächtigen Garten Shole-Zard-Pudding. Ein riesiger Topf wird unter Gelächter mit Reis gefüllt. Die Art und Weise, wie er zu kochen sei, beschäftigt Männer und Frauen, die sich beim Rühren abwechseln. Emsige Hände geben Schüsseln mit geschmolzener Butter, Safran und Zucker hinein, die Hände und der Kessel füllen das Bild. Es ist eine Gemeinschaft, die hier gezeigt wird, eine liebende Familie, die sich erst individuiert, als Leila, Protagonistin und gleichzeitig Erzählerin des Films, zu sprechen beginnt. Aus dem Off, über die Köpfe der scherzenden und schmausenden Gesellschaft hinweg, beginnt sie, das Gezeigte zu erklären. «Es war der Tag», sagt sie, «an dem ein Freund Reza mitbrachte». Man sieht, wie die junge, schöne Frau den etwas älteren Reza anblickt. Drei Monate später sind sie verheiratet. Beide sind gebildet. Eltern und Schwiegereltern sind reich und auf den ersten Blick liberal. Auch das Reispudding-Treffen spricht Bände. Shole-Zard-Pudding ist ein beliebtes iranisches Dessert, dessen Zubereitung nicht an einen religiösen Feiertag gebunden ist. Hier ist der Pudding quasi das Rezept für Normalität, für die Freiheit, das Leben zu genießen. Die Zweisamkeit des jungen Paares wird ungewohnt farbig hervorgehoben. In ihrem Haus, an ihrem Esstisch knistert es vor Erotik. Zeigen darf Mehrjui das nicht.

So färbt er die Bilder bisweilen rot. Noch steht das Rot für die Liebesheirat. Auch Stillleben, Bilder, in denen das junge Paar vor Glück den Atem anzuhalten scheint, gehören zum stilistischen Gefüge des Films. Doch schon setzen die distanzierenden Kommentare ein, mit denen Leila, zugleich handlungstragend und schicksalsergeben, ihre Geschichte Stück für Stück zurücknimmt. Bis sie in Depressionen versinkt. Eine Dissoziation vor laufender Kamera, das ist der Film, eine Fallstudie, die dem Betrachter das Herz zerreißt. Die Aufspaltung in Erzählerin und Erzählte ist hier mehr als ein Kunstgriff. An ihrem 18. Geburtstag erfährt Leila, dass sie nicht schwanger werden kann. Schleichend holt sie das kollektive Schamgefühl ein, das iranischen Mädchen mit der Geburt eingeimpft wird. Eine Frau zu sein, das mag angehen, wenn man reich heiratet und einen Sohn gebiert. So tief verwurzelt ist das Minderwertigkeitsgefühl der jungen Frau, dass sie den Beteuerungen ihres Mannes keinen Glauben schenken kann. Für den aufgeklärten Reza ist es kein Unglück, kinderlos zu bleiben. Obschon er Kinder liebt, liebt er seine Frau doch mehr. Sogar von seinem Begehren spricht er und bricht damit ein Tabu. Während Leila ihr Leben Arztbesuchen widmet, steht das Telefon in ihrem Haus nicht mehr still. Das schrille Läuten, kaum, dass die beiden ihr Refugium betreten, ist Warnsignal und Kriegsfanfare. Als Unfruchtbare sinkt Leilas Anspruch auf Selbstbestimmung in den Augen ihrer Schwiegermutter so rapide, dass sie die eingeschüchterte junge Frau auffordert, sich zu opfern. Reza soll eine zweite Ehe eingehen, damit die Erbfolge gewahrt bleibt. Wirklich verrückt ist, dass das Ansinnen der Schwiegermutter von vielen Familienmitgliedern als herzlos verdammt wird. Leilas Schwiegervater steht zu ihr und verurteilt die Attacken seiner Frau. In einem ergreifenden Gespräch, das selbst er sich nicht in seinem eigenen Haus zu führen getraut, bittet er seinen Sohn, sich seiner übergriffigen Mutter zu erwehren. Doch so sehr Reza seine Frau darin unterstützt, nicht auf seine Mutter zu hören, so wenig hat er den Mut, seiner Mutter den Mund zu verbieten.

Nicht die Männer sind in LEILA das Verderben der Frau, sondern eine Mutterfigur, die «ihre» Männer dazu zwingt, die patriarchalische Rolle beizubehalten. Wenn ein Mann darauf verzichten kann, einen Sohn zu zeugen, was ist seine Mutter noch wert?

Quälende 129 Minuten lang schwankt Leila zwischen dem Wunsch, zu widerstehen und der antrainierten weiblichen Selbstzerstörung. Am Ende steigert sie sich in ein masochistisches Bedürfnis, der Übermutter und einem antiquierten Tanten-Chor zu gehorchen. So sehr Rezas Schwestern sie auch ermuntern, Verantwortung für ihr Leben zu übernehmen, so sehr Reza sie bittet, die Last der alleinigen Entscheidung nicht auf ihn abzuwälzen: Leila erzwingt in ihrem schizophrenen Glauben an den vermeintlichen Kinderwunsch jedes Mannes Rezas zweite Ehe. Als die zweite Braut ins Haus einzieht, verlässt Leila ihren Mann. Während die Schwiegermutter triumphiert, geht alles zugrunde. Reza, der nur Leila liebt, schwängert pflichtbewusst seine zweite Frau. Diese bringt eine Tochter zur Welt und reicht die Scheidung ein. Das kleine Mädchen, Baran genannt, wird an die Schwiegermutter abgegeben. Das Entsetzen der Schwiegermutter angesichts des brüllenden Nicht-Enkels auf ihrem Schoß ist der einzige *comic relief* des Films.

Leila zieht zu ihrer Familie zurück. Unerreichbar für den Shole-Zard-Pudding und das Leben, das weitergeht, wirft sie am Ende einen Blick auf die kleine Baran, die an Rezas Hand den Garten aus der Anfangsszene betritt. «Vielleicht wird sie eines Tages lachen, wenn man Rezas Tochter Baran die Geschichte erzählt, und sie lernt, dass sie ohne Mutters Hartnäckigkeit (hier ist die Schwiegermutter gemeint, die Leila nach altem Brauch «Mutter» nennt, H.K.) nie geboren worden wäre.» Das ist alles, was Leila noch zu sagen hat. Man könnte meinen, dass sie dabei lächelt. Man sollte sich nicht darauf verlassen. Der Film könnte nicht klarer sein. Solange nicht alle Frauen, gleich welchen Alters und welcher Herkunft ihre Rolle reflektieren und aufgeben, solange es keine umfassende, intergenerative Solidarität unter Irans Frauen gibt, werden Stagnation, Schizophrenie und Unterdrückung obsiegen. Mag der Alltag sich mit der Scheinfreiheit des Luxus noch so sehr versüßen lassen.

Mann. Frau. Hin und zurück. Kein Ankommen

5 Der iranische Regisseur Abbas Kiarostami

Mit TEN (Frankreich/Iran/USA 2002) setzte Abbas Kiarostami (Abb. 5) bei der Überwindung seines eigenen, oft kopierten Metaphernreichtums neue Maßstäbe. Radikaler als seine Schüler verzichtete er auf ein dramaturgisch zugespitztes Narrativ, auf den Geschmack des Gleichnisses und den Wind der Symbolik, der uns durch seine früheren Filme trug. Der Regisseur spricht denn auch im Presseheft zu TEN davon, dass TEN realisiert wurde, ohne «wirklich inszeniert zu werden».

Weder Dokumentarfilm noch Fiktion, pendeln die zehn titelgebenden Passagen des Films zwischen reinem Geschehen und der Bedeutung, die aus der Verknüpfung scheinbar zufälliger Alltagsszenen erwachsen. Eine namenlose Frau mittleren Alters, erkennbar der Bildungselite angehörig, kreuzt mit ihrem Auto durch Teheran. Nur am Rande erfährt der Betrachter, dass sie etwas mit Photographie und Reisen zu tun hat. Ihr Terminkalender ist der unsichtbare Dritte, der mitfährt, wenn sie ihren undankbar quengelnden Sohn zu ihrem geschiedenen Mann oder zu seiner Großmutter bringt. Unterwegs auf Straßen, die sich auf Verkehrsgetöse und Falschparker reduzieren, setzt sich die Vorgeschichte der Familie als Endlosschleife zusammen. Die Hasstiraden des zehnjährigen Sohns zwingen die Geschäftsfrau, vielleicht gar Künstlerin, in die Rolle der pflichtvergessenen Mutter. Die Frau am Steuer wiederholt angesichts des kleinen Paschas vergeblich die Merksätze der Emanzipation. Bis zuletzt wird er sich nicht neben sie setzen.

Stattdessen nehmen andere Frauen neben ihr Platz, Frauen, die sie am Straßenrand aufliest. Der existenzielle Minimalismus des Films erlaubt es, die Äußerungen der Frauen als Extrakt eines immer noch von männlicher Selbstherrlichkeit und Entsagung dominierten islamischen Frauenlebens zu begreifen. Zugleich legt der Film nahe, dass es sich um Begegnungen handelt, die Vergangenheit und Zukunft der Fahrerin spiegeln. TEN ist ein Roadmovie ohne den Trost der ungewohnt abenteuerlichen Aussicht und der Veränderung, die zu dem Genre gehören wie das Erneuerungsbedürfnis des Reisenden. Die moderne iranische Frau, die scheinbar freie Fahrt hat, ist immer noch festgelegt auf die Spur der Anklage. Ihr Mann kommt nie ins Bild. ER ist ein riesiger Landrover, der auf der anderen Seite der Straße parkt. Noch unsichtbarer als der Ehemann ist nur die Inszenierung des Films. Das ganze Land sitzt bei der Protagonistin im Auto und verhandelt nahezu dokumentarisch Sittenstrenge und das Begehren nach Fortschritt, wenn sich die Protagonistin zuerst ihre Lippen im Rückspiegel nachzieht und dann doch ihr lässig fallendes Kopftuch gerade rückt, sobald sie das Auto verlässt. Per Anhalter durch die politische Debatte: Die Abkehr von der kunstsinnigen Metapher mag europäische Rezensenten verstört haben, weil sie in keiner Kinematographie der Welt so gut mit ihrem Suchtmittel versorgt wurden wie in der iranischen.

Kiarostami, der uns alles gegeben hat, was Filmbilder vermögen, nimmt uns mit dem Kunstgriff der Reduktion jedoch nichts weg. Das Karge ist nur die Metaphorik des Puristen. Schlichtheit, sagt Kiarostami, sollte nicht mit Einfachheit verwechselt werden. Schon 1999, im Presseheft von DER WIND WIRD UNS TRAGEN, hat Kiarostami Worte gefunden, die seitdem Berühmtheit erlangt haben und immer wieder zitiert werden: «Ich glaube an eine Art Kino, das dem Zuschauer größere Möglichkeiten bietet und ihm mehr Zeit gibt. Ein Kino, das nur eine Hälfte kreiert, ein unvollständiges Kino, dessen zweite Hälfte der schöpferische Geist des Zuschauers selbst gestalten muss».

Dieses künstlerische Credo könnte anstelle der Anrufung Allahs vor jedem Film von Asghar Farhadi (Abb. 6) stehen. Aber Farhadi ist kein Provokateur. Er ist der stillste Rebell, den das iranische Kino je hervorgebracht hat. Seine Filme thematisieren Tabus so beiläufig, dass die iranische Zensur die Tabubrüche nicht wahrzunehmen scheint. ABOUT ELLY (Iran/Frankreich 2009), der Gewinner des Silbernen Bären im Wettbewerb der 59. Internationalen Filmfestspiele von Berlin im Jahr 2009, wurde auch auf für das 27. Fajr International Film Festival in Teheran nominiert und dort mit dem Crystal Symorgh für die beste Regie ausgezeichnet. Sogar bei den 82. Academy Awards durfte Farhadi ABOUT ELLY zeigen. Der Film galt als offizieller Vertreter des Irans für den Wettbewerb in der Sektion «Bester Fremdsprachiger Film». Bei so viel Zustimmung könnte man mutmaßen, dass die Zensoren über Nacht taub und blind geworden sein müssen. Farhadis Kunst liegt darin, die Kritik an seinem Land als neutrale Alltagsschilderung zu tarnen. Iranische Zensoren könnten gar nicht zufriedener sein über eine Szene wie diese: In NADER UND SIMIN – EINE TRENNUNG (Iran 2011) landet ein Ehepaar vor dem Scheidungsrichter. Simin ist Lehrerin, Nader arbeitet in der der Verwaltung. In Teheran bewohnen sie eine großzügige Wohnung, ihre elfjährige Tochter Termeh geht auf eine gute Schule. Vor dem Richter geben beide zu erkennen, dass sie sich eigentlich nicht scheiden lassen wollen. Doch die Familie hat ein Ausreisevisum, das in vierzig Tagen ausläuft. Obwohl Nader der Ausreise vor Jahren zugestimmt hat, weigert er sich, zu diesem Zeitpunkt mitzugehen. Sein verwitweter, bei ihnen lebender Vater ist an Alzheimer erkrankt. Simin sucht eine Lösung, die Pflege für den Schwiegervater und Sicherheit für ihre wissbegierige Tochter zulässt. Ob das Kind nicht auch im Iran was lernen könne, will der Richter wissen. Simin windet sich. Schon, sagt sie, «doch die Umstände …». «Welche Umstände?» will der Richter wissen und legt die Klage ad acta.

Die Umstände werden nicht ausgesprochen. Die Zensur kann nicken. Was will die Frau? Farhadi jedoch zeigt in Sätzen, die nicht vollendet und Bildern, die partiell Auslassungen sind, was seine Heldin will. Wieso gibt es im Iran keine zuverlässigen oder bezahlbaren Altenpflegeheime? Weil das Aufgabe der Frauen ist. Und wenn eine Frau wie Simin für die Zukunft ihrer Tochter kämpft, den liebenden Gatten verlässt, und zu ihren Eltern zurückzieht? Geschieht eine Katastrophe.

Nader stellt eine Pflege für seinen Vater ein. Razieh, eine junge, fromme Muslima aus einem Vorort von Teheran, übernimmt die ungewohnte Aufgabe. Sie braucht das Geld. Ihr Mann Hojjat überlässt sich seiner Depression, seitdem ihn Geschäftspartner übervorteilt haben. Hojjats einziger Trost ist, ein Mann zu sein. Er ist der Gebieter über Razieh, auch wenn das niemandem nutzt. Razieh ist schwanger und verschweigt diesen Umstand vor ihrem Mann und vor Nader, um den Job zu bekommen. Was Razieh als Mensch und Muslima an ihre Grenzen bringt, sind die Regeln der Sittenwächter. Darf man einen alten Mann, der nicht einmal mehr seinen Sohn erkennt, aus seiner eingenässten Unterwäsche befreien und waschen, wenn man kein Familienmitglied und obendrein allein mit dem Alten ist? Vor dem Mitgefühl, das der Koran preist wie alle Weltreligionen, steht ein Anruf bei der Mullah-Hotline für religiöse Fragen. Was den Zensoren gefallen haben mag, denn sonst hätte der Film schwerlich gezeigt werden dürfen, muss nur aufmerksam betrachtet werden. Mithilfe der winzigen Verschiebungen, die in Szenen wie diese eingelassen sind, begreift man, welchem Terror der Alltag im Iran ausgesetzt ist. Wie sich die arme Frau unter der Pein der unterlassenen Hilfeleistung windet, bis der Mullah am Telefon Hilfe *erlaubt*, das sagt alles über die Zerrissenheit der Iraner. Warum nur bindet die mitfühlende Razieh dann den Alten später ans Bett und verursacht so beinah seinen Tod? Weil sie zum Arzt muss. Warum? Weil Naders Vater einmal aus der Wohnung ausreißt und von Razieh nur knapp vor einem heranrasenden Auto gerettet wird. Dabei wird sie selbst angefahren.

Dies ist die Schlüsselszene des Films. Getreu der unausgesprochenen Möglichkeiten und der Zusammenarbeit mit dem zur Phantasie ermächtigten Zuschauer wird sie nur angedeutet. Man muss sehr genau hinsehen. Schon vorbei. Hat man es gesehen, gehen einem die Fragen nicht mehr aus. Wieso rasen im Iran Autos auf einen halbnackten Greis zu, der verloren vor sich hin brabbelt? Wieso hört niemand auf die Frau im Tschador, die sich müht, den Alten aus der Gefahrenzone zu bringen?

Der Film läuft auf eine Mordklage hinaus. Nader, entsetzt über die vermeintlich ruchlose Pflegerin, schmeißt Razieh aus der Wohnung. Dabei, wird sie später ihrem zürnenden Ehemann sagen, sei ihr Baby im vierten Monat getötet worden. Nader wird des Mordes bezichtigt. Hat er die Frau brutal weggestoßen? Nein. Wusste er, dass sie schwanger war? Ja. Ein zufällig mitgehörtes Telefongespräch, das er zwischenzeitlich ausgeblendet hat, bringt ihn in höchste Verlegenheit. Gesteht er, dass er von Raziehs Schwangerschaft gehört hat, ihr Tschador lässt keinen Aufschluss über ihren Körper zu, droht Nader die Verhaftung durch einen Richter, der sich nicht für die ganze Wahrheit interessiert. Lügen und Angst erobern die kleine, ohnehin zerstrittene Familie.

Tag für Tag, in der Realität wie in der Welt der Gedanken und Worte hat Nader seiner Tochter beigebracht, sich gegen Bevormundung und Täuschung zu wehren. An einer Tankstelle versucht ein Tankwart, sie beim Zahlen zu übertölpeln. Ihr Vater, der sie mit einem großen Schein losgeschickt hat, ermutigt sie: Sieh ihm ins Gesicht und fordere dein Rückgeld. Termeh liebt ihren Vater und hadert mit ihrer Mutter. Doch es ist Simin, die Naders exorbitant hohe Kaution stellt. Und es ist Nader, der seine wahrheitsliebende Tochter indirekt um eine barmherzige Lüge bittet. Termeh muss als Zeugin antreten. Wird sie die Wahrheit sagen und ihren unschuldigen, doch ob einer Lüge unglaubwürdig wirkenden Vater im Gefängnis verschwinden sehen? Wird sie ihre seelische Unschuld verlieren und das Lügen erlernen? Die Mordanklage, die dieser subtil verschachtelte, fakten- und geistreiche Film erhebt, gilt nicht Nader noch Simin. Sie gilt dem Iran. Denn wie sehr die Protagonisten auch lügen, vor allem der ebenso depressive wie fromme Säufer Hojjat, der aus dem Verlust seines ungeborenen Sohnes (!) ein Blutgeldgeschäft machen möchte, sie sind nicht alleine schuld an dem Debakel.

6 Der iranische Regisseur Asghar Farhadi am Set von NADER UND SIMIN – EINE TRENNUNG (Iran 2011)

Ehre Vater und Mutter, sagt der Koran. Warum wird dann Naders, auf der Straße herumirrender Vater von Passanten verspottet? Warum hilft niemand der Frau, die bei seinem Rettungsversuch angefahren wird? Weil Gleichgültigkeit und die Lust an der Verleumdung das Land regieren und systematische Bespitzelung auf Dauer manche Mitleidsfrage erstickt. Wer weiß, wohin das führt, wenn man sich einmischt. Im Film sind es Razieh und Termeh, die reinen Seelen, die am meisten verlieren. Kurz vor der Übergabe des gerichtlich vereinbarten Blutgelds, das Nader die Verhaftung erspart, bittet Simin die streng gläubige Razieh, auf den Koran zu schwören. Zu schwören, dass sie ihr Ungeborenes durch Naders Zutun verloren hat. Razieh rennt in die Küche und bricht in Tränen aus. Das Geld soll ihren Mann erlösen, soll ausgleichende Gerechtigkeit sein für den Betrug durch seine Geschäftspartner, der Hojjat beinah um den Verstand gebracht hat. Aber einen Meineid kann sie nicht begehen. So erfährt ihr Mann, das Razieh zweifelt. Könnte nicht der Autounfall das Kind getötet haben? Man muss sehen, wie Farhadi seine Protagonisten liebt, gleichviel woran sie scheitern, gleichviel wie sehr sie sich in Lebenslügen verstricken. Selbst dem Choleriker Hojjat, der Razieh vergeblich zum Meineid drängt, wird dieses Mitgefühl zuteil, dieser wissende, nie verurteilende Kamerablick. Könnte das reiche Paar, da Nader auch moralisch von seinen Anklägern freigesprochen wird, nicht mit ein wenig Geld helfen? Was ist ein Neuanfang, wenn er nicht alle mitnimmt? Das kann man dem ernüchternden Ende des Films ansehen. Ein Neuanfang, der den Iran nicht einbezieht, ist der verzweifelte Ausdruck in Termehs Augen, bevor sie sich angesichts der nunmehr bewilligten Scheidung ihrer Eltern für Vater oder Mutter entscheiden muss. Man erfährt nie, wie und bei wem Termeh leben wird. Stattdessen hört man im Hintergrund zornige Stimmen, Streit und Chaos. Der nächste Fall kommt vor Gericht.

NADER UND SIMIN – EINE TRENNUNG gewann den Goldenen Bären im Wettbewerb der 61. Internationalen Filmfestspiele von Berlin im Jahr 2011. Es war das Jahr, in dem Jafar Panahi als Mitglied der Internationalen Jury nicht anreisen durfte. Das Regime ließ ihn nicht aus dem Land. Während Panahi in Untersuchungshaft saß, blieb in jeder Presserklärung und bei der Vergabe der Preise sein Stuhl demonstrativ leer. Was ist ein Neuanfang für den Iran, wenn die Welt nicht ein wenig hilft?

Ins Freie

Selbst in märchenhaften Filmen wie Makhmalbafs GABBEH (Iran/Frankreich 1996)
steckte eine Kampfansage gegen die Zensur. Ursprünglich plante Makhmalbaf einen
Dokumentarfilm über die Gashgai-Nomadenstämme, die mit ihren Schafherden den
Südosten Irans durchwandern. Im Rhythmus der Schafzucht und Schur ist ihr Leben
den Gabbehs geweiht, den Teppichen, die ihre Frauen weben. Die Webkunst, die im
Film als kreativer Prozess und zugleich als Schöpfungsgeschichte der porträtierten
Familie gelesen werden kann, inspirierte Makhmalbaf zu seinem subversivsten Film.
Er habe, hat Makhmalbaf dazu erklärt (Presseheft von GABBEH), keine Lust auf Lie-
besfilme, die in Häusern spielen. Wie solle die Liebe entstehen, wenn die Liebenden
nach den Regeln der Religionswächter nie alleine in einem (filmischen) Raum zusam-
menkommen dürften? GABBEH spielt konsequent unter freiem Himmel. Die Liebenden, die über die Teppichmotive ihre Geschichte zu Ende spinnen, sind mittlerweile
ein nörgelndes altes Ehepaar. In den Rückblenden, die in ihrer Jugend spielen, ist er
nur ein Schatten, der ihr folgt.

ABOUT ELLY scheint gegen das Verdikt, das GABBEH so listenreich umgeht, offen zu
verstoßen. Drei junge Ehepaare aus der Oberschicht nehmen Elly, eine ledige Volks-
schullehrerin, mit zum Urlaub ans Kaspische Meer. Elly soll auf das Kind eines der
Paare aufpassen und einen unverheirateten Freund kennenlernen, alles unter einem
Dach. Als Elly verschwindet, verkehrt sich die pseudoliberale Haltung der verheirate-
ten Frauen in Hass und Häme: Dem Personal ist nicht zu trauen. Bestimmt sei Elly mit
einem Mann durchgebrannt. Die Beschämung fällt auf die Verleumder zurück, als sie
erfahren, dass Elly bei dem Versuch ertrunken ist, das Oberschichtenkind zu retten.
ABOUT ELLY lässt an Deutlichkeit nichts zu wünschen übrig. Die aufgeklärten Heuch-
ler, die intriganten Emanzen, sie werden demaskiert. Doch eine Szene überstrahlt die
Erinnerung an den Film. Auf dem Weg ans Meer fahren die Paare mit Elly durch einen Tunnel. Wortlos kurbeln alle die Fenster runter, die Frauen reißen sich die Tücher
vom Kopf, lehnen sich aus den Fenstern und schreien. Im Gegensatz zu Panahis DER
KREIS, der heimlich gedreht und aus dem Land geschmuggelt werden musste, ließ die
Zensur ABOUT ELLY passieren. Vielleicht weil am Tunnelausgang alle Frauen wieder
Kopftücher tragen. Doch jeder Tunnel läuft aufs Freie hinaus.

Freek L. Bakker

Interessante Brückenschläge
Jesus und Maria im iranischen Film

2007 war ein besonderes Jahr in der Filmgeschichte des Iran, weil in diesem Jahr zwei Filme über zwei Personen herauskamen, die im Christentum von großer Bedeutung sind. Zuerst kam MARYAM AL-MUQADDASAH (DIE HEILIGE MARIA; Regie: Shahriar Bahrani) in die Kinos, ein Film über Maria, die Mutter Jesu. Kurz danach erschien AL-MASIH (DER MESSIAS; Regie: Nader Talebzadeh), ein Film über Jesus.

Bereits im Jahr 1897 erschien der erste Jesusfilm, LA PASSION DU CHRIST (Das Leiden Christi; Regie: Albert Kirchner), produziert von dem katholischen Verlag La Bonne Presse in Paris.[1] Seitdem sind wahrscheinlich 150 bis 160 Filme mit Jesus als Hauptfigur oder mit ihm in einer Nebenrolle des Films entstanden.[2] Später wurden auch Filme über andere biblische Figuren produziert.[3] Der erste Film über Maria kam wahrscheinlich 1908 in den USA heraus. Dieser Film, THE STAR OF BETHLEHEM (Der Stern von Bethlehem), konzentrierte sich auf die Ereignisse rund um die Geburt Jesu.[4] Dieselben Ereignisse waren auch schon zuvor in einigen Jesusfilmen in Szene gesetzt worden.[5]

In den Jesusfilmen ging es immer um die Frage, wer Jesus wirklich ist. Die Regisseure haben auf diese Frage in vierfacher Weise geantwortet. Die erste orientierte sich am Passionsspiel. Die zweite war die der Filmbiographie in einer historischen Perspektive. Ein Beispiel ist der italienisch-französische Film DER MESSIAS des Regisseurs Roberto Rosselini aus dem Jahre 1976. Die dritte Kategorie ist die des Bibelfilms, in der der Filmemacher den Text der Bibel als Ausgangspunkt nahm, wie Pier Paolo Pasolini in seinem DAS EVANGELIUM NACH MATTHÄUS (Italien/Frankreich 1964). Nach Pasolini wurde diese Vorgehensweise – von evangelischen Regisseuren wie Bill Bright

---

1 L. Baugh, *Imaging the Divine. Jesus and Christ-figures in Film*, Franklin [WI] 1997, 8.

2 T. J. Langkau, *Filmstar Jesus Christus. Die neuesten Jesus-Filme als Herausforderung für Theologie und Religionspädagogik*, Berlin 2007, 24–25.

3 Siehe zum Beispiel: R. H. Campbell und M. R. Pitts, *The Bible on Film. A Checklist 1897–1980*, Metuchen [NJ] und London 1981.

4 Ebd., 78.

5 Zum Beispiel in LA VIE ET LA PASSION DE JÉSUS-CHRIST (Regie: Ferdinand Zecca und Lucien Nonguet; Frankreich 1905).

und John Heyman in ihrem Film JESUS (USA 1979) angewandt, da sie glaubten, dass die Wahrheit über das Leben, über Gott und auch über Jesus in der Bibel zu finden sei. Während Pasolini dieser Linie aus künstlerischen Motiven folgte, weil er im Matthäusevangelium ein Filmskript sah, handelten diese Regisseure auf der Grundlage einer christlich-theologischen Überzeugung. Die vierte Herangehensweise schließlich war die der Einbettung in die eigene Kultur. Ein anschauliches Beispiel dieser Vorgehensweise ist SON OF MAN (Regie: Mark Dornford-May; Südafrika 2006), in dem sich das Leben Jesu in der Umgebung Südafrikas abspielt. In dieser Linie hatte auch Pasolini seinen Film mit einigen Freunden und einfachen Leuten aus der bäuerlichen Region Süditaliens gedreht. Seine Mutter spielte die ältere Maria. Dadurch näherte sein Film sich einerseits der Situation an, in der Jesus gelebt hatte, und glich andererseits den traditionellen Passionsspielen vieler europäischer Dörfer.

AL-MASIH

Der Titel des Films AL-MASIH ist arabisch, der persische Titel heißt übersetzt «Gute Nachrichten des Heilands»[6], während der englische Titel JESUS THE SPIRIT OF GOD (Jesus, der Geist Gottes) lautet. Er betont damit einen Titel für Jesus, der im Islam gebräuchlich ist; der arabische Titel AL-MASIH dagegen bezieht sich auf das christliche Prädikat für Jesus, Messias, wie der persische Titel das Wort «Heiland» enthält, das auch eine spezifisch christliche Benennung Jesu ist. Dieser Umstand ist einigermaßen überraschend, da sich die englische Fassung doch eigentlich mehr an Christen richtet und die arabische und die persische Version an die Muslime. Der Film AL-MASIH, der 81 Minuten dauert, wurde ausgezeichnet mit dem Preis für den interreligiösen Dialog auf dem *Religion Today Film Festival* im italienischen Trient.[7]

Der Film lag eigentlich schon 2005 vor. Aber weil Regisseur Nader Talebzadeh, der in den siebziger Jahren einige Zeit in Virginia in den Vereinigten Staaten zugebracht hatte und von 1980 bis 1988 durch seine Dokumentarfilme über den Krieg zwischen Iran und Irak bekannt wurde,[8] mit diesem Film das gegenseitige Verständnis zwischen Christen und Muslimen fördern wollte, fügte er vor dem Schlussteil, der an sich eine islamische Perspektive einnimmt, auch ein christliches Ende ein.[9] Der Preis des Festivals in Italien zeigt, dass er damit einigen Erfolg gehabt hat, obwohl die Aus-

6   Website von *Variety*, 13 Februar 2005, www.variety.com/article/VR1117917841?refCatId=13 [27.10.2012].
7   Website des «Religion Today Film Festival», www.religionfilm.com/parsepage.php?tpl=tplnewsENGold [23.12.2010].
8   Website «To the Moon», http://markcole.wordpress.com/2008/04/06/movie-review-jesus-the-spirit-of-god [23.12.2010].
9   Website des ABC NEWS, http://abcnews.go.com/Entertainment/story?id=4297085&page=2#.UIzfYUS-woY, [28.10.2012].

strahlung seines Films im Libanon nach Einsprüchen seitens libanesischer Christen[10] unterbrochen wurde.

Die Rolle Jesu wird gespielt von Ahmad Soleimani Nia, der in den Bergen im westlichen Iran geboren wurde. Er diente in der iranischen Armee und arbeitete später in der iranischen Atomenergie-Agentur. Auch der Regisseur hat enge Beziehungen zur iranischen Armee. Die Produktion des Films kostete fünf Millionen Dollar und rund tausend Schauspieler waren an ihr beteiligt.[11] Der iranische Staat subventionierte dieses Filmprojekt, dessen Endprodukt im Oktober 2007 in die iranischen Kinos kam, dort aber nur wenig Besucher anzog. Nach der Aussage des Regisseurs stellt AL-MA-SIH eine Antwort auf Mel Gibsons THE PASSION OF THE CHRIST (USA 2004) dar.[12] Die finanzielle Unterstützung des iranischen Staates lässt vermuten, dass diese Antwort auch die Antwort der iranischen Regierung sein sollte, die offenbar das Bedürfnis hatte, der Welt zu zeigen, wer Jesus in den Augen der Muslime war. Damit hat der Film nicht nur eine künstlerische oder religiöse Botschaft, sondern auch eine politische.

Die Filmbilder (Abb. 1–3) erinnern an ältere Jesusfilme wie FROM THE MANGER TO THE CROSS (Regie: Sidney Olcott; USA 1912) und KÖNIG DER KÖNIGE (Regie: Cecil B. De-Mille; USA 1927). Vom Tempo her ist der Film eher träge, die Stimme des Voice-over feierlich. Man würde nie vermuten, dass AL-MASIH aus dem 21. Jahrhundert stammt. Der Film arbeitet mit Musik, die aber meistens im Hintergrund bleibt und nichts zur Interpretation des Films beiträgt.

Inhalt

Die ersten Bilder zeigen einen Mann mit langem blonden Haar, der mit einem Stock in seiner Hand zwischen dichten Nebelbänken einen Hügel besteigt: Jesus. Kurz danach erscheinen hinter ihm einige andere Männer, seine Jünger.

Gleich darauf betont der Film die harte Unterdrückung durch die Römer. In einer der ersten Szenen wird ein Mann von Zeloten vor der Kreuzigung gerettet. Dann schlägt der Widerstandskämpfer Barabbas vor, Chaos auf einem Markt zu stiften, um so viele Römer zu töten wie möglich. Einer der Jünger Johannes des Täufers sagt, man habe kein Recht, Römer zu töten. Pilatus hält seinen Einzug in Jerusalem.

Inzwischen wandert Jesus mit seinen Jüngern durch die Felder. (Die englischen Untertitel sprechen von «Jesus», auf Farsi heißt er «Isa», der Name, den er auch im Koran hat.) Jesus fordert seine Jünger auf, ihm zu folgen, und nennt ihre Namen. Dabei fällt auf, dass auch Barnabas zu seinen Jüngern gehört. Im Neuen Testament wird er

10   Website «Wikipedia», http://en.wikipedia.org/wiki/Saint_Mary_%28film%29 [11.04. 2012].
11   Website von Variety.
12   Website ABC NEWS, www.abc.net.au/news/stories/2008/01/16/2139706.htm, [23.12.2010]; Website «To the Moon».

zum ersten Mal nach Pfingsten als eines der Mitglieder der Christengemeinde in Jerusalem genannt (Apg 4,36). Wo sein Name im «Evangelium des Barnabas» genannt wird, steht in den synoptischen Evangelien der Bartholomäus. Dann kommt Jesus an einem taubstummen Mädchen vorbei. Kurz danach greift sie sich an die Ohren: Sie ist geheilt. Später heilt Jesus auch eine buckelige Frau. In einer folgenden Sequenz hält Jesus eine Predigt und spricht die Seligpreisungen. Zwischendurch sieht man immer wieder Bilder, die die Unterdrückung seitens der Römer zeigen, wie auch den gewalttätigen Widerstand des Barabbas und seiner Freunde.

Als Jesus den Jüngling von Nain vom Tode auferweckt, sagt einer der Umstehenden, dass Johannes der Täufer schon gesagt habe, dass Jesus der Sohn Gottes sei. Kurze Zeit später wird in Jerusalem verkündet, der Sohn Gottes sei im Anzug. Barabbas berät sich mit einem der Hohepriester. Er erinnert Barabbas daran, dass Jesus keinen Vater habe. Ein Tempelwächter kündigt an, dass das Blut eines jeden, der Jesus Sohn Gottes nennt, vergossen werden werde. Er taucht in die Menge ein, schlägt einige Menschen und ruft: «Wir erwarten einen jüdischen König, nicht den Sohn Gottes.» Nach vier-

1–3 Szenen aus AL-MASIH (Regie: Nader Talebzadeh; Iran 2007)

zig Tagen großer Unruhe, in denen «der Sohn gegen seinen Vater streitet und Bruder gegen Bruder»[13], schlägt der Hohepriester Kajafas vor, Jesus um Rat zu fragen. Als Kajafas zusammen mit Pilatus, den Leitern des Sanhedrin, und Barabbas Jesus in den Ber-

---

13 Barnabas 91, ein Vers, der an Mt 10,21, Mk 13,12 und Lk 12,53 erinnert. Vgl. L. Ragg und L. Ragg, *The Gospel of Barnabas*, New Delhi 1997, 98.

gen gefunden hat, kniet er, der Hohepriester, vor Jesus nieder und sagt: «Adoni» (ins Englische übersetzt: mit «My God» [Mein Gott]). Jesus läuft schnell auf ihn zu, richtet ihn auf und sagt: «Fürchte Gott, den lebendigen Gott!» Barabbas erzählt, dass ganz Judäa glaube, dass er Gottes Sohn sei, und dass sie deshalb zu ihm gekommen seien, um das Volk zu beruhigen und die Uneinigkeit, die er verursacht habe, zu beenden. «Einige sagen», fährt Barabbas fort, «dass du Gott bist, andere, der Sohn Gottes, und wieder andere, dass du ein Prophet Gottes bist». Dann sagt Jesus: «Und du, Hoherpriester, warum schürst du dieses Feuer? Hast du auch deinen Verstand verloren? Hast du vergessen, was es bedeutet, ein Prophet zu sein? Und hast du das Gesetz Gottes vergessen? Ich weise alles, was die Leute über mich sagen, zurück und betrachte mich selbst nur als einen Menschen.» Danach erklärt Pilatus, dass noch am selben Tag einen Brief an den römischen Senat geschickt werde mit der Bitte, ein förmliches Verbot zu erlassen, Jesus den Sohn Gottes zu nennen – und dieses auch allgemein bekannt zu machen. Der Aufruhr kommt schnell zu einem Ende und der römische Senat verabschiedet tatsächlich das erwünschte Verbot, um so die Unruhe in Judäa zu beenden.

Ein Gespräch mit Nikodemus enthüllt, dass im Tempel gesagt wird, Jesus wolle der Thora und den Schriften der Propheten die Autorität absprechen. Jesus erklärt, er bleibe der Thora und den Propheten treu, aber die Pharisäer und Theologen hätten diese Texte verfälscht. «Darum hat Gott mich gesandt. Weh dem, der das Blut der Rechtfertigen und Propheten vergießt. Jetzt wollen sie mich auch töten.» Dann tritt Maria Magdalena weinend in den Raum, in dem sie zusammengekommen sind, und berichtet, dass ihr Bruder Lazarus im Sterben liege. Kurz danach geht Jesus zu Lazarus' Grab. Neben dem Grab weht eine schwarze Fahne. Jesus streitet ab, dass Lazarus gestorben sei. Dann ruft er, Lazarus solle aufstehen – und dieser kommt aus seinem Grab.

Nach Jesu feierlichem Einzug in Jerusalem zu Fuß, bei dem viele Leute Palmzweige schwingen und Becken schlagen, bringen die Hohepriester und ihre Freunde eine Ehebrecherin zu Jesus. Als mehrere Männer erklären, sie seien Zeugen des Ehebruchs gewesen, zieht Jesus ein Viereck auf dem Sandboden, worin eine Wasserlache erscheint. Er fordert diejenigen, die die Frau beschuldigen, auf, ins Wasser zu schauen. «Wer ohne Sünde ist, der werfe den ersten Stein», sagt er. Der erste, der ins Wasser schaut, sieht einen Eselskopf. Er rennt weg. Die anderen glauben, er habe den Verstand verloren. Sie entscheiden, selber nicht ins Wasser zu schauen und auch wegzugehen.

Die Situation wird zunehmend bedrohlicher. Saulus, der spätere Paulus, der zu diesem Zeitpunkt noch ein Pharisäerschüler ist, ermordet Lazarus in einer Sackgasse. Die Hohenpriester und ihre Freunde entscheiden sich, Jesus umzubringen. Um Jesus erneut auf die Probe zu stellen, fragen sie ihn, ob der Sohn, den Abraham opferte, Isaak oder Ismaël gewesen sei. Jesus ist ganz außer sich. Er sagt, dass es Ismaël war, und fügt hinzu, dass er gekommen sei, um dem Gesetz Geltung zu verschaffen und den anzukündigen, der nach ihm kommen werde: Ahmad. Als Kajafas dies hört, schäumen er und die anderen Mitglieder des Sanhedrin vor Wut, woraufhin die Menschenmenge auf dem Tempelplatz anfängt, Steine aus dem Pflaster zu nehmen und einander zu steinigen. Wegen des dadurch entstandenen Haufens Steine muss Kajafas sich vor Pilatus verantworten. Dann aber versucht Kajafas, Pilatus zu bestechen, damit er jemanden zum Tode verurteilt. Danach sieht man, wie Judas dem Kajafas vorgestellt wird, während gesagt wird, dass er Geld verlange.

Darauf kommt Jesus mit seinen Jüngern in einem Raum zusammen. Jesus wäscht ihre Füße. Plötzlich erscheint ein Text auf der Leinwand, der darauf hinweist, dass die im Folgenden gezeigten Ereignisse sich an der christlichen Tradition orientieren. Soldaten hämmern mit Fäusten an die Tür des Raumes, aber Jesus ist schon weg. Danach sieht man Bilder von Jesus vor dem Sanhedrin, vor Pilatus und von der Kreuzigung. Das letzte Bild zeigt Maria Magdalena, die weinend am Fuß des Kreuzes steht.

Wieder wird ein Text eingeblendet, diesmal mit dem Hinweis, dass die Ereignisse jetzt islamischen Quellen und dem Evangelium des Barnabas folgen. Danach sieht der Zuschauer, wie Jesus vom Engel Gabriel zum Himmel geleitet wird und wie Judas' Gesicht sich in das Antlitz Jesu verwandelt. Dadurch halten ihn alle für Jesus und er wird an Jesu Stelle gekreuzigt. Petrus aber durchschaut, was geschehen ist. Er weiß, dass der Mann mit dem Gesicht Jesu Judas ist, und erklärt darum, dass dieser Mann nicht sein Lehrer sei. Petrus verleugnet Jesus nicht; er spricht die Wahrheit! Während Judas am Kreuz hängt, erklingen die Worte von Sure 4,156-157: «[A]ber nein, Gott hat es ihnen für ihren Unglauben versiegelt, weshalb sie nur wenig glauben und weil sie ungläubig waren und gegen Maria eine gewaltige Verleumdung vorbrachten, und sagten: ‚Wir haben Christus Jesus, den Sohn der Maria und Gesandten Gottes, getötet.' – Aber sie haben ihn nicht getötet und nicht gekreuzigt. Vielmehr erschien ihnen (ein anderer) ähnlich (sodass sie ihn mit Jesus verwechselten und töteten). Und diejenigen, die über ihn uneins sind, sind im Zweifel über ihn. Sie haben kein Wissen über ihn, gehen vielmehr Vermutungen nach. Und sie haben ihn nicht mit Gewissheit getötet. Nein, Gott hat ihn zu sich erhoben. Gott ist mächtig und weise.»[14]

Dann erscheint Jesus. Er schaut, gekleidet in einen roten Mantel, aus dem Himmel zu und sieht, was auf Golgatha geschieht. Die letzten Bilder dieses Films erinnern an die ersten Bilder. Wieder zeigen sie Jesus. Wieder kommt er aus dem Nebel und besteigt einen Hügel. Später sieht man ihn mit seinen Jüngern durch die Hügellandschaft wandern.

---

14 Koranübersetzung von R. Paret, Website «Koransuren.de», http://www.koransuren.de/koran/koran_suren.html [1.10.2012]. Weil die beide Filme den Ausdruck Gott verwenden, habe ich in diesem Artikel den Terminus «Allah» Parets durch Gott ersetzt.

Hintergrund

AL-MASIH ist stark inspiriert von den Aussagen des Koran über Nabi Isa (unter anderem in Sure 4, 156–158; 5,112–115 und 61,6), folgt aber ansonsten im Großen und Ganzen dem Evangelium nach Barnabas.[15] Deutliche Anzeichen sind die spiegelnde Wasseroberfläche in der Episode von der Ehebrecherin und das islamische Ende des Films. Das Evangelium nach Barnabas stammt aus Spanien, wo es in der zweiten Hälfte des 16. Jahrhunderts von einem Morisken geschrieben ist. Morisken waren Muslime, die nach dem Fall von Grenada im Jahre 1492 in Spanien blieben. Viele wurden gezwungen, Christ zu werden, blieben aber insgeheim Muslime. Möglicherweise war Ibrahim al-Taybili (auch bekannt als Juan Pérez) der Autor des Evangeliums.[16] Die 222 Kapitel dieses Evangeliums enthalten nicht nur viel Material aus den kanonischen Evangelien,[17] sondern auch lange Debatten zwischen Isa und seinen Jüngern über moralische Streitpunkte und einige Erzählungen aus dem Tanach, wie etwa über die Schöpfung oder über Abraham und Ismaël.

Daneben gibt es auch Szenen, die weder dem Koran noch der Bibel oder dem Evangelium des Barnabas entnommen sind. Eines der wichtigsten dieser Ereignisse ist der Mord an Lazarus. Im Evangelium des Barnabas wird die Ermordung des Lazarus wohl von den Priestern erwogen, aber danach verworfen, da Lazarus einflussreich war, weil er viele Besitztümer hatte und viele Menschen von ihm abhängig waren.[18] Interessanterweise enthält Martin Scorceses DIE LETZTE VERSUCHUNG CHRISTI (USA/Kanada 1988) diesen Mord auch. Hat Talebzadeh diesen Vorfall Scorseses Film entnommen? Denn die Ermordung des Lazarus durch Saulus fehlt in der muslimischen Tradition.[19] Außerdem fällt auf, dass in dem Raum, wo Lazarus aufgebahrt liegt, ein Kreuz an der Wand hängt.

Etwas Anderes, das im Evangelium nach Barnabas fehlt, ist Jesu Aussage, dass er gekommen sei, um dem Gesetz Geltung zu verschaffen und die frohe Botschaft desjenigen zu verkündigen, der nach ihm kommt: Ahmad. Diese Aussage ist ein Zitat aus dem Koran, Sure 61,6. Ahmad sollte verweisen auf Mohammed.[20]

---

15 Barnabas 14, 42–43, 46–48, 91–98, 189, 192–193, 200–201, 205–208, 210, 212–217. Vgl. Ragg und Ragg, The Gospel of Barnabas, 13–14, 54–57, 60–63, 115–125, 236–241, 247–249, 252–268.

16 J. Slomp, The ‹Gospel of Barnabas› in Recent Research, in: Islamochristiana 23 (1997) 89.

17 Ein Beispiel ist die Geschichte vom Jüngling von Nain (Lk 7,11–17).

18 Barnabas 194. Vgl. Ragg und Ragg, The Gospel of Barnabas, 204. Das Evangelium des Johannes berichtet auch, dass die Hohepriester beschlossen, Lazarus zu töten (12,10), aber es gibt keinerlei Nachricht, dass er auch wirklich ermordet wurde.

19 Persönliche Mitteilung des niederländischen Islamologen Karel A. Steenbrink.

20 Dieser Koranvers hat natürlich zu einer Reihe von Schwierigkeiten in den Kontakten zwischen Muslimen und Christen geführt. Man hat mehrere Versuche unternommen, Sure 61,6 mit Joh 14,16 zu harmonisieren. Vgl. N. Robinson, Christ in Islam and Christianity, Albany 1991, 47–48, und F. E. Peters, Islam. A Guide for Jews and Christians, Princeton 2003, 53–54.

Ebenfalls interessant ist das Aussehen der Figuren. Isa hat blondes Haar! Ist er eher ein Europäer als ein Jude? Die Priester sind gekleidet wie die orthodoxen Juden auf Gemälden Marc Chagalls. Die Frauen tragen Schadors wie heutzutage Frauen in der iranischen Provinz, was den Eindruck vermittelt, der Film spiele sich dort ab. Die schwarze Fahne neben dem Grab des Lazarus gleicht den Fahnen, die neben den Gräbern schiitischer Märtyrer aufgestellt werden.[21] In Kombination mit dem Kreuz an der Wand in dem Raum, wo der Leichnam des Lazarus aufgebahrt liegt, könnte das bedeuten, dass Lazarus hier als der erste christliche Märtyrer dargestellt wird. Zugleich kann man sagen, dass das Leben Jesu in einem schiitischen, iranischen Kontext eingebettet wird.

Beobachtungen und Analyse

Der Film gleicht den Jesusfilmen der ersten zwei Jahrzehnte des 20. Jahrhunderts und folgt fast immer dem Evangelium nach Barnabas, obschon auch ein großer Teil dieses Evangeliums nicht in den Film aufgenommen ist. Damit gehört dieser Film zum Genre des Bibelfilms, obwohl er den Text eines nicht-biblischen Evangeliums als Ausgangspunkt nimmt. Möglicherweise wollte der Regisseur durch diesen alten, feierlichen Stil der ersten Jahrzehnte der Filmgeschichte die geistliche Autorität des Films als Antwort auf THE PASSION OF THE CHRIST erhöhen – so als ob die Zuschauer denken sollten, sie hätten es mit einem älteren und damit authentischeren Film zu tun als dem Film Mel Gibsons. Mit Ausnahme von Pasolini erheben Regisseure vom Bibelfilmen in der Regel den Anspruch, dicht bei der Bibel zu bleiben – in der Hoffnung, dass die hohe Autorität der Bibel auch über ihren Film ausstrahlt. Auch Gibson erhob diesen Anspruch, sich der Wirklichkeit der Bibel anzunähern; er ging sogar noch einen Schritt weiter, indem er vorgab, auch in historischem Sinne dicht bei der Wirklichkeit der Evangelien anzuschließen. Viele – nicht alle – Muslime glauben jedoch, dass das Evangelium nach Barnabas die Wirklichkeit des Lebens Jesu adäquater wiedergibt als die biblischen Evangelien.[22]

Dennoch hat AL-MASIH nicht allein die Charakterzüge eines Bibelfilms. Da der Film das Leben Jesu einbettet in das schiitische Flair der iranischen Provinz, ähnelt er auch jenen Filmen, die die Geschichte Jesu in die eigene Kultur integrieren.

Bemerkenswert ist die Rolle der Römer. Immer wieder wird betont, dass die Römer das Volk schwer unterdrücken. Sie treten sehr gewalttätig auf, aber zugleich

---

21 G. M. Speelman, Iranian Religious Films and Inter-religious Understanding, in: *Exchange* 41/2 (2012) 175.

22 Einer der Muslime, die das Evangelium des Barnabas als authentisch ansehen, ist M. A. Jusseff, der das Vorwort zu der Edition von 2004 geschrieben hat. Siehe aber auch: J. Slomp, The Gospel in Dispute. A Critical Evaluation of the First French Translation with the Italian Text and Introduction of the so-called Gospel of Barnabas, in: *Islamochristiana* 4 (1978) 68–69; Slomp, The *«Gospel of Barnabas»* in Recent Research, 82 und 86.

wird ein Bild von Pilatus gezeichnet, bei dem dieser besser wegkommt als Kajaphas. Bei seinem ersten Erscheinen auf der Leinwand erklärt Pilatus, dass er die Juden hasse. Später aber wird klar, dass es auch einigen Grund für diese Haltung des Statthalters gibt. Der Hohepriester versucht, Pilatus zu bestechen. Er bietet ihm aus der Tempelkasse eine große Geldsumme an, zehnmal den Ertrag des Landes, damit dieser über Jesus die Todesstrafe verhängt. Nur die römischen Machthaber durften jemanden zum Tode verurteilen. Später sucht Pilatus alle möglichen Ausreden, um Jesus (eigentlich Judas!) nicht zum Tod verurteilen zu müssen. Es muss bewiesen werden, dass er nicht geisteskrank ist und dass hier keine Personenverwechslung vorliegt. Erst danach entscheidet er sich, das Todesurteil auszusprechen. Pilatus erscheint so als geschickter Mann, der sich nicht leicht tut mit seinem Urteil.

Ein ähnlicher Zug zeigt sich im Urteil des römischen Senats, das verbietet, Jesus den Sohn Gottes zu nennen. Auch das Barnabas-Evangelium erzählt von dieser Bestätigung durch den römischen Senat.[23] Offenbar war es dem Autor des Barnabas-Evangeliums und Jahrhunderte später dem Regisseur von AL-MASIH wichtig, dass auch die Römer die Ansicht vertraten, dass Jesus kein Sohn Gottes sei. Der römische Kaiser selbst wurde damals als Sohn Gottes betrachtet. Wenn selbst die Römer, die ja die Möglichkeit der Existenz von Söhnen Gottes nicht ausschließen, der Meinung sind, dass Jesus nur ein Mensch sei, gewinnt diese Auffassung etwas Objektives.[24] Diese Objektivität wird dadurch bestätigt, dass die Römer ein sehr ausgewogenes Rechtssystem hatten, das noch immer hohes Ansehen genießt. Das Zögern des Pilatus vor der Verurteilung Jesu beziehungsweise des Judas unterstreicht diese Auffassung. Der Film betont nach dem Vorbild des Evangeliums nach Barnabas, dass Jesus ein Mensch war und kein Sohn Gottes. Nachdrücklich betont Jesus, dass nach ihm ein anderer Prophet kommen werde: Ahmad (Mohammed). In dieser letzter Szene soll deutlich werden, dass Jesus erstens gekommen ist, um der Thora Geltung zu verschaffen. Wegen des mangelnden Verständnisses der Hohepriester war diese in Gefahr. Zweitens kam er, um die frohe Botschaft von seinem Nachfolger zu predigen.

Der Film hat zwei Schlusssequenzen, eine christliche und eine islamische. Es fällt auf, dass das christliche Ende nicht mit der Auferstehung schließt, sondern mit der trauernden Maria Magdalena, eine Szene, die fast buchstäblich dem Film DER KÖNIG DER KÖNIGE von Cecil B. DeMille entnommen ist. Weil der christliche Schluss nicht mit der Auferstehung endet, widerspricht dieses Stück nicht dem islamischen Ende, das seinerseits keine Auferstehung enthält (weil Jesus gar nicht gestorben ist). Da-

---

23   Barnabas 98. Ragg und Ragg, *The Gospel of Barnabas*, 106.

24   Mit Dank an Reinhold Zwick, der mich auf der Jahrestagung der Forschungsgruppe «Film und Theologie» am 9. Juni 2012 in Schwerte hierauf hingewiesen hat.

mit bekommt der islamische Schluss die Rolle eines Interpretationsrahmens für die christliche Darstellung. Sie wird nur insoweit aufgenommen, als der Rahmen des muslimischen Endes das zulässt. Der Regisseur und natürlich auch seine Geldgeber wollen den Christen gegenüber offenkundig eine gewisse Offenheit signalisieren und Verständnis für ihre Sicht der Dinge zeigen, indem sie Jesus in dem christlichen Schluss sterben lassen. Die Auferstehung auf der Leinwand zu zeigen, ging dann aber offenbar doch zu weit.

Der Regisseur gab in einem Interview zu verstehen, dass er davon überzeugt ist, dass Jesus nicht gestorben, sondern durch Gott vom Tod gerettet wurde.[25] Im Film wird das betont in der Sequenz, in der Jesus in einem roten – und damit königlichen – Mantel aus dem Himmel zuschaut, wie der Verräter am Kreuz stirbt. Judas bekommt seinen verdienten Lohn. Talebzadeh kam den Christen sozusagen auf der Hälfte entgegen – aber weiter geht er nicht, da die Ansicht der Muslime letztendlich schwerer wiegt. Für ihn unterstreicht dies, dass Gott wirklich gerecht und deshalb zuverlässig ist. Der große Nachdruck auf der Überzeugung, dass Jesus nicht der Sohn Gottes ist und selber das Kommen Mohammeds prophezeit hat, bestätigt seine Auffassung, dass der Islam Recht hat.

Nader Talebzadeh hätte sich den Christen auch auf andere Weise öffnen können. Er hätte auf den auch ihm bekannten Umstand verweisen können, dass sowohl Christen als auch Muslime glauben, dass Jesus keinen menschlichen Vater gehabt habe.[26] Eine verpasste Chance? Das blonde Haar Jesu und das Kreuz in dem Raum, in dem der tote Lazarus aufgebahrt ist, unterstreichen in jedem Fall, dass es zwischen Jesus sowie seinen Nachfolgern und den anderen Juden einen allmählich wachsenden Abstand gibt. Es scheint, als wären Jesus und seine Nachfolger schon Christen.

MARYAM AL-MUQADDASAH

Ebenfalls im 2007 kam ein iranischer Film über Maria heraus, sein Titel: MARYAM AL-MUQADDASAH, heilige Maria[27], von Shahriar Bahrani (Abb. 4–5), der 1993 einen Film über den Angriff 14 iranischer Düsenjäger auf das irakische Heerlager H3 und 2010 einen Film über das Königreich Salomos, MOLKE SULEIMAN, gedreht hatte. Bahranis spätere Filme behandeln Erzählungen aus der islamischen Tradition.

Die Rolle der Maria wird gespielt von Shabnam Golikhani (geboren 1977), die 1997 in einem Stück über Antigone zum ersten Male auf der Bühne stand und nach ih-

---

25   Website der ABC NEWS, http://abcnews.go.com/Entertainment/story?id=4297085&page=2#.UIzfYUS-woY, [28.10. 2012].

26   Ebd.

27   Website «Wikipedia».

4–5
Shahriar
Bahrani,
Regisseur
von
MARYAM
AL-MUQAD-
DASAH
(Iran
2007)

rem Magister-Abschluss seit 2004 an der Azad-Universität in Teheran arbeitet.[28] Eine andere wichtige Rolle, die des Propheten Zacharias, wird gespielt von Parviz Poor Hosseini (geboren 1941), der im Iran ein bekannter Schauspieler ist und viele Preise gewonnen hat.[29]

Auch dieser Film drückt nicht aufs Tempo. Es dauert einige Zeit, bevor die Filmerzählung in Gang kommt. Abgesehen von den schönen Landschaftsaufnahmen sind die Bilder nicht besonders beeindruckend. Viele Aufnahmen sind *medium shots*, die gebräuchlichste Art von Aufnahmen in der Filmwelt. Außerdem gibt es einige Bilder, die aus der Vogelperspektive aufgenommen sind. Die Musik im Film besteht aus einem wortlosen Gesang, meist von Frauen gesungen und manchmal begleitet von einem Blasinstrument. Sie setzt in dem Moment ein, als der arabische Text von Sure 3,45, der Filmtitel und die Namen der Schauspieler auf der Leinwand erscheinen.

Inhalt

MARYAM AL-MUQADDASAH fängt an mit dem Einblenden eines Zitats von Sure 3,45: «Siehe wie die Engel sprachen: ‹Maryam! Gott verkündet dir ein Wort von sich, dessen Name Jesus Christus, der Sohn der Maryam, ist! Er wird im Diesseits und im Jenseits angesehen sein, einer von denen, die (Gott) nahestehen.›»[30] Wenn der Filmtitel erscheint, wird dreimal «Halleluja» gesungen. Dann folgen die Namen der Schauspieler, der anderen Mitarbeiter und des Regisseurs. Am Sternenhimmel erscheint ein Komet. König Herodes wacht auf. Er schnellt aus seinem Bett empor und erzählt seinen Höflingen, er habe einen Albtraum gehabt. Später steht er auf dem Wehrgang seines Palastes und schreit seine Angst hinaus, dass die Erscheinung dieses Kometen die Geburt des neuen jüdischen Königs bedeute. In der nächsten Sequenz steht das

28   Website «WhatsUpIran», www.whatsupiran.com/Profile/Shabnam-Gholikhani [11.04.2012].

29   Ebd.; Website «Parviz Pour Hosseini», www.parvizpourhosseini.com/index1.htm [11.04.2012].

30   Koranübersetzung von Paret, Website «Koransuren.de». Hier habe ich die Übersetzung ein wenig angepasst an den Text im Film.

Volk vor dem Tempel und äußert sein Verlangen nach dem Kommen des Messias. In Galiläa, in diesem Film erstaunlicherweise eine Stadt, betritt Zacharias, der im Islam für einen Propheten gehalten wird, einen Raum, in dem einige Frauen neben dem Bett der Hanna sitzen. Sie sagen, dass Zacharias erbost sein werde, wenn er hört, dass im Hause seines Neffen Imran und dessen Frau Hanna eine Tochter geboren wurde, weil dies für jede jüdische Familie eine Schande sei. Zacharias aber sagt: «Sollten wir Gott nicht danken für seine Barmherzigkeit?» Inzwischen hört König Herodes, dass das Kind ein Mädchen ist. Er bricht in Gelächter aus. Mittlerweile begleitet Zacharias die Eltern des Kindes, nachdem Hanna ihr Kind Gott geweiht hat. Sie meint, dass es unmöglich sei, ein Mädchen zum Tempel zu bringen. Zacharias gelingt es, die Hohepriester dazu zu bewegen, für sie eine Hütte im Tempelkomplex zu bauen.

Während der ersten Jahre sind die meist etwas älteren Priester Maryam gegenüber freundlich gestimmt. Nach sechs Monaten und 17 Tagen fragt Maryam ihren Großvater, der sie besucht, warum sie ihre Mutter nicht mehr gesehen habe. Dieser teilt ihr mit, dass ihre Mutter gestorben sei. Maryam ist sehr betrübt. Sie ergreift ihre Gebetsketten und betet für ihre Mutter. Die Stimmen singen wieder ein dreifaches «Halleluja».

Später, als Maryam älter wird, verändert sich die Haltung der Priester. Maryam geht in den Säulengängen des Tempelkomplexes umher. Sie hat mit den Frauen dort zu tun, hilft ihnen, gibt ihnen Brot und heilt einige von ihnen. Inzwischen werden die Früchte in einer Schüssel in ihrer Hütte immer wieder auf wundersame Weise angefüllt. Als dies geschieht, erklingt wieder ein dreimaliges «Halleluja». Es wird deutlich, dass Maryam eine gesegnete Frau ist. Mittlerweile wird dem Zacharias und seiner Frau Elisabeth ein Sohn geboren, Yahya. Gott hat also auch an Zacharias gedacht und ihn ebenfalls gesegnet. Inzwischen stellen Yasakar und einige andere Priester neue Regeln für das Wechseln von Geldmünzen auf, wodurch sie noch mehr an dem Wechselgeschäft verdienen.

Dann hört Maryam, in einem Augenblick, als sie in ihrer Hütte betet, eine Stimme sagen: «O Maryam! Gott hat dich auserwählt und rein gemacht! Er hat dich vor den Frauen der Menschen in aller Welt auserwählt. O Maryam! Sei deinem Herrn demütig ergeben, wirf dich nieder und nimm (beim Gottesdienst) an der Verneigung teil!» (Sure 3,42–43).[31] Maryam steht auf, geht zum Tempel und betritt das Heiligtum. Dort findet sie die Priester, die die heiligen Schriften rezitieren. Sie bleibt erst hinten im Saal stehen, dann aber schleicht sie sich von hinten an die Betenden heran, um ebenfalls mitzubeten. Einer der Männer sieht sie. Er warnt die anderen. Als der Vorsänger sie wahrnimmt, lässt er die Buchrolle aus seinen Händen fallen.

---

31 Ebd. Erneut habe ich die Übersetzung ein wenig angepasst an den Text im Film.

Danach kommt der Sanhedrin zusammen. Yasakar und einige andere Priester wollen Maryam aus dem Heiligtum und dem Tempelkomplex entfernen. Frauen im Tempel zuzulassen, würde bedeuten, dass die Gesetze des Moses und Aaron aufgehoben sind, man somit sofort den Opferkult beenden und hinfort andere Götter anbeten kann. Der Grund für ihre Diskussion ist, dass der Gott Israels bis dahin noch nie zu Frauen geredet hat. Zacharias versucht dies zu bestreiten. Er beginnt seine Argumentation mit einem raffinierten Hinweis auf die Barmherzigkeit Gottes, der an Liebe Wohlgefallen hat und nicht am Opfer (Hos 6,6). Danach erkennt er an, dass es Frauen verboten ist, das Heiligtum zu betreten, fügt aber hinzu, dass die Thora auf eine sehr erhabene Weise über Frauen spreche, weil sie die Männer erziehen. Als seine Gegenspieler Zacharias beschuldigen, er habe Maryam angestiftet, den Tempel zu betreten, streitet er dies ab. Gott selbst habe Maryam aufgefordert, mit den Anbetenden zu beten. Später erzählt Maryam Zacharias, dass sie keine andere Wahl hatte. Sie habe die Stimme Gottes gehört, und als sie den Tempel betreten habe, sei es so gewesen, als würde ein Schleier weggenommen und seien Engel zu sehen. Ihr Name wurde genannt und außerdem die Namen von drei anderen Frauen. Zacharias preist sie glücklich, weil sie zusammen mit Fatima, der Tochter des Propheten Mohammed, zu den vier auserkorenen Frauen gehört.

Dennoch flieht Maryam in die Wüste, wo sie sich in einem Raum in einer Grotte verbirgt. Plötzlich wird sie durch ein weißes Licht umstrahlt. Ihr wird bang, aber dann sagt die Stimme des Engels Gabriel in einer Kombination von Sure 3,45–47 und 19,17–21, dass sie sich nicht zu fürchten braucht, weil sie einen Sohn bekommen werde. Als das Licht verschwunden ist, fällt sie erschöpft gegen die Felsenwand.

Maryam kehrt zurück zum Tempel. Zacharias empfiehlt ihr, aus Jerusalem wegzugehen. Heimlich schleichen sie weg. In Galiläa angekommen sehen die Freundinnen Elisabeths, dass Maryam schwanger ist, aber sie sagen nichts. Kurz danach geht Maryam unter dem nächtlichen Sternenhimmel spazieren. Sie fragt sich, wie sie Zacharias und Elisabeth erzählen soll, dass sie schwanger ist. Inzwischen aber ist im Tempel schon bekannt, dass sie ein Kind erwartet. In Persien sagen Astrologen, dargestellt als Monotheisten, die an Ahura Mazda glauben, dass bald der Heiland der Juden geboren werde. Sie gehen zu Herodes. Der lacht ihnen ins Gesicht. Danach aber befiehlt er seinen Soldaten, nach dem Kind zu suchen.

Maryam streift durch die Wüste. Neben einer Palme fällt sie nieder. Als sie sich an ihrem Stamm aufrichtet, setzen die Wehen ein und wird ihr Sohn geboren. Im selben Moment blickt Zacharias in Galiläa aus seiner Buchrolle auf und sagt Elisabeth, dass der Messias geboren sei.

Maryam umsorgt ihr Kind. Die Palme ist zu einem großen Baum geworden, der viele Früchte schenkt. Dann sagt eine Stimme, dass es einen Weg für sie gebe und dass sie nach Jerusalem zurückkehren müsse. Als Maryam mit ihrem Kind in die Stadt kommt, entsteht große Aufregung. Männer und Frauen nähern sich ihr beim Eingang des Tempels. Auch die Magier aus Persien sind da. Die Priester befehlen Maryam, Jerusalem wieder zu verlassen. Yasakar tadelt sie. Dann aber macht Maryam ihm schweigend deutlich, dass er ihrem Sohn zuhören müsse. Auf einmal fängt das Baby an zu reden und sagt mit den Worten der Sure 19,30–33, dass er der Diener Gottes sei, dass Gott ihm zum Propheten gemacht habe und er mit seiner Mutter respektvoll umgehen müsse. Vor Schreck fallen die Hohenpriester und ihre Begleiter auf den Rücken, aber Zacharias strahlt vor Freude. Dann knien die Umstehenden nach und nach auf den Boden. Auch die Magier knien nieder und bieten dem Kind Gold, Weihrauch und Myrrhe an. Letztendlich beten alle das Kind an, das Maryam in ihren Armen trägt und voll Liebe umsorgt. Der Begleitkommentar sagt: «Und so wählten wir Maryam und ihren Sohn zum Wunderzeichen für die ganze Welt.»[32] Die Musik schwillt an, die Frauenstimmen singen wieder. So endet der Film.

Hintergrund

Der Koran und die islamische Tradition bilden den Hintergrund dieses Films. Zehnmal wird der Koran zitiert, in fast allen Fällen aus Sure 3 (Sure al-Imran) und Sure 19 (Sure Maryam), den Korankapiteln, die von der Jungfrau Maria erzählen. Daneben ist viel Material den Qisas al-Anbiya entlehnt, den Prophetenerzählungen, die viele Geschichten über die vorislamischen Propheten enthalten. Das älteste Werk dieser Gattung stammt aus dem neunten Jahrhundert.[33] Die Geschichten dieser Sammlung erzählen auch von Maryam, ihrem Onkel Zacharias, ihrer Tante Elisabeth, ihrem Cousin Yahya und besonders ausführlich von ihrem Sohn Jesus. Die Erzählungen über Maryam sind christlichen pseudepigrafischen Schriften wie dem Protevangelium des Jakobus deutlich verwandt.[34] In den Qisas aber spielt König Herodes nicht so eine wichtige Rolle wie im Film. Dort wird lediglich berichtet, er habe Yahya ermordet.[35] Josef fehlt in MARYAM AL-MUQADDASAH, obwohl er insbesondere in der Qisas-Sammlung von Tabari eine relativ prominente Rolle spielt.[36] Josef fehlt aber auch im Koran. Daran zeigt sich, dass der Koran die wichtigste Quelle dieses Films ist. Dennoch hat Regisseur Shahriar Bahrani sich der islamischen Überlieferung gegenüber auch eini-

32 Der Film spricht von einem «miracle and sign», während der Koran nur von einem Zeichen spricht (Sure 19,21 und 23,50).

33 Wheeler M. Thackston, *The Tales of the Prophets of al-Kisa'i*, Library of Classic Arabic Literature, Boston 1978, xi–xix.

34 M. T. Frederiks, *Vorstinnen, verleidsters en vriendinnen van God. Islamitische verhalen over vrouwen in Bijbel en Koran*, Zoetermeer 2010, 131; Speelman, Iranian Religious Films and Inter-religious Understanding, 183.

35   Ebd., 184.

36 M. T. Frederiks, Vriendin van God. Een islamitisch verhaal over Maria, in: Bob Becking und Annette Merz (Hg.), *Verhaal als identiteits-code. Opstellen aangeboden aan Geert van Oyen bij zijn afscheid van de Universiteit Utrecht*, Utrecht 2008, 129.

ge Freiheiten herausgenommen, weil er Hillel, der im Koran und in den Qisas fehlt, in die Handlung eingeführt und daneben noch einer neue Hauptfigur geschaffen hat, nämlich Yasakar, den Gegner des Zacharias in der Priestergemeinschaft.

Dreimal wird das Halleluja gesungen. Zum ersten Mal geschieht dies am Anfang des Films, als der Titel MARYAM AL-MUQADDASAH auf der Leinwand erscheint. Zum zweiten Mal wird es gesungen, als Maryam vernommen hat, dass ihre Mutter gestorben ist, sie sie ihre Gebetsschnur ergreift und für ihre Mutter betet. Und zum dritten Mal erklingt es, als sie entdeckt, dass neue Früchte in der Schüssel auf dem Tisch in ihrer Hütte liegen. Auffallend ist, dass es am Schluss des Filmes, als jeder vor dem Jesuskind kniet, nicht gesungen wird. Es ist nicht ganz offensichtlich, warum Halleluja gesungen wird. Das Wort beinhaltet einen Lobpreis für Gott. Beim dritten Mal passt dies gut in die Situation, weil ein Wunder geschieht, aber beim zweiten Mal ist die Verbindung zum Inhalt weniger augenfällig. Beim ersten Mal lässt es sich so verstehen, dass Maryam Gott unter den Menschen repräsentiert und sie die Mutter des Propheten Jesus ist.

Die Kleidung ist der in AL-MASIH sehr ähnlich. Die Priester sind in langen Gewändern gekleidet und ähneln den Priestern auf den Gemälden Chagalls, während die Frauen einen Schador tragen. Der Schleier der Maryam jedoch ist auffällig. Man kann in Marias äußerer Erscheinung eine gewisse Ähnlichkeit mit dem Aussehen der Mariendarstellung in Lourdes oder in Fatima beobachten. Sie trägt eine Stoffhaube, bedeckt mit einem Unterschleier und darüber wieder einen kapuzenartig gebrauchten Überwurf, was sich deutlich von der christlichen Ikonographie unterscheidet. Die niederländische Islamologin Gé M. Speelman kommt zu dem Schluss, dass der Filmemacher die christliche Ikonographie sicherlich benützt, sie aber transformiert hat in ein Kopftuch in modernem islamischen Stil.[37]

Beobachtungen und Analyse

Es ist bemerkenswert, dass dieser Marienfilm Maryam als eine Frau porträtiert, die einen harten Kampf durchzustehen hat, um das Recht zu bekommen, im Tempel mitzubeten. Damit erscheint sie als eine Art Proto-Feministin. Der Streit zwischen Maryam und Zacharias einerseits und Yasakar und seinen Freunden andererseits erstreckt sich auf die folgenden drei Konfliktpunkte.

Der erste Konfliktpunkt ist die Frage, ob es erlaubt ist, dass eine Frau den Tempel betritt. Zacharias beruft sich auf die Herzensgüte Gottes, der Barmherzigkeit und die Befreiung der Unterdrückten wichtiger nimmt als Opfer. Yasakar aber erwidert, dass die Thora von Söhnen der Kinder Israels spricht und nicht von Töchtern, dass Ehe-

---

37 Speelman, Iranian Religious Films and Inter-religious Understanding, 190.

männer im Grunde die Eigentümer ihrer Frauen sind und dass es ihnen gestattet ist, Sklaven und Konkubinen zu nehmen. Weiter ist es Frauen nicht erlaubt, in den Priesterhof zu kommen und die Zeremonien und Opferungen zu sehen. Zacharias stimmt zu, dass das in der jüdischen Tradition verboten sei. Danach aber weist er darauf hin, dass das mosaische Gesetz sehr lobend über Frauen rede.

Dann kommt es zum zweiten Konfliktpunkt. Jetzt wird Zacharias gefragt, ob er glaube, dass Gott zu Maryam geredet habe. Nach einigem Zögern gibt er zu, dass er glaube, dass Gott auch zu Frauen spreche. Yasakar weist darauf hin, dass Gott bis zu diesem Tag nur zu Männern gesprochen habe. Zacharias aber beharrt darauf, dass Gott auch zu Frauen reden könne. Nachdem Yasakar bei vielen anderen Mitgliedern des Sanhedrin Unterstützung gefunden hat und Zacharias bedroht, schließt Hillel, der Vorsitzende ist, die Sitzung.

Vor diesem Hintergrund gibt es schließlich noch einen dritten Konfliktpunkt. Zuvor war schon deutlich geworden, dass Yasakar und seine Freunde korrupt sind, während Maryam die armen Frauen im Tempelkomplex heilt. Damit geht es in diesem Streit auch um zwei unterschiedliche Ausprägungen von Religion: Eine Religion, die die Menschen ausbeutet, wird kontrastiert mit einer Religion der Barmherzigkeit. Der Segen Gottes, der die Früchte in der Schüssel Maryams immer wieder anfüllt, zeigt, welche Religion in den Augen Gottes die richtige ist. Gerade an dieser Stelle erklingt dann auch wieder das dreifache Halleluja.

In der Debatte zwischen Zacharias und Yasakar wird zwischen der Thora und der jüdischen Tradition unterschieden. Es ist die jüdische Tradition, die Frauen untersagt, in den Priesterhof zu kommen und die Zeremonien und Opferungen zu sehen. Die Thora spricht lobend über Frauen, behauptet Zacharias, der die Debatte mit einigen Zitaten aus den Prophetenbüchern anfängt (Hos 6,6; Am 5,24; Mi 6,8). Damit stellt Zacharias sich in die Tradition der Thora in ihrer Gesamtheit und in die der Propheten, während seine Gegner, Yasakar und andere, sich speziell auf das Pentateuchbuch Levitikus berufen und auf den Talmud.[38] Damit wird deutlich, dass Bahrani zufolge mindestens ein Teil der jüdischen Überlieferung, die Thora und die Prophetenbücher, zur Zeit der Maryam noch immer göttlich inspiriert war und diese Tradition deshalb nicht vollkommen verwerflich war. Das ist heute, mitten in der scharfen politischen Auseinandersetzung zwischen Israel und dem Iran, eine sehr interessante Beobachtung.

Trotz ihrer herausragenden Position steht Maryam nicht in jeder Hinsicht gleichrangig neben den Männern. Die Szene, in der Maryam den Auftrag bekommt, sich niederzuwerfen und (beim Gottesdienst) an der Verneigung teilzunehmen, verweist

---

38 Ebd., 188. Lev. 12 betont die Unreinheit der Frauen. Frederiks behauptet, dass Maryam keine Monatsblutung kannte und deshalb nicht unrein war (Frederiks, *Vorstinnen, verleidsters en vriendinnen van God*, 137). Wichtiger ist hier, dass Yasakar und seine Freunde sich auf den Talmud berufen. Der Talmud ist patriarchaler als die Thora.

auf Sure 3,43, wo die Engel Maryam auffordern, sich mit den Anderen niederzubeugen. Dies hat auch in der islamischen Tradition die Frage aufgeworfen, ob Maryam eine *Imāma* (religiöse Leiterin) war. Im Film sagt Zacharias explizit, dass Maryam eine Frau ist, die göttliche Offenbarungen bekommt, gleichwie ein Prophet. Dennoch hat sie nicht das Recht, anderen den Inhalt dieser Offenbarungen zu vermitteln. Dies muss von einem Propheten getan werden, einem Mann. Es sind zwei Männer, die ihre Botschaft weitergeben, nämlich Zacharias und, am Ende des Films, ihr Sohn Jesus.

Die niederländische Islamologin Martha Frederiks hat darauf hingewiesen, dass Maryam in der islamischen Überlieferung eine sehr spezielle Position hat. Fast alle Exegeten geben ihr den Status einer *waliyya Allah*, einer Heiligen, oder wörtlich übersetzt: «Freundin» Gottes. *Waliyya* sind Gottes Intimi. Einige Exegeten, wie der spanische Ibn Hazim, betrachten Maryam als *nabiyya*, als Prophetin, wodurch sie denselben Status bekommt wie ihr Sohn. Frederiks behauptet, dass diese Auffassung nicht breit geteilt wird, weil alle Propheten nach der islamischen Tradition männlich sein müssen.[39] Das macht MARYAM AL-MUQADDASAH noch bemerkenswerter, da dieser Film, produziert von der iranischen Obrigkeit, in diesem Fall, einen Minderheitsstandpunkt vertritt. Zugleich aber ist es Maryam verboten, dem Volk die Offenbarungen Gottes zu verkünden. Am Ende des Films, als die Menschen fragen, wer das Baby ist, weist sie schweigend auf ihren Sohn. Dennoch ist Maryam für muslimische Frauen nie ein Rollenmodell geworden. Das hat zwei Ursachen: Zum einen war im schiitischen Islam Fatima, die Tochter Mohammeds, viel populärer, und zweitens hatte Maryam zwar den Körper einer Frau, aber keine Monatsblutungen, lebte zölibatär und blieb Jungfrau, obwohl sie Mutter geworden war. Damit ist sie zu weit entfernt von dem gewöhnlichen Leben islamischer Frauen, um als Rollenmodell funktionieren zu können.[40]

Die Anwesenheit und respektvolle Haltung der Magier will natürlich die Iraner ansprechen, da sie ihre Vorfahren sind. So verkündet dieser Film, dass schon vor dem Eintreffen des Islam die Bewohner Irans Maryam und ihrem Sohn, dem Propheten Jesus, Respekt zollten.

Obwohl die anti-patriarchale Haltung der Maryam den westlichen Standards bei Weitem nicht entspricht, ist sie in diesem Film doch schon so fortschrittlich, dass sie selbst, aber auch ihr Onkel Zacharias, dafür noch hart streiten muss. Dadurch erhält MARYAM AL-MUQADDASAH überraschenderweise den Charakter eines Emanzipationsfilms. Und dies ist, zumal im Kontext des heutigen Iran, bemerkenswert. Alles in allem wird man dies so zu verstehen haben, dass der Film einen Islam propagiert, der mehr die Frauenemanzipation fördert als das Judentum dies tut.

---

39   Frederiks, *Vorstinnen, verleidsters en vriendinnen van God*, 138.
40   Ausführlicher: ebd., 137–138.

Fazit

Im Jahr 2007 kamen zwei iranische Filme über die zwei biblischen Figuren heraus, die für das Christentum zentral sind. Beide wurden deutlich in einem islamischen Kontext gestellt. Die Quellen für diese Filme waren der Koran, die Qisas al-Anbiya und das Evangelium nach Barnabas, das aus dem Kreis der Morisken stammt. Es gibt auch Verweise auf die Bibel, allerdings immer innerhalb eines islamischen Rahmens.

Die Botschaft von AL-MASIH ist, dass Jesus ein Prophet ist und nicht der Sohn Gottes. Diese Ansicht wird durch den römischen Senat bestätigt. Jesus ist gekommen, wie in der Koransure 61,6 geschrieben ist, um dem Gesetz, das heißt der Thora, Geltung zu verschaffen und die Frohe Botschaft zu verkündigen von dem, der nach ihm kommt: Ahmad, womit Mohammed gemeint ist. Das ist die Antwort des Filmregisseurs Nader Talebzadeh – und hinter ihm der iranischen Obrigkeit – an Mel Gibson und seinen Film THE PASSION OF THE CHRIST. Die Welt muss wissen, was die Muslime über Jesus denken, und vielleicht müssen auch die Muslime wieder die «Wahrheit» des Islam über Jesus sehen, bevor sich bei ihnen die Meinung festsetzt, dass Gibsons Film die Wahrheit zeigte – was dieser ja behauptete. Auch er hatte seinen Anspruch auf Wahrheit und Authentizität untermauert, indem er seinen Film in das Gewand eines alten Bibelfilms einkleidete, um die Botschaft des Films sowohl als eine historische, als auch christlich-theologische Wahrheit auszuweisen. Weiterhin passt AL-MASIH auch in die Reihe jener Filme, die der Geschichte ein Setting in der Kultur des Irans geben. Dies gilt auch für den iranischen Marienfilm. Kern der Debatte ist, dass die Aussage, Jesus sei der Sohn Gottes, falsch ist. Just der römische Senat erklärt, aus politischen Gründen, dass Isa nicht der Sohn Gottes sei.

MARYAM AL-MUQADDASAH ist filmisch der bessere der beiden Filme. Die Aufnahmen und das Spiel der Darsteller sind von höherer Qualität. Außerdem ist die Botschaft viel überraschender. Wer hätte erwartet, dass die iranische Obrigkeit einen Film herausbringen würde, der Maryam, die Mutter Jesu, als Opfer des Patriarchalismus porträtiert, weil sie im Tempel beten will? Dieser Patriarchalismus wird von jüdischen Leitern verteidigt, dennoch versucht der ebenfalls jüdische Prophet Zacharias aus der Thora und den Propheten des Tanach nachzuweisen, dass dieser Patriarchalismus zu weit gehe. Der Film entwirft da ein sehr nuanciertes Bild des Judentums mit dunklen und lichten Seiten. Hinzu kommt, dass einige Nicht-Juden, wie der römische Offizier Pericles, seine Ehegattin und die Magier aus Persien, durchaus Achtung vor Maryam haben. Dieses Motiv, dass Nicht-Juden der Hauptfigur mit Achtung begegnen, ist übrigens in beiden Filmen anzutreffen. Fernerhin wird Gott als ein Gott der Barmherzigkeit dargestellt. Den korrupten ehrgeizigen jüdischen Anführern gegenüber stützt er Maryam, die armen jüdischen Frauen hilft und sie heilt. Dass Gott sich auf die Seite Maryams stellt, zeigt sich am Auffüllen der Früchte in Maryams Schüssel.

Obwohl es Parallelen gibt zwischen beiden Filmen, gibt es auch einige wichtige Unterschiede. AL-MASIH betont die Wahrheit des Koran, nämlich dass Jesus ein gewöhnlicher Mensch gewesen sei und nicht der Sohn Gottes, dass er Mohammed als Propheten angekündigt habe und nicht gekreuzigt wurde. Der Botschaft Gibsons wird aufs Neue die alte Botschaft des Koran gegenübergestellt. Man hätte freilich auch auf den besonderen Umstand hinweisen können, dass Jesus keinen Vater hatte, was mit der biblischen Tradition übereinstimmt – und auf diese Weise den Christen die Hand zum Dialog reichen können.

In MARYAM AL-MUQADDASAH wird ein solcher Brückenschlag versucht. Wahrscheinlich zum Erstaunen des westlichen Publikums wird Maryam als eine Art Proto-Feministin präsentiert, die sehr unter dem Patriarchalismus der tonangebenden und auch korrupten jüdischen Führer zu leiden hat. Auch ihre liebevolle Haltung den jüdischen Frauen gegenüber wird viele westliche Zuschauer ansprechen. Außerdem stellt der Film den Islam als eine emanzipatorische Religion dar. Das wird aufs Neue das westliche Publikum überraschen. Damit kann MARYAM AL-MUQADDASAH zur Herausforderung werden, die die Menschen zum Nachdenken stimmt.

Gé M. Speelman bespricht dieses Thema im Kontext des interreligiösen Dialogs zwischen Muslimen und Christen. Sie betont, dass für ein gutes Gespräch eine gemeinsame Ebene notwendig sei. Auch sie erkennt, dass AL-MASIH wenig Verbindendes bietet, weil dieser Film nur die Botschaft des Koran betont. Ein derartiger Film wird vor allem Muslime ansprechen, bietet hingegen kaum Anknüpfungspunkte für Nicht-Muslime. Der iranische Marienfilm dagegen öffnet sich durch den feministischen Blickwinkel und die Betonung der Barmherzigkeit Gottes in höherem Maße auch für Nicht-Muslime.[41] Demzufolge ist es eher möglich, dass MARYAM AL-MUQADDASAH ein gutes Gespräch zwischen Anhängern verschiedener Religionen auslöst als AL-MASIH – obwohl der Preis für den interreligiösen Dialog diesem letztgenannten Film zuerkannt wurde und nicht dem iranischen Marienfilm.

---

41   Speelman, Iranian Religious Films and Inter-religious Understanding, 194–197.

Islam in Filmbildern aus aller Welt

Irit Neidhardt

Über die Macht von Bildern als Waffe
Religion und Politik in Filmen aus Palästina

Eine Bildunterschrift früher Schwarz-Weiß-Photographien Jerusalems aus der zweiten Hälfte des 19. Jahrhunderts lautet «Erster Blick auf Jerusalem» (Abb. 1). Das Motiv der Aufnahmen ist identisch: Der Blick über das Hinnomtal auf den gegenüberliegenden Zionsberg und die mittelalterliche Stadtmauer mit dem Minarett der Zitadelle (auch Davidturm genannt). Das damals noch sehr aufwändige Photogerät war auf der mittlerweile stillgelegten Parallelstrasse des heutigen Hebron-Wegs, der südlichen Einfallsroute in Richtung der historischen Altstadt aufgebaut. Die Straße schlängelt sich als Bilddiagonale durch das Tal und den Berg hinauf zum Jaffator, dem nächstgelegenen Zugang ins Innere der Mauern. Im linken Bildanschnitt sind Häuser zu sehen, auf der Straße einige Fußgängerinnen und Fußgänger, mal Esel, eine Kutsche oder eine Kamelkarawane. Die Menschen fügen sich als kleine gesichtslose Figuren in die Landschaft ein.[1]

Die Häuser im Bildanschnitt gehören zum Anwesen der palästinensischen Familie Dmeri. Es fiel einige Dekaden später, 1948/1949, unter die treuhänderische Verwaltung des neuen jüdischen Staates und wurde dann, wie weiterer Besitz palästinensischer Familien, die in den Kriegswirren ihre Häuser nur vorübergehend hatten verlassen wollen, an israelische Institutionen übergeben.[2] Seit vielen Jahren beherbergt es die Cinemathek Jerusalem und das Israelische Filmarchiv.

Rückblickend sind in diesen kommerziellen Bildern professioneller europäischer und US-amerikanischer Auftragsphotographen sämtliche in Hinblick auf die Produktion sowie die Rezeption von Bewegtbildern aus Palästina relevanten Aspekte be-

---

1   I. Nassar, *Photographing Jerusalem. The Image of the City in Nineteenth Century Photography*, Boulder, 1997. Folgende Abbildungen sind Ausgangspunkt dieser Betrachtung: Abbildung 37, Photographer unknown, First View of Jerusalem, 1890er Jahre; Abbildung 38, American Colony, The First View of Jerusalem, 1900 (Das Bild wurde später koloriert vermarktet, als Urheber wird G. Eric Matson genannt. Er hatte die Photoabteilung der American Colony in «Matson Photographic Service» umbenannt); Abbildung 39, Bonfils, Route from the Station to Jerusalem, 1880er Jahre.

2   Siehe BADIL Resource Centre for Palestinian Residency and Refugee Rights, Eviction, Restitution and Protection of Palestinian Rights in Jerusalem, Bethlehem 1999, 13 f. civiccoalition-jerusalem.org/system/files/eviction__restitution_in_jerusaleme.pdf. Sämtliche Abrufe von Internetseiten: September 2012.

1 Jerusalem (El-Kouds), First view of Jerusalem from the south (nach 1890)

reits angelegt: Die Umdeutung von Orten, die Nebensächlichkeit der Bevölkerung, der auf die Vergangenheit fokussierte Blick (der erste Blick auf die Stadt fiel vom Süden kommend auf die Vororte, die Deutsche Kolonie sowie auf die Baustelle, beziehungsweise ab 1892 den Bahnhof der Jaffa-Jerusalem-Strecke auf der die Züge von Baldwin-Lokomotiven aus Philadelphia und Borsig-Lokomotiven aus Berlin gezogen wurden – und nicht auf die Altstadt), der Besitz von Produktionsmitteln und Zugang zu Vertriebswegen, staatliche Infrastruktur, die propagandistische Macht des Bildes sowie der erbitterte Kampf darum, was Palästina sei.

Palästinensisches Filmschaffen begann Ende der sechziger Jahre im Kontext des bewaffneten Befreiungskampfes. Bis dahin war das Land bereits photographisch und filmisch dokumentiert, waren seine Historie und seine Zukunft auf der Leinwand durchgespielt und vornehmlich biblische sowie archäologische Motive technisch reproduziert, verkauft und publiziert. Als palästinensisches Filmschaffen begann, waren also Bild und Abbild Palästinas hinlänglich bekannt. Was hatten die neuen Filmschaffenden hinzuzufügen? Inwieweit war und ist das Publikum bereit, seine Sicht auf Palästina zu verändern?

Während palästinensisches Filmschaffen von Anbeginn dezidiert politisch und säkular war, sind diejenigen Aufnahmen des Landes, die bis heute die weiteste Verbreitung finden, stark religiös geprägt – sei es christlich oder jüdisch.[3]

Es soll im Folgenden zunächst um Beispiele früher Bildproduktion und Bildpolitik in Bezug auf Palästina gehen, um zu betrachten, wie das Land dargestellt wurde, bevor Palästinenserinnen und Palästinenser selbst ihr Narrativ in Filmen beisteuern konnten. Welche Referenzen hatte und hat das Publikum, um die Bilder, Töne und Rhythmen palästinensischer Bewegtbilder zu dekodieren und in seine Vorstellung des Ortes zu integrieren?

Boas, Ruth und Graf Zeppelin

Im Christentum sowie im Judentum ist Palästina das Heilige Land. Im Judentum heißt es «Eretz Israel», Land Israel und bezieht manchmal die alttestamentarischen Stätten außerhalb Palästinas mit ein. Jerusalem (arabisch: al-Quds, die Heilige), wird von allen drei monotheistischen Religionen verehrt. Bis zu den großen Entdeckungs- und Eroberungsreisen bildete die Stadt den Mittelpunkt der meisten europäischen Weltkarten. Seit Jahrhunderten ist Palästina touristisches Ziel, in erster Linie der Pilger, entsprechende Reiseberichte waren in der Literatur verbreitet. Seit den späten fünfziger Jahren im 19. Jahrhundert gab es regelmäßige Passagierschiffsverbindungen von europäischen Häfen nach Beirut, Haifa, Akka, Jaffa und Gaza und der Reiseveranstalter Thomas Cook nahm das Heilige Land in sein Programm auf.[4]

Palästina und die heiligen Geschichten, die in ihm angesiedelt sind, das Brauchtum und Liedgut, das aus ihnen abgeleitet ist, sind in der zeitgenössischen Kultur sowie im Wertesystem von Millionen von Menschen verankert. Die Ereignisse, die der Bibel zugrunde liegen, gehören in eine seit knapp zweitausend Jahren vergangene Zeit und umfassen eine Periode von rund 3800 Jahren. Die Wirkung der neutestamentlichen Schriften, aber auch der jüdischen Texte und Überlieferungen, hat sich seit dem zweiten Jahrhundert christlicher Zeitrechnung vor allem außerhalb Palästinas entfaltet. Im Land selbst kamen und gingen die Herrscher. Der kulturell am weitesten reichende Einschnitt war vermutlich die arabische Eroberung in den Jahren nach 620 und die damit einhergehende Islamisierung eines erheblichen Teils der Bevölkerung. In erster

---

3   Seit der Einführung der Farbphotographie ist der muslimische Felsendom quasi zum Piktogramm der Stadt geworden, spielt aber, wie noch deutlich werden wird, keine Rolle in der Aneignung des Landes.

4   Siehe G. Krämer, *Geschichte Palästinas. Von der Osmanischen Eroberung bis zur Gründung des Staates Israel*, München 2002, 108.

Linie gab es bis zu den osmanischen Reformen und dem neu erwachenden Interesse Europas am Heiligen Land ganz normales Leben mit all den dazu gehörenden Veränderungen, Zerstörungen und Neuerungen in Palästina. In den urbanen Zentren, vornehmlich den Hafenstädten Jaffa und Akka, wurden Handel und Handwerk betrieben, Letzteres wurde Schritt für Schritt technisiert, dann industrialisiert. Es wurde gelernt, gelehrt und geforscht. Reisende und Kaufleute kamen über die Häfen nach Palästina, nahmen von hier den Landweg nach Osten oder umgekehrt den Seeweg nach Westen, Norden oder Süden. Das ökonomische Zentrum Jaffa entwickelte sich zum Magneten für Arbeitsmigration aus dem gesamten südlichen und östlichen Mittelmeerraum und sein fruchtbares Hinterland wurde landwirtschaftlich genutzt. Jerusalem war aufgrund seiner Gebirgslage über Jahrhunderte marginalisiert. Erst nach dem Anschluss ans Eisenbahnnetz 1892 und den daher verbesserten Versorgungsmöglichkeiten wuchsen seine Bevölkerungszahl wie seine Bedeutung. Die Häfen verloren mit Aufkommen der Dampfschifffahrt ihre Position, da die Hafenbecken zu flach für die neuen Schiffe waren. Zunächst wurden Waren und Personen mit Booten an Land gebracht, dem Aus- und Umbau der Hafenanlagen kam die Zerstörung im Zuge der Gründung Israels zuvor.[5]

Mit der politischen und ökonomischen Moderne hielt auch eine neue religiöse Aufladung des Ortes Einzug. Beide, Fortschritt und Bibel, wurden zunächst photographisch und bald auch filmisch dokumentiert. Neben der rasanten Technologisierung und Industrialisierung in Europa, der damit einhergehenden Suche nach Absatzmärkten und entsprechender weiterer territorialer Expansion sowie dem beschleunigten und kostengünstigeren Verkehrswesen im Allgemeinen, spielen drei Faktoren eine besondere Rolle in Bezug auf Palästina: Charles Darwins Evolutionstheorie, die die Position der Kirche herausforderte, die Etablierung der archäologischen Wissenschaft sowie die «Tanzimat», osmanische politische und ökonomische Reformen, die 1839 eingeleitet wurden.[6] Letztere werden von manchen als Modernisierung und Öffnung zum Westen bezeichnet, von anderen als die Errichtung semi-kolonialer Strukturen und die Unterwerfung unter den Westen. Infolge der Reformen wurde das Osmanische Reich zum verlängerten europäischen Wirtschaftsraum. Es siedelten sich darüber hinaus verschiedene christliche Gemeinschaften im ihnen heiligen Land an und gründeten eigene Wirtschaftsbetriebe. Am bekanntesten sind die deutsche *Tempelgesellschaft* und die *American Colony*.

---

5   Über die systematische Zerstörung der Infrastruktur Palästinas im Zuge der Staatsgründung Israels siehe A. Azoulay, *From Palestine to Israel. A Photographic Record of Destruction and State Formation, 1947–1950*, London 2011.

6   Finanz-, Justiz-, und Heerwesen wurden reorganisiert, die religiösen Minderheiten gleichgestellt, die Macht des Sultans eingeschränkt und Ministerialressorts festgelegt. Die Handelsverträge mit Europa, die seit 1536 bestehenden sogenannten Kapitulationen wurden gelockert. Mit der Annahme der osmanischen Verfassung 1876 war die Tanzimat-Periode abgeschlossen.

2 Bonfils, «Feld von Boaz,
biblische Szene» (nach 1890)

«Es war zur Zeit des großen Disputes zwischen Darwin und der anglikanischen
Kirche. Die Kirche sagte: Die Genesis, die Schriften der Bibel, sind keine Mythen. Es
ist ein Geschichtsbuch. Alle Begebenheiten in der Bibel sind genau so geschehen. Als
die Photographie kam, sagte die Kirche: Wir werden beweisen, dass, was ihr seht, mit
der Schrift übereinstimmt. Als sie herkamen, sahen sie natürlich, dass das nicht ganz
stimmte. Aber statt zu sagen, in Ordnung, es ist doch nur eine Erzählung, hat man
den Ort so photographiert, dass er zum Text passte», so der Historiker Elias Sanbar in
Eyal Sivans Film JAFFA – THE ORANGE'S CLOCKWORK (Belgien/Frankreich/Deutschland/
Israel 2010).[7]

Das Bild «Feld von Boaz, biblische Szene» des französischen Photographen Félix
Bonfils aus den neunziger Jahren des 19. Jahrhunderts zeigt Bauern bei der Getrei-
deernte (Abb. 2). Sie bücken sich und greifen mit den Händen Richtung Boden. Ein
Mann hält eine Handsense in der linken und einen Weizenhalm in der rechten Hand.
Etwas mehr in den Vordergrund gerückt, am Feldrand, stehen ein alter Mann und
eine alte Frau. Der Titel im unteren Bildrand lautet «Champ de Booz, scène biblique –
Field of Boaz, biblical scene».[8] In der rechten oberen Ecke der Original-Glasplatte ist
die linke untere Ecke eines zeitgenössischen Schilds zu sehen,[9] die bei der Reproduk-

7   10. Minute.
8   Nassar, *Photographing Jerusalem*, Abbildung 23.
9   Georges Eastmann House, *Still Photograph Archive. Full Catalogue Record*, 88:0353:0104, www.geh.org/ar/strip63/
     htmlsrc/m198803530104_ful.html.

tion herausretuschiert wurde.[10] 1901 hat Dwight Elmendorf für sein Buch *A Camera Crusade Through the Holy Land*, das 1912 in New York erschien, ein Photo aufgenommen, das ebenfalls Bauern bei der Getreideernte zeigt. Auch hier stehen ein alter Mann und eine alte Frau im Feld. Die Bildunterschrift lautet «Ruth and Boaz».[11] Das Buch Ruth handelt vor ungefähr 3000 Jahren.

Mehr noch als alttestamentliche Motive haben solche aus dem Neuen Testament frühe Photos von Palästina bestimmt. Ein weiteres Bild Elmendorfs von 1901 heißt «The Stone Rolled Away» und zeigt eine Frau in einem weißen traditionellen Kostüm vor einem offen Felsengrab sitzend.[12] Dieses Photos findet sich beispielsweise mit der Bildunterschrift «Felsengrab» im Kapitel «Die frohe Botschaft, wie sie uns verkündet wird im Evangelium des Lukas» in der Ausgabe *Das Neue Testament* der Haupt-Bibelgesellschaft Altenburg aus dem Jahr 1956.

In christlichen Farb-Photographien sind keine nachgestellten Szenen mehr zu finden, die Motive jedoch sind unverändert. Um beim Felsengrab zu bleiben: Im Kapitel «Das Evangelium nach Markus» in *Die Einzigartigkeit des Neuen Testaments. Geschichte und Gegenwart* zeigt ein Photo das Familiengrab des Herodes in Jerusalem mit einem Rundstein am Eingang.[13] Dass es sich um das Grab von Herodes Familie handelt, muss man der Bildunterschrift glauben, es ist zunächst weder erkenn- noch nachprüfbar. Im Fall dieses bestimmten Grabes kam 2007 eine Meldung heraus, dass das Grab des Herodes vermutlich gefunden wurde, die oben genannte Veröffentlichung des Photos stammt aus dem Jahr 1984. Ein Teil der biblischen Photographie sind Nahaufnahmen von Häusern oder Gräbern, die einer bestimmten Person zugeordnet werden. Die Umgebung jedoch ist nicht zu erkennen, sodass das Motiv nicht zu verorten ist. Weder Namen noch Jahreszahlen sind in den Stein gemeißelt. Andere Photos, vor allem Bilder von Ortschaften, sind Weitwinkelaufnahmen, in denen man eventuell ein besonderes historisches Gebäude erkennen kann, wie im Beispiel der eingangs beschriebenen Photos die Zitadelle Jerusalems. In diesen Bildern sind Motive, die eine zeitliche Einordnung erlauben würden soweit wie möglich ausgespart oder wie im Falle von Bonfils wegretuschiert. In «The First View of Jerusalem» der *American Colony* aus dem Jahr 1900 sind erst auf den zweiten Blick Personen vor dem Haus der Dmeris zu erkennen. Ein Mädchen ist mit dem Rücken der vorbei ziehenden Kamelkarawane zugewandt und sieht in Richtung ihrer Begleiterinnen. Die eine hält

10 Vgl. das Photo bei Nassar, das aus der Mohammed-B.-Alwan-Kollektion stammt.
11 Nassar, *Photographing Jerusalem*, Abbildung 24.
12 Ebd., Abbildung 22.
13 S. S. Gafni (Hg.), *Die Einzigartigkeit des Neuen Testaments. Geschichte und Gegenwart*, Neuhausen-Stuttgart, 1984, 138.

3–4 Départ de Jérusalem en chemin de fer
(Regie: Louis Lumière; Frankreich 1897)

einen Sonnenschirm und trägt ein langes Kleid mit schmaler Taille und weitem Rock im Stil der neusten Pariser Mode. Die jüdische Photographie, die verbreitet wurde, war vor allem zionistisch. Aufnahmen von palästinensischen Jüdinnen und Juden sowie von den zahlreichen archäologischen Grabungsstätten und Fundstücken offensichtlich jüdischer Geschichte wurden – und werden in der Westbank bis heute – genutzt, um Besitzanspruch auf den Boden zu erheben. In seinen Wochenschauen aus den Jahren 1927–58 dokumentiert der israelische Filmpionier Nathan Axelrod das jüdische Siedlungsprojekt. Hier mischen sich Beiträge über hochmoderne Landwirtschaft mit wissenschaftlich ausgelegten Sendungen über archäologische Funde jüdischen Erbes in Palästina. Ausgewählte Wochenschauen (das Gesamtwerk wurde vom Staat aufgekauft und lagert heute im *Israelischen Filmarchiv* in der Kinemathek in Jerusalem) sind 1997 auf VHS erschienen. Sie sind ohne Titel und Jahresangaben zu einem eigenen Narrativ komponiert und mit einer Erzählstimme versehen.[14] In ihrer Entstehungszeit sind die Wochenschauen häufig ins Ausland vertrieben worden. Ein wichtiger Exportmarkt waren die jüdischen Gemeinschaften, in denen zur Einwanderung oder zumindest zur Spende für das Siedlungsprojekt geworben werden sollte.

Kaum bekannt sind die zahlreichen photographischen und filmischen Aufnahmen Palästinas, die den modernen Alltag zeigen. Auch wenn sie teilweise spektakulär sind. Bereits 1896, ein Jahr nach ihrem ersten Film und bevor sie oder ihre Mitarbeiter in den französischen Kolonien filmten, reisten die Brüder Lumière nach Palästina, um zu drehen. Herausgekommen ist unter anderem der 51 Sekunden lange Streifen Départ de Jérusalem en chemin de fer / Leaving Jerusalem by Railway (Abb. 3–4).

14　B. Ve'lohamim – On the Road to Statehood (Regie: Yaacov Gross; Israel 1997, 60 Min., Hebräisch mit englischen Untertiteln).

Der Film wurde aus dem abfahrenden Zug aufgenommen und zeigt Männer, die dem Filmteam nachwinken, danach den Kameraleuten unbekannte Personen auf dem Bahnsteig. Er endet, als der Zug den Bahnhof verlassen hat.[15] Während DIE ANKUNFT EINES ZUGES AUF DEM BAHNHOF IN LA CIOTAT (Frankreich 1895) der Brüder Lumière einer der Grundsteine der Filmgeschichte ist,[16] spielen die Aufnahmen der Regisseure von ihrem Besuch in Jerusalem, Bethlehem und Jaffa ausschließlich für die palästinensische und israelische Geschichtsschreibung eine Rolle, wobei weitere sehr seltene Filmaufnahmen der Lumières von der Reise 1896 nur im israelischen Filmarchiv lagern. In das westliche Bild von Palästina haben sie sich nie eingefügt. Zwei Rundfahrten über Palästina wurden mit dem «Graf Zeppelin» unternommen, 1929 und 1931. Während keine Aufnahmen aus dem Jahr 1929 vorhanden sind, da das Luftschiff aufgrund einer Verspätung Jerusalem bei Nacht überflogen hat[17], gibt es zahlreiche Photographien des Spektakels aus dem Jahr 1931. Der Flug des «Graf Zeppelin» wurde von verschiedenen Standorten, also mehreren Photographinnen und Photographen, am Boden dokumentiert. Im Internet kursieren Photographien des Luftschiffs über Jerusalem, die in der Regel Elia Kahvedjian, der eines der ersten Photostudios in der Stadt besaß, zugeschrieben werden. Die Standpunkte der Kameras sind jedoch zu weit voneinander entfernt, als dass ein und dieselbe Person bei dem recht kurzen Überflug alle Aufnahmen gemacht haben kann. Die meisten Bilder zeigen den Zeppelin über der Altstadt. Der Standort einer Kamera ist eine von PKW befahrene Straße. Am Rand der Fahrbahn stehen und gehen Gruppen von Menschen, die teilweise gen Himmel schauen, die Altstadt selbst ist nicht zu sehen.[18] Von Bord wurden Luftaufnahmen Jerusalems gemacht, aus denen drei Motive für das beliebte und sehr weit verbreitete Sammelalbum «Zeppelin Weltfahrten» der Greiling Zigarettenfabrik ausgesucht wurden.[19]

Akram Zaatari, Mitbegründer der *Arab Image Foundation*, hat ein Photo des Zeppelin-Flugs in seine Ausstellung «Jerusalem before 1948» aufgenommen, in der er Bilder aus alten Familienalben zeigt. Im Kuratierungstext schreibt er: «Die Behauptung,

---

15 Der Film kann gesichtet werden unter http://www.youtube.com/watch?v=Ctp1lVef9Yo.

16 Es handelt sich um jenen Film, um dessen Aufführung sich die berühmte Geschichte rankt, das Publikum habe bei der Vorführung panisch den Raum verlassen, da es gedacht habe, der Zug würde es überfahren.

17 1929 hat der Zeppelin auch Jaffa und Haifa angesteuert, es kann Photos aus diesen Städten in Spezialarchiven oder Privatsammlungen geben.

18 Siehe zum Beispiel johnlknight.blogspot.de/2007/06/zeppelin-over-jerusalem-1931.html, ein Photo aus dem Nachlass von Elia Kahvedjian thejerusalemfund.org/ht/d/EventDetails/i/16478, einestages.spiegel.de/static/entry/_es_ist_schon_eine_ganz_nette_hitlergemeinde_hier/30188/zeppelin_ueber_jerusalem.html aus dem Preussischen Kulturbesitz.

19 *Zigarettenfabrik Greiling: Zeppelin Weltfahrten*, Band 1. Vom ersten Luftschiff 1899 bis zu den Fahrten des LZ 127 «Graf Zeppelin» 1932. Dargestellt in einer Serie von 264 echten Bromsilber-Bildern und einem Metallfolie-Bild der Weltflug-Gedenkmünze», Dresden: Bilderstelle Lohse, 1933, Bilder Nr. 231–233. Es ist zu vermuten, dass auch dem Album «Zeppelin-Weltbilder» vom Margarinewerk Ostfriesland aus dem Jahr 1932 Aufnahmen von Jerusalem beilagen. Das Greiling Album kann sehr einfach bei Internet-Auktionen erworben werden.

dass der Staat Israel 1948 in einem leeren Land gegründet wurde, wird durch die photographische Darstellung Palästinas im 19. Jahrhundert als biblische Stätte und unbewohntes altertümliches Land bestärkt. Im Gegensatz zu solchen Behauptungen beweisen alte Photoalben palästinensischer Familien die Existenz urbaner Zentren in Jerusalem, Nablus, Ramallah und Jaffa. Die Aufnahmen zeugen von der Bedeutung der Photographie im familiären Kontext, in Institutionen und als Produkt der Tourismus- und Pilger-Wirtschaft.»[20]

Revolution bis zum Sieg

5 THEY DO NOT EXIST (Regie: Mustafa Abu Ali, Palästina 1974)

Einer der frühen palästinensischen Filme heißt THEY DO NOT EXIST (LAYSA LAHUM WUJUD; Regie: Mustafa Abu Ali; 1974; Abb. 5).[21] Der Titel bezieht sich auf ein berühmtes Zitat der damaligen israelischen Ministerpräsidentin Golda Meir in der «Sunday Times» vom 15. Juni 1969[22] und führt zugleich weit darüber hinaus. Palästinensisches Filmschaffen begann in den Flüchtlingslagern in Jordanien im Zuge des bewaffneten Kampfes um Selbstbestimmung. Nach der Niederlage der arabischen Armeen im Juni-Krieg 1967 und der damit einhergehenden Besatzung der Westbank, der Golan-Höhen, des Gaza-Streifens und der Sinai-Halbinsel durch Israel erstarkte die PLO. Ihre verschiedenen Abteilungen hatten bald eigene Filmgruppen, die das Medium entsprechend dem Vorbild anderer antikolonialer Befreiungsorganisationen als Waffe einsetzten. Nach dem Schwarzen September 1971, dem Massaker der Königlichen Jordanischen Armee an Tausenden Palästinenserinnen und Palästinensern und der Vertreibung der antimonarchistischen PLO aus dem Land, operierten sie von Beirut aus. Die palästinensische Bevölkerung innerhalb des seit 1948 israelischen Staatsgebietes stand bis 1966 unter Militärverwaltung und konnte sich weder politisch noch kulturell organisieren. 1973 wurde das «Manifest des Palästinensischen Films» verabschiedet. Die wesentlichen Aspekte waren: Filme von Palästinensern und -innen zu produzieren, die

---

20 A. Zaatari, *Jerusalem before 1948*, Galeries FNAC 1999. virtualgallery.birzeit.edu/tour/exhibition?id=198467#.

21 THEY DO NOT EXIST (Regie: Mustafa Abu Ali, 1974, 25 min), www.youtube.com/watch?v=2WZ_7Z6vbsg.

22 «There is no such thing as a Palestinian people [...] It is not as if we came and threw them out and took their country. They didn't exist.»

sich in den arabischen Kontext integrieren und von demokratischem und progressivem Inhalt inspiriert sind – und eine neue Ästhetik zu entwickeln; Film in den Dienst der palästinensischen Revolution und der arabischen Sache zu stellen; Filme so zu gestalten, dass sie international verständlich sind; ein Filmarchiv zu gründen und die Kontakte mit Gruppen revolutionärer und progressiver Filmschaffender weltweit zu intensivieren; im Namen Palästinas an Filmfestivals teil zu nehmen und die Arbeit aller befreundeten Filmteams zu unterstützen, die an der Realisierung der palästinensischen Revolution arbeiten.[23]

In den kommenden Jahren wurden zahlreiche, meist kurze Filme im Sinne des Manifestes realisiert. Sie wurden in den Flüchtlingslagern gezeigt, wo sie sowohl dazu dienten, einen Informationsfluss zwischen den Lagern in Syrien, dem Libanon, Jordanien und dem Irak herzustellen, als auch den Kampfgeist hoch zu halten. Des Weiteren nahmen sie an internationalen Filmfestivals teil, um für die palästinensische Revolution zu werben und erhielten dort einige Aufmerksamkeit. THEY DO NOT EXIST zum Beispiel wurde 1974 in Leipzig mit dem Ehrendiplom und 1978 mit dem *Tanit d'or* des Internationalen Filmfestivals Karthago in Tunesien ausgezeichnet. Qais al-Zubaidi, der ebenfalls für die PLO arbeitete, erhielt 1969 in Leipzig die *Silberne Taube* für BAIDAN AN AL-WATAN / AWAY FROM HOMELAND und gewann 1977 mit AN ANTI-SIEGE den Hauptpreis in Oberhausen. Um breiter für die palästinensische Sache zu werben, luden die PLO sowie die Arabische Liga ausländische Regisseurinnen und Regisseure ein, die durch ihre auf europäische Sehgewohnheiten ausgerichteten Arbeiten das dortige Publikum besser erreichen sollten. Aus der Schweiz kamen Jean-Luc Godard, Anne-Marie Miéville und Francis Reusser, um in den Lagern in Jordanien zu drehen. Während Godard den Auftragsfilm JUSQU'A LA VICTOIRE (1970) nie fertigstellte und das Material später zusammen mit Miéville für ICI ET ALLIEURS (Frankreich 1974), eine kritische Auseinandersetzung mit seinen Dreharbeiten bei der PLO, nutzte, wurde BILADI, UNE RÉVOLUTION (Schweiz 1970) von Reusser 2005 mit einem aktualisierten Prolog erneut in die Schweizer Kinos gebracht. Die Deutsche Monica Maurer arbeitete einige Jahre in Beirut und realisierte mehrere bedeutende Filme als PLO-Regisseurin.

Im Zuge des Einmarschs der israelischen Armee zur Zerschlagung der PLO in Beirut 1982 gingen zahlreiche Negative palästinensischer Filme verloren. Es entstand der Mythos eines offiziellen und nun verschollenen palästinensischen Filmarchivs. Manche behaupten, es sei bombardiert, andere sagen, es sei an einen sicheren Ort gebracht worden. In ihrem Film KINGS AND EXTRAS (MULUK WA-KUMPARS; Palästina/Deutschland 2004) sucht die palästinensische Regisseurin Azza El-Hassan, die der

23 Vgl. Ein Manifest der Gruppe palästinensischer Film, in: Erika und Rolf Richter, *Film im Aufbruch. Zu neueren Filmentwicklungen in Afrika und in arabischen Ländern*, Filmwissenschaftliche Beiträge der Hochschule für Film und Fernsehen der DDR, 21 (1980), Nr. 3, Potsdam 1980, 38 f.

jüngeren Generation angehört, nach dem verlorenen Archiv, ohne es zu finden. 2007 hat die bildende Künstlerin Emily Jacir einige PLO-Filme in dem Programm «Palestinian Revolution Cinema» in New York und Jerusalem präsentiert. In einem Interview mit der Filmemacherin Khadija Habashneh Abu Ali erzählte diese, dass einige Mitglieder der PLO-Filmgruppe nach den israelischen Luftangriffen auf Beirut 1981 aus Sorge um das Archiv einen sicherer scheinenden Ort, einen klimatisierten Keller in Hamra in Westbeirut, gemietet hätten. Dorthin seien sämtliche Filme aus dem PLO-Bestand gebracht worden. Während der israelischen Belagerung der Stadt im folgenden Jahr waren die Gruppenmitglieder auseinander getrieben. Als sie zwei Jahre später nach dem Archiv sehen wollten, sei es verschwunden gewesen. Ob es abgebrannt sei, gestohlen, im Schutt vergraben oder verloren, wisse man nicht.[24]

Mitte der neunziger Jahre zog die PLO-Administration von Tunis, wohin sie nach dem Angriff in Beirut gegangen war, nach Ramallah. Das Kulturministerium beschloss, ein nationales Archiv zu erstellen. Qais al-Zubaidi, als einer der Veteranen der PLO-Filmgruppe, suchte Filme im Sinne des Manifests zusammen. Sie lagern nun im Bundesfilmarchiv in Berlin. Das Projekt hängt seit Jahren in einer Warteschleife, da das Geld ausgegangen war, was in erster Linie durch die Korruption im Ministerium zu erklären ist. Die Erfahrung der erneuten israelischen Invasion in palästinensisches Autonomiegebiet 2002 mit der gezielten Zerstörung der Radiostation in Ramallah wirft zudem die Frage auf, wie sicher das Archiv an einem öffentlich bekannten palästinensischen Ort sein kann, solange es keinen souveränen Staat gibt. Auch Technik und Zeit sind Faktoren, die die Suche nach palästinensischen Filmen erschweren. Die Internationalen Kurzfilmtage Oberhausen zum Beispiel haben einen hervorragenden Archivkatalog. Die Ländersuchmaske hat erweitere Standards, sodass auch die UdSSR, die DDR oder die CSSR gesucht werden können. Die PLO jedoch nicht, dafür die palästinensischen Gebiete. Als Oberhausen ein wichtiges Festival für palästinensische Filme war, gab es das Konstrukt der Gebiete noch nicht. Die Filme liefen unter PLO oder manchmal PFLP und waren in ganz unterschiedlichen, jedoch bewusst nicht genannten, Staaten produziert worden. Die Suche nach Namen oder Filmtiteln scheitert oft an der damals sehr uneinheitlichen Transliteration sowie der recht beliebigen Übersetzung der arabischen Titel. Das Personal bei den Festivals hat längst gewechselt. Ganz unabhängig davon, wo welche Filme lagern, wie manche wieder auftauchen und was für Mythen sich um das vermeintlich eine Archiv ranken, geht es um die Hoheit über das (Selbst-)Bild und Narrativ sowie eine offizielle Repräsentanz Palästinas. Solange die PLO Filme produziert, beziehungsweise Produktionen finan-

---

24   E. Jacir, Palestinian Revolution Cinema comes to NYC, in: *Electronic Intifada*, 16. Februar 2007, http://electronicintifa-da.net/content/palestinian-revolution-cinema-comes-nyc/6759.

ziert hat, hatten ihre Filmabteilungen diese Rolle inne und gaben damit auch die nötige Reibungsfläche, für einen Diskurs darum, wie Palästina zu gestalten sein solle.

1980 erschien der erste unabhängige palästinensische Film, Michel Khleifis DAS FRUCHTBARE GEDÄCHTNIS (AL DHAKIRA AL KHASBA; Deutschland/Palästina/Niederlande/Belgien 1980). Seine Unabhängigkeit begründet sich in seiner Finanzierung mit europäischen Geldern, seiner Ästhetik und seiner politischen Opposition zu den PLO-Filmen. Der abendfüllende Dokumentarfilm porträtiert zwei Frauen, die Tante des Regisseurs, eine einfache Bäuerin im Galiläa und die international bekannte feministische Schriftstellerin Sahar Khalifa, die geschieden und allein mit ihren Kindern in Nablus lebte (Abb. 6). Zu jener Zeit noch eine Provokation. Anhand der Lebensgeschichten dieser beiden Frauen

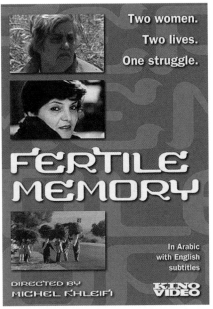

6 DVD-Cover zu DAS FRUCHTBARE GEDÄCHTNIS (Regie: Michel Khleifi; Deutschland/Palästina/ Niederlande/Belgien 1980)

aus zwei Generationen legt er Formen der Unterdrückung innerhalb der Gesellschaft offen und bricht das Tabu der PLO-Filme, die ausschließlich von der Unterdrückung des palästinensischen Volkes durch fremde Aggressoren sprechen. Khleifi fordert seine Gesellschaft auf, sich darüber zu verständigen, wie sich die Selbstbestimmung ausgestalten soll, und geht damit einen Schritt über die schiere Forderung nach einem eigenen Staat hinaus. Mit der Zerstörung der öffentlichen palästinensischen Filmstruktur 1982 haben dieser und die folgenden unabhängigen Filme einen elementaren Referenzpunkt und damit einen großen Teil ihrer politisch visionären Kraft verloren. Palästinensische Filme gehören heute in die Rubrik Weltkino und werden hauptsächlich von einem Publikum geschaut, dessen Literalität in Bezug auf Palästina sich aus dem allgegenwärtigen fremdbestimmten Bild des Territoriums sowie, in geringerem Maße, seiner in alle Welt zersplitterten Bevölkerung speist.

Seit Mitte der neunziger Jahre ist das Territorium Palästina, sowohl das israelische Staatsgebiet als auch das von ihm besetzte Westjordanland, zum Zentrum palästinensischen Filmschaffens geworden. Zwei Motive tauchen dabei immer wieder

auf: Nicht zu existieren und Religion. Der erste lange Spielfilm Elia Suleimans heißt
CHRONIK EINES VERSCHWINDENS (SIGIL IKHTIFA'A; Palästina/Israel/USA/Deutschland/
Frankreich 1996) und fächert entsprechend endlose Spielarten der Zerstörung pa-
lästinensischer Existenz sowie des Lebens in Unsichtbarkeit auf. Dabei spart er die
Kritik an der eigenen Gesellschaft nicht aus: In einer Szene ist der Protagonist, E.S.,
eingeladen, in einer palästinensischen Kultureinrichtung über seine Arbeit als Regisseur zu sprechen. Dazu kommt es nicht, denn erst übertönt die ohrenbetäubende
Rückkopplung des Mikrophons jedes Wort, dann fangen die Mobiltelefone an zu
klingeln. Alle Anrufe werden angenommen. Ein Mann vertuscht im Gespräch seine
Teilnahme an einer kulturellen Veranstaltung und lügt, er sei mit Freunden im Café.
In E.S.s Wohnung in Jerusalem führt die israelische Polizei eine Hausdurchsuchung
nach einem Verdächtigen durch. Durch das im Film prominente Walky-Talky geben
die Beamten durch, was sie in der Wohnung vorfinden und zählen dabei den Mann
im Pyjama gleichberechtigt mit den Gegenständen auf. Als in einer anderen Szene die
Partnerin E.S.s verhaftet wird, führen die Polizisten eine Puppe ab, die sie schulter-
zuckend in den Kofferraum ihres Wagens stecken. In seinem folgenden Film GÖTTLI-
CHE INTERVENTION (YADON ILAHYYA; Frankreich/Marokko/Deutschland/Palästina 2002)
greift Suleiman das Walky-Talky wieder auf. Hier nehmen die Polizisten den Mann
im Pyjama bei der Hausdurchsuchung gar nicht erst wahr. Auch wenn er mit ihnen
durch den Raum geht. In der westlichen Rezeption des Films spielen diese und andere Szenen, die die Absurdität der Paranoia vor denen, deren Existenz geleugnet wird,
behandeln keinerlei Rolle.[25]

Kamal Aljafars PORT OF MEMORY (MINAA EL-ZAKIRA; Deutschland/Frankreich/Verei-
nigte Arabische Emirate/Palästina 2009) ist ein Schrei von ohrenbetäubender Stille,
mit dem er sich gegen die fortschreitende Zerstörung seiner Jahrtausende alten Heimatstadt Jaffa, heute ein Teil von Tel Aviv, aufbäumt. Durch die Art, in der die Kamera
die physische Zerstörung des Ortes einfängt, porträtiert Aljafari die psychische Zer-
mürbung der in der Stadt verbliebenen Palästinenserinnen und Palästinenser. So wie
Hollywood und israelische Filme Jaffa als Filmkulisse für ihre cineastischen Phantasi-
en nutzten und sie dafür – nicht nur – imaginär ihrer Bevölkerung entleerten, mon-
tiert der Regisseur seinen Onkel zurück in die längst zerstörten Straßen der Stadt, um
sie sich so über das Imaginäre hinaus wieder anzueignen.

Das Publikum dieser hochgelobten Filme ist in aller Regel europäisch oder US-
amerikanisch und christlich geprägt. Es hat ein eigenes Palästina mit eigenen Emoti-
onen, in die sich die Filme palästinensischer Regisseurinnen und Regisseure einfügen

25 Siehe I. Neidhardt, Wo interveniert Gott? Elia Suleimans Göttliche Intervention!, in: M. Fröhlich, C. Schneider und K.
    Visarius (Hg.), Projektionen des Fundamentalismus. Reflexionen und Gegenbilder im Film, Schüren 2008.

müssen. Es ist der langen Geschichte des Machtungleichgewichtes und technischer Überlegenheit beziehungsweise Abhängigkeit geschuldet, dass es die dem Land Fremden sind, die sein Bild und Abbild bestimmen. Für die Finanzierung ihrer Filme sind die unabhängigen Filmschaffenden auf europäische Gelder angewiesen. Gegenüber den Förderinstitutionen müssen sie ihre Geschichte verteidigen, deren Darstellung verhandeln und sie für ein europäisches Publikum, als Steuerzahlende die indirekten Finanziers, zugänglich machen.

GÖTTLICHE INTERVENTION ist die sarkastische Antwort Suleimans auf die reduzierte und reduzierende Wahrnehmung Europas von Palästina. Im Film ist Gott weder an- noch abwesend, er spielt keine Rolle. Es ist eine Vater-Sohn-Geschichte über Liebe. Eine Reflexion des Sohnes über den unabwendbaren Verlust des im Sterben liegenden Vaters, über dessen Träume und Ziele, sein Scheitern und

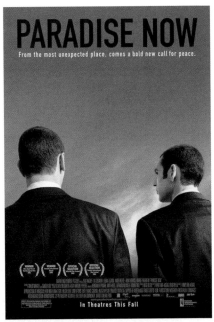

7 Filmplakat zu PARADISE NOW (Regie: Hany Abu Assad; Palästina/Deutschland/Frankreich/Niederlande 2004)

sein Erbe. All das untrennbar und durchdrungen von der Besatzung.

PARADISE NOW von Hany Abu Assad (AL-JANA ALAN; Palästina/Deutschland/Frankreich/Niederlande 2004) ist vermutlich international der bekannteste palästinensische Film, was nicht nur dem Thema geschuldet ist, sondern in erster Linie seinem Titel (Abb. 7). Während die Nachrichtensendungen heute über Selbstmordattentate, um die es in dem Film geht, aus Afghanistan, Pakistan und Nigeria und nicht mehr aus Palästina berichten, bleiben die Vorstellungen vom Paradies untrennbar mit dem Gelobten Land verbunden. Der Titel ist ebenso eine Referenz an Francis Ford Coppolas Klassiker APOCALYPSE NOW (USA 1979) wie er die Hoffnung aufs Paradies als letzte Flucht vor der Besatzung ernst nimmt. Und wie GÖTTLICHE INTERVENTION ist PARADISE NOW eine zynische Replik auf europäische Klischees. Während früher die PLO Filme in die Welt schrien, dass es Palästina gibt und die unabhängigen Filmschaffenden im Windschatten dieser Gewissheit ihre Werke realisieren konnten, beziehungsweise hätten realisieren können, fällt es ihnen heute zu, ihr Dasein gleichzeitig zu verkünden und auszudifferenzieren. Und das spätestens seit dem Krieg gegen den Terror in permanenter Abgrenzung gegenüber dem Feindbild Islam, das pauschal über die multi-religiöse Region gestülpt wird. Abu Assad lässt seine beiden Attentäter das letzte Abendmahl einnehmen und der einzige Kollaborateur, der im Film gezeigt wird, ist ein jüdischer Israeli, der die beiden Selbstmörder sicher ins Stadtzentrum von Tel Aviv bringt.

Ähnlich wie in der Rezeption von Suleimans Film spielen diese ironisch wütenden Szenen des Films so gut wie keine Rolle in der Rezeption, obwohl die Flucht in den Zynismus in Palästina unendlich mehr verbreitet ist als die Flucht ins Paradies: «Mein über viele Jahre geträumter Traum, mich der internationalen revolutionären Bewegung anzuschließen, mich in einem Camp im Libanon zum Kämpfer ausbilden zu lassen und Bankdirektoren und Bürgermeister zu entführen, überhaupt mit Gewalt für die Armen zu kämpfen und jemand wie Che Guevara zu werden, hing nicht zuletzt damit zusammen, dass ich einer von den Männern bin, bei denen Frauen an alles denken, nur nicht an Sex. Es ist offensichtlich, warum. Ich bin nicht groß, ich bin nicht stark, ich bin nicht schön. Alle Frauen, die sich während meiner Studienjahre in mich verliebten, wollten mich retten. Sie sahen mich und dachten: Oh, der Arme. Ich wollte die Frauen beeindrucken und möglichst viele von ihnen verführen. Ich wollte auch wirklich etwas gegen das weltweite Unrecht tun. Als Freiheitskämpfer, der naturgemäß viel Sexappeal hat, dachte ich, sei beides möglich.»[26]

---

26 H. A. Assad, Ich habe einen Traum, in: *Die Zeit*, 22. September 2005, www.zeit.de/2005/39/Traum_2fHany_Abu-Assad_39/seite-1.

Lisa Kienzl

Macht, Politik und die Inszenierung von Religion

Die visuelle Repräsentation des Islam in der US-amerikanischen Fernsehserie HOMELAND

Seit dem 11. September 2001 hat sich die Welt verändert – zumindest im US-amerikanischen gesellschaftlichen und kollektiven Identitätsdiskurs. Barack Obama schreibt auf einen Tragebalken des neuen Freedom Towers in New York «We remember, we rebuild, we come back stronger!»[1] und erklärt, dass HOMELAND (Regie: Howard Gordon und Alex Gansa, USA 2011 f.) eine seiner Lieblingsfernsehserien ist.[2] HOMELAND wird seit 2011 von Fox 21 für den Sender Showtime produziert und basiert auf der israelischen Serie HATUFIM (Regie: Gideon Raff, 2010 f.), die auch unter dem Titel PRISONERS OF WAR bekannt ist.[3] Die Antagonisten im Narrativ der Fernsehserie sind muslimische Terroristen und machthungrige Politiker. Insbesondere die visuelle Konzeption der dargestellten Muslime, die in engem Zusammenhang mit der kollektiven Erinnerungskultur um den 11. September sowie einem politisch konstruierten Feindbild zu sehen ist, fällt dabei negativ ins Auge.

Die kollektive US-amerikanische Geschichtsschreibung der letzten zwölf Jahre ist nicht mehr so kohärent wie zu Beginn; Nationalismus, Ethnizität und Religion sind jedoch immer noch zentrale Bestandteile dieses gesellschaftlichen Diskurses. Die Definition der eigenen Position als US-amerikanische Nation erfolgt damit über Kategorien und Exklusionsstrategien. Ein zentrales Element dabei ist die Problematik der Angreifbarkeit im eigenen Land. Entgegen der historischen Entwicklung in anderen

---

1 D. Nakamura, Obama at World Trade Center site: ‹We come back stronger!›, in: http://www.washingtonpost.com/ blogs/post-politics/post/obama-at-world-trade-center-site-we-come-back-stronger/2012/06/14/gJQAnm1YdV_blog. html [alle 23.09.2013].

2 P. Thompson, Barack Obama's favourite TV shows: Boardwalk Empire, Modern Family and Homeland, in: http:// www.telegraph.co.uk/news/worldnews/barackobama/8959173/Barack-Obamas-favourite-TV-shows-Boardwalk-Empire-Modern-Family-and-Homeland.html.

3 HATUFIM wird seit 2010 vom israelischen Sender Keshet TV produziert und umfasst bisher zwei Staffeln. Ihr Produzent Gideon Raff war auch wesentlich an der Umsetzung der US-amerikanische Serie HOMELAND beteiligt. Vgl. A. Walter, Homeland Israel, in: http://www.zeit.de/kultur/film/2013-05/hatufim-serie-vorlaeufer-homeland.

Nationalstaaten, zu der eindeutig auch der militärische Angriff von außen, das heißt durch andere außenstehende Gruppierungen, gehört, waren die USA strenggenommen seit über 200 Jahren nicht mehr mit dem gewalttätigen Eingreifen äußerer Kräfte konfrontiert.[4] Es gilt nicht zu vergessen, dass die Vereinigten Staaten von Amerika ein (beinahe einen gesamten Kontinent umgreifendes) Land darstellen, das sich durch komplexe und vielschichtig verwobene Gesellschaftsstrukturen auszeichnet. Wesentlich in der neueren Entwicklung ist der Angriff terroristischer Gruppierungen auf das Land selbst. Der 11. September hat die Sicherheit der Nation durchbrochen und damit, entsprechend der Taktik des Terrorismus, Instabilität und Unsicherheit verbreitet. Im selben Jahr erklärte George W. Bush in einer Rede an den Kongress den *Krieg gegen den Terror*. Dabei differenziert er zwischen dem Islam als friedliebende Religion, die nicht als Feindbild konstruiert werden darf, und einzelnen religiös motivierten terroristischen Gruppierungen.[5] Bisher konnte eine internationale Überlegenheitsposition verkörpert werden, die nun intern geschwächt wurde. Unsicherheit innerhalb der eigenen Nation förderte eine Rückbesinnung auf die zentralen Werte der Gesellschaft, womit auch versucht wurde, die Identitätskonstruktion wieder zu stärken.

Die politischen Interessen außer Acht gelassen, wird damit deutlich, dass mit dem 11. September nicht nur die USA als Land, sondern auch die US-amerikanische Identität angegriffen wurde. «Wer [...] in seinem subjektiven Selbstbild bestätigt werden will, wer soziale Belohnungen erlangen und Bestrafungen vermeiden will, sieht sich mit den Erwartungen konfrontiert, das in einer Gesellschaft (einer Gruppe, einer Organisation...) für wahr, wirklich und richtig Gehaltene – zumindest augenscheinlich – zu akzeptieren.»[6] Damit beschreibt Habscheid, dass nationale Diskurse nicht nur gesellschaftspolitische Relevanz besitzen, sondern unterstreicht deren Bedeutung für eine kollektive aber auch eine subjektive Identitätskonstruktion. Die US-amerikanische nationale Identität wurde durch die Anschläge vom 11. September 2001 erschüttert und bedurfte einer Stärkung durch traditionelle Werte und einer Abgrenzung von klar definierten Gruppierungen.

Während zu Beginn des ersten Jahrzehnts nach 2000 noch stärker innerhalb dieser Abgrenzungsstrategien differenziert wurde, vereinheitlichten sich diese über die Jahre hinweg zu einem Feindbild, das rassistisch und religiös definiert wird. Dabei ist zu beachten, dass es sich nicht um gesamtgesellschaftliche Entwicklungen handelt, sondern um diskursive Tendenzen in einer Gesellschaft, die jedoch machtpolitisch relevant sind.

---

4   Nach dem amerikanischen Unabhängigkeitskrieg, dem Britisch-Amerikanischen und dem Mexikanisch-Amerikanischen Krieg ist die Grenzziehung des Landes militärisch zumindest nach außen hin abgeschlossen. Innere Konflikte, wie der Bürgerkrieg, werden im kollektiven Gedächtnis als Abgrenzung nicht, aber als Eingriffe von außen definiert.

5   G. W. Bushs Rede an den Kongress, in: http://news.bbc.co.uk/2/hi/americas/1555641.stm.

6   S. Habscheid, *Text und Diskurs*, Paderborn 2010, 75.

Diese begünstigten ein bestimmtes, stereotyp konstruiertes Feindbild, das Islam und Terrorismus zu zwei Kategorien dieses Diskurses machte, die, trotz aller Bemühungen sie zu trennen, immer enger miteinander verflochten wurden. Diese gesellschaftlichen Entwicklungen definieren Religion, und hierbei ist sowohl der Islam als auch das Christentum angesprochen, als statische und unveränderbare Konstante in politischen Machtkämpfen. Insbesondere der Islam wird in westlichen Kontexten verstärkt problematisch und oft auch negativ dargestellt, wobei häufig nicht zwischen kulturellen oder historisch geformten Phänomenen und der Religion selbst unterschieden wird. Gerade der gesellschaftliche Diskurs, der eine Re-Definition der US-amerikanischen Nationalidentität mit stereotypen Abgrenzungsstrategien aufgrund rassistischer und religiöser Kategorien vereint, wird in der Fernsehserie HOMELAND aufgegriffen und wiedergegeben. Damit werden national definierte und visuell überhöhte Darstellungen des Islam und seinen Anhängern über das moderne Medium des Fernsehens konstruiert und der gesellschaftliche Diskurs durch wirkmächtige Bilder weiter unterstützt.

Visuelle Kategorien in HOMELAND

Innerhalb der bisher zwei im englischsprachigen Raum ausgestrahlten Staffeln sowie auch am Anfang der dritten Staffel der Serie HOMELAND wird deutlich, dass Darstellungen des Islam unterschiedlich konzipiert wurden. Erstens wird die Religion hauptsächlich personifiziert visualisiert, das heißt durch Personen, die sich zum Islam bekennen. Zweitens nimmt die religiöse Erfahrung des Betens eine zentrale Rolle in der Darstellung von Religion im Allgemeinen ein. So werden nicht nur Muslime, sondern auch Christen und Juden, dahingehend mit ihrer Religion in Verbindung gebracht. Diese Gebete fungieren oft auch als Übergangsrituale, so zum Beispiel wenn Saul Berenson ein Totengebet auf Hebräisch spricht.[7] Drittens werden vereinzelt der Koran als Heilige Schrift gezeigt, sowie Moscheen als Orte des Glaubens dargestellt. Die praktische und materielle Dimension der Religion steht im Hintergrund und die visuelle Darstellung des religiösen Menschen überwiegt im Narrativ.

Im Mittelpunkt der Hintergrundgeschichte stehen die Anschläge vom 11. September 2001, die visuell in der Anfangssequenz jeder Folge dargestellt werden (Abb. 1). Dabei werden verschiedene authentische Videoaufzeichnungen eingesetzt, die während oder unmittelbar nach den Anschlägen aufgezeichnet wurden.

Zudem wird dieser visuelle Eindruck durch die aus dem Off kommende Stimme der Protagonistin Carrie Mathison unterstützt, die im Dialog mit ihrem Kollegen Saul Berenson ihre Position im Narrativ definiert.

---

7   Vgl. dazu die Folgen 1.05 «Blind Spot» und 2.12 «The Choice».

1 Visuelle Erinnerungskultur
an den 11. September in der
Anfangssequenz jeder Folge
(1.01 «Pilot»).

CARRIE: «I missed something once before, I won't … I can't let that happen again!»
SAUL: «That was ten years ago, everyone missed something that day.»
CARRIE: «Na, everyone is not me.»[8]

Damit wird der Stellenwert der Anschläge von 2001 und der darauffolgenden realpolitischen Entwicklungen für die USA als Nation und das Narrativ der Fernsehserie weiter unterstrichen. Dies macht deutlich, wie sehr HOMELAND als Ausdruck gegenwärtiger gesellschaftlicher Diskurse gewertet werden kann. Dieser Dialog fasst zudem den wesentlichen Inhalt des Narrativs zusammen: Die CIA, und im Speziellen Carrie Mathison, müssen einen erneuten Terrorangriff auf die USA abwenden. Dabei kommt eine Vielzahl unterschiedlicher visueller und narrativer Stereotype zum Tragen.

Die beiden Hauptcharaktere der Serie sind, wie bereits erwähnt, Carrie Mathison, eine manisch-depressive CIA Agentin, und Nicholas Brody, ein zum Islam konvertierter Kriegsheimkehrer, der zudem Kontakte zu terroristischen Netzwerken pflegt. Carrie erhielt in einem irakischen Gefängnis die Information, dass ein amerikanischer Kriegsgefangener zum Feind übergelaufen sei. Als Nicholas Brody nach achtjähriger Kriegsgefangenschaft in die USA zurückkehrt, verdächtig ihn Carrie sofort, dieser Überläufer zu sein. Trotz der Videoüberwachung seines gesamten Hauses kann Carrie ihren Verdacht nicht bestätigen. Der Zuseher sieht dagegen bereits am Ende der Pilotfolge, dass Brody in Bezug auf die genauen Umstände seiner Gefangenschaft lügt. Damit wird seinem Charakter die Glaubwürdigkeit entzogen und seine Motivationen infrage gestellt.

Dies spitzt sich zu, wenn den Zusehern in einer Szene in der zweiten Folge Einblick in das Innerste des Charakters von Nicholas Brody gewährt wird. Während er bisher instabil und traumatisiert wirkte, zeigt ihn diese Szene wieder im Einklang mit sich

---

8   1.01 «Pilot».

selbst. Er geht kurz vor Sonnenaufgang in seine Garage und kehrt den Boden. Diese Szene wird unterbrochen durch Erinnerungsrückblenden an seine Gefangenschaft. Damals sah er seine muslimischen Entführer beim Morgengebet. Wieder in der Gegenwart wäscht er seine Hände, breitet einen Teppich auf dem Boden der Garage aus und beginnt zu beten. Nun wird den Zusehern klar, dass Nicholas Brody während seiner Gefangenschaft zum Islam konvertiert ist. Strenggenommen sollte dies keinerlei Auswirkungen auf die Bewertung des Charakters haben, dies ist jedoch hier nicht der Fall. Den Zusehern wird suggeriert, dass etwas mit dem Charakter Brodys *nicht in Ordnung* sei und durch die Visualisierung seiner Konversion wird dieses Bild des Verdächtigen unterstützt.

Warum ist nun die Offenbarung, dass Nicholas Brody Muslim ist, in diesem Moment des Narrativs so zentral? Dies liegt an der Kategorisierung nationaler Feindbilder in der US-amerikanischen Gesellschaft. Als Feinde von Freiheit, Demokratie und westlichen Lebenswandels werden realpolitische vorrangig terroristische Gruppierungen vorgeführt. Diese werden in erster Linie mit Ländern des Nahen Ostens, mit Ausnahme Israels, sowie mit dem Islam in Verbindung gebracht. Diese Verbindung von Rassismus, da kaum zwischen einzelnen ethnischen Gruppierungen unterschieden wird, und Religion wird nun auch in der visuellen Konzeption von HOMELAND umgesetzt. Personen aus dem Nahen Osten sind fast automatisch Muslime und werden vorrangig betend oder in terroristische Komplotte verwickelt dargestellt. Zudem entsprechen sie in ihrer Darstellung vorrangig stereotypen ethnischen Vorstellungen.

Die Rolle der Religion in dieser Umsetzung wird in der weiteren Entwicklung des Narrativs fast überdeutlich. Die Darstellung von Muslimen in HOMELAND lässt mehrere Ebenen zu. Erstens eine Darstellung als terroristisch aktive Personen, die offensichtlich alle stark religiös geprägt sind. So zum Beispiel folgt die Darstellung des Antagonisten der Serie Abu Nazir, Anführer eines fiktiven Zweiges der al-Qaida, eben dieser visuellen Konzeption (Abb. 2). Er wird in Nicholas Brodys Erinnerungsrückblenden zu Beginn als stummer, freundlich blickender Mann dargestellt, der Nicholas nach diversen Folterszenen Wasser oder Essen reicht. In seiner Darstellung entspricht er vereinfachten Vorstellungen orientalischer Exotismen. Abgesehen von seiner oftmals traditionellen Kleidung trägt er in Brodys Erinnerungen immer Bart und Brille.

Er entspricht damit in seiner visuellen Konzeption westlichen Vorstellun-

2 Der Charakter Abu Nazirs als visuelle Inszenierung eines *islamistischen* Terroristen (2.02 «Beirut Is Back»).

gen eines intellektuellen muslimischen Gelehrten aus dem, auch hier nicht näher bestimmten, Nahen Osten. Die religiöse Dimension wird bei Abu Nazir weniger in seiner Darstellung als Betender aufgegriffen, als vielmehr in seinen politisch motivierten Reden. Als Abu Nazirs Sohn Issa nach einem Raketenangriff der US Regierung stirbt, schwört auch Nicholas Brody Rache, da er mit dem Jungen eine emotionale Verbindung aufgebaut hatte. Dieser einschneidende Verlust und die Freundlichkeit Abu Nazirs nach den Folterungen werden im Narrativ als Gründe für die terroristische Motivation Nicholas Brodys dargebracht. Dabei spielt wiederum auch Religion eine zentrale Rolle, wenn Abu Nazir in einem Gespräch festhält: «I pray every day, that you never lose sight of what you committed to do in Issa's name.»[9]

In weiterer Folge greift Nicholas Brody die religiös überhöhte Figur Abu Nazirs argumentativ an und erklärt, dass er kein Terrorist sein will, der Zivilisten tötet. Vizepräsident William Walden wird in diesem Zusammenhang von ihm als Kriegsverbrecher bezeichnet, der für den Tod Issas zur Verantwortung gezogen werden muss.

Hier bricht das Narrativ HOMELANDS zum ersten Mal in seiner oft sehr einseitigen Kategorisierung von Gut und Böse. Die US-amerikanische Regierung hat wissentlich einen Anschlag auf eine Schule durchgeführt und damit auch die Konsequenz, den Tod von über 80 Kindern, in Kauf genommen. Damit wird die Motivation Abu Nazirs vordergründig erklärt, wobei dennoch später im Narrativ deutlich wird, dass dies primär als Propaganda eingesetzt wurde.

Wieder zurück in der Diskussion mit Nicholas Brody reagiert Abu Nazir mit einer Gegenfrage: «What if it's the will of Allah?»[10]. Offenbar zu einer Übereinkunft gekommen, werden sie zum Abschluss der Szene gemeinsam betend gezeigt. Die Verknüpfung dieser beiden Charaktere wird durch die gemeinsame Dimension der Religion inszeniert. Der Islam verbindet den Anführer eines terroristischen Netzwerkes aus dem Nahen Osten und den ehemaligen Marinesoldaten aus den USA und vermittelt den Eindruck, dass sich Terrorismus vorrangig durch religiöse Aspekte auszeichnet.

Im Laufe der Handlung zeigt sich, dass Nicholas Brodys Kamerad Tom Walker, der mit ihm gefangen genommen wurde und bisher als tot galt, ebenfalls in Abu Nazirs terroristischem Netzwerk mitarbeitet. Er ist Teil des Anschlags auf Vizepräsident Walden, an dem auch Nicholas Brody beteiligt ist. Abgesehen von dieser Rolle im geplanten Anschlag ist jedoch weiter kaum etwas über seine Gefangenschaft oder seine persönliche Motivation zu erfahren. Im Mittelpunkt stehen Nicholas Brody, seine Konversion zum Islam und seine Positionierung als Terrorist. Als er am Ende der ersten Staffel kurz vor der Durchführung seines Selbstmordattentates mithilfe einer

---

9   1.09 «Crossfire».
10   2.09 «Two Hats».

Bombenweste steht, betonen wieder Erinnerungsrückblenden die religiöse Dimension seiner Tat. Abu Nazir erscheint ihm in Gedanken und erklärt, dass das Ende unser aller Leben vorherbestimmt sei. «So, purify your soul, forget about the physical world and take the time left to offer good deeds and obedience. There is nothing left to think about. Cleanse your tears, say the holy words, remember Issa.»[11] Nur die Liebe zu seiner Tochter Dana, die ihn kurz vor dem Anschlag anruft und anfleht heimzukommen, hält ihn von der geplanten Tat ab.

In diesem Erzählstrang zeigt sich die stereotype Vorstellung eines *islamistischen* Terrorismus, die sich insbesondere durch Reaktion auf zugefügtes Unrecht, eine religiös-spirituelle Hintergrundebene und die Art und Weise der Durchführung des Anschlages auszeichnet. Der in Kauf genommene Verlust des eigenen Lebens als religiös inszenierter Akt wird auch im Narrativ thematisiert. Der Charakter Abu Nazirs steht hierbei wieder im Mittelpunkt und wird von Carrie beschuldigt, die Lehren des Propheten für seine politischen Interessen zu missbrauchen. Diese Szene zeigt eine der wenigen thematisierten Differenzierungen zwischen den beiden Kategorien Terrorismus und Islam im Narrativ HOMELANDS. In der Reaktion Abu Nazirs verfällt das Narrativ jedoch wieder den gängigen Stereotypen religiöser Fanatismen. «Generation after generation must suffer and die. We are prepared to die, are you? [...] You can bomb us, starve us, occupy our holy places, but we will never lose our faith. We carry God in our hearts, our souls, to die is to join him. [...] We will exterminate you.»[12]

Das terroristische Ziel eines Anschlags auf US-amerikanischen Boden erreicht das fiktive Teilnetzwerk der al-Qaida am Ende der zweiten Staffel schlussendlich auch. Bei einer Gedenkfeier explodiert eine Bombe und tötet fast 200 Menschen. Wieder gerät Nicholas Brody in den Mittelpunkt der Ermittlungen, da die Bombe in seinem Auto platziert war. Damit bleibt zumindest zu Beginn der dritten Staffel die Frage offen, ob er nun seine terroristischen Pläne trotz aller Zweifel in die Tat umgesetzt hat, oder zum Spielball politischer Interessen wurde.

Die zweite Kategorie der Darstellung von Muslimen im Narrativ HOMELANDS zeigt sowohl assimilierte, als auch nicht auf den ersten Blick erkennbare Muslime, die dennoch als Teil von Terroreinheiten agieren, beziehungsweise nur dessen verdächtigt werden. Zentral hierbei ist der Charakter der Journalistin Roya Hammad, die eines Tages in Nicholas Brodys Büro erscheint, um ihm Grüße von Abu Nazir auszurichten. Sie erklärt, dass ihre Familien befreundet seien, seit sie 1947 aus Palästina flüchten mussten. In dieser Aussage wird nicht nur impliziert, dass eine Flucht aus Palästina mit einer anti-westlichen Haltung zusammenhängt, sondern auch die Vermutung

---

11   1.12 «Marine One».
12   2.10 «Broken Hearts».

3 Die Umkehr ethnischer Stereotypisierung:
Die Inszenierung Aileens als Terroristin
(1.04 «Semper I»).

aufgestellt, dass Assimilation nur vordergründig passiert, oder wie Roya selbst festhält: «Nicholas, we're at war and you need to choose sides.»[13]

Die Darstellung des Paares Aileen Morgan und Raquim Faisel bricht auf den ersten Blick mit dieser stereotypen Konzeption (Abb. 3). Der Assistenzprofessor Raquim Faisel wird verdächtigt, im Netzwerk Abu Nazirs tätig zu sein. Agenten der CIA überprüfen seine Daten und können zu Beginn nur seine perfekte Universitätskarriere aufzeigen. Dennoch fragt David Estes, Direktor der CIA, ob er Muslim sei[14], da dies offenbar eine ausschlaggebende Dimension in der Verstrickung in terroristischen Angelegenheiten darstellt. Als sich herausstellt, dass er mit einer jungen Frau auf der Flucht ist, die nicht nur blond und hellhäutig ist, sondern die als seine Freundin Aileen Morgan auch noch federführend in den terroristischen Aktivitäten des Paares ist, sorgt dies für Stirnrunzeln bei den Verantwortlichen der CIA: «She's the terrorist?!»[15]. Damit wird deutlich, dass die Zuschreibung terroristischer Aktivitäten nicht nur an religiöse, sondern auch an sexistische und rassistische Kategorien gebunden ist. So bricht zwar die Darstellung des Paars mit diesen Kategorien, jedoch nur um sie indirekt wieder zu bestätigen.

Alle weiteren Charaktere, die im Netzwerk Abu Nazirs mitarbeiten, entsprechen aufgrund ihrer ethnischen Herkunft dem gängigen Stereotyp des *dunkelhäutigen, männlichen, muslimischen Terroristen*. Der Diplomat Mansour Al-Zahrani sowie der Berater eines Saudischen Prinzen, Latif Bin Walid, und auch ein arabischstämmiger Schneider aus Gettysburg, der zu Beginn der elften Folge in seiner Werkstatt eine Bombenweste herstellt, sind für die Zuseher eindeutig als Terroristen zu erkennen. Diese augenscheinliche Verknüpfung von ethnischer Herkunft, religiöser Praxis und terroristischer Aktivität ist in ihrer Darstellung im Narrativ übermächtig und sehr problematisch.

Ausnahmen zeigen sich nur selten und eine positive oder neutrale Darstellung des Islams beschränkt sich auf einige wenige muslimische Charaktere. Einer davon ist der Imam einer kleinen Gemeinde in Washington DC, Rafan Gohar, der Gerechtigkeit

13   2.01 «The Smile».
14   1.04 «Semper I».
15   Ebd.

fordert, nachdem während einer Verfolgungsjagd zwei betende Männer in seiner Moschee getötet wurden. Diese wird ihm jedoch aus politischen Gründen nicht zugesprochen. In dieser Szene bricht das Narrativ und macht wieder deutlich, dass die Kategorien von *Gut* und *Böse* nicht so leicht vergeben werden können, da die politische Führung des Landes korrupt, manipulativ und nur an ihrem eigenen Machtausbau interessiert ist.

Carrie Mathison und ihr Kollege Danny Galvez besuchen den Imam, der nicht sehr begeistert auf ihren Besuch reagiert. «Another government official here to suggest that if we weren't all guilty, one way or another, none of this would have happened.»[16] Damit spielt der Charakter mit Sicherheit auf die gesellschaftlich problematisierte Position der Muslime an, die sich seit dem 11. September in den USA entwickelt hat. Als Danny Galvez daraufhin antwortet, dass er auch Muslim sei und für die Regierung arbeite, ist der Imam noch weniger an einem Gespräch interessiert. Diese Aussage ist ausschlaggebend und wird Danny Galvez am Ende der zweiten Staffel noch zum Verhängnis, als er verdächtigt wird, mit Abu Nazir zusammenzuarbeiten. Auf die Frage, ob er ein gesuchter Verräter sein könnte, antwortet Carrie, dass es möglich wäre, da er Muslim sei. Sie verfolgen ihn, stellen ihn, und müssen erkennen, dass er in keinem Zusammenhang mit terroristischen Aktivitäten steht. Dennoch war sein religiöses Bekenntnis ausreichend, um ihn in den Kreis der Verdächtigen zu befördern. Einerseits ist die Offenlegung dieser stereotypen Denkweise positiv zu beurteilen, andererseits wird dies jedoch kaum reflexiv aufgearbeitet oder als problematisch thematisiert und wird damit als Abgrenzungsstrategie weiter tradiert.

Auch in der dritten Staffel sind Alltagsrassismus und religiöse Diskriminierung präsente Elemente des Narrativs. Als die junge Analystin Fara in der CIA erscheint, wird sie von allen Mitarbeitern kritisch gemustert, da sie ein Kopftuch trägt (Abb. 4). Saul Berenson beschwert sich, dass ihm eine junge Muslimin als Expertin zur Seite gestellt wurde und kritisiert sie diesbezüglich auch persönlich. «You wearing that thing on your head is one big ‹Fuck you› to the people who would have been your co-workers, [...]. So, if you need to wear it, if you really need to... which is your right, you better be the best analyst we've ever seen.»[17] Diese Szene über-

4 Religiöse Diskriminierung am Arbeitsplatz als Teil des Alltags (3.02 «Uh... Oh... Ah...»).

16   1.09 «Crossfire».
17   3.02 «Uh... Oh... Ah...».

steigt die sonst latente Islamfeindlichkeit der Charaktere innerhalb des Narrativs und kritisiert den Islam als Religion direkt. Das Bekenntnis zum Islam wird dabei als inakzeptable Aussage inszeniert, die seit den erneuten terroristischen Angriffen gesellschaftlich nicht mehr tragbar ist.

Die dritte Dimension der Darstellung zeigt die Sicht der gesellschaftlichen Mehrheit des Narrativs auf Muslime. Diese zeigt sich teilweise differenziert, transportiert jedoch wieder die bisher aufgegriffenen rassistischen und religiösen Stereotype. Dabei ist interessant zu beobachten, dass insbesondere Saul Berenson rassistisch argumentiert.[18] Als die CIA auf der Suche nach illegalen Geldtransfers des terroristischen Netzwerkes ist, analysiert er die Situation und hält fest, dass nomadische Kulturen seit jeher Schmuck verwendet hätten, um Vermögen zu transportieren. Zudem kategorisiert er Verdächtige nach rassistischen Maßstäben, wird dafür zwar kritisiert, setzt dies im Endeffekt jedoch ohne weitere Widerstände um.

> SAUL: «We prioritize. First the dark-skinned ones.»
> MAX: «That's straight up racial profiling.»
> SAUL: «That's actual profiling. Most al-Qaida operatives are gonna be Middle Eastern or African.»[19]

Ein weiteres Beispiel für den Blick der Mehrheitsgesellschaft auf Muslime und den Islam zeigt eine Diskussion in Danas Schule. Nicholas Brodys Tochter diskutiert in einer Gruppe über die politische Situation zwischen Israel und dem Iran, die sich im Narrativ der Serie immer weiter zuspitzt. In dieser Diskussion wird nicht zwischen Religion, Region oder Kultur unterschieden und gängige Stereotype wiederholt. So behauptet Ted, ein Schüler, dass die «Arab religion»[20] weder das Leben selbst noch die Lebensweise der US Amerikaner schätzen würde. Dana unterbricht ihn und macht ihn darauf aufmerksam, dass er hierbei differenzieren sollte. Er antwortet, dass es keinen Unterschied machen würde, da *alle* nur ein Ziel verfolgen würden: Die USA auszulöschen. Als Dana argumentiert, dass ihr Vater auch Muslim sei, glaubt ihr niemand. Ihre Eltern werden von ihrem Verhalten in Kenntnis gesetzt, woraufhin ihre Mutter Jessica aggressiv reagiert. Sie beschuldigt Dana nur Aufmerksamkeit auf sich zu ziehen, sowie ihr und ihrem Mann Unannehmlichkeiten bereiten zu wollen. Als Nicholas gesteht, dass Dana die Wahrheit gesagt hat, sucht Jessica Beweise für sein Geständnis. Sie findet den Koran, hält ihn Nicholas entgegen und schreit (Abb. 5): «These are

---

18   Es gibt die Vermutung, dass diese Handlungsweise Saul Berensons auf seine eigene Verwicklung in terroristische Aktivitäten zurückzuführen ist. Dies hat sich bisher im Narrativ jedoch noch nicht bestätigt und wird sich wohl, wenn überhaupt, erst im Laufe der Handlung der dritten Staffel zeigen.

19   2.04 «New Car Smell».

20   2.01 «The Smile».

5 Jessicas Vorurteile als
Synonym für einen stereotypen
Blick auf den Islam
(2.01 «The Smile»).

the people who tortured you. These are the people who, if they find out that Dana and Xander were having sex, would stone her to death in a soccer stadium.»[21] Sie wirft den Koran auf den Boden und fragt: «I thought you put this crazy stuff behind you. I thought we were getting somewhere. [...] I married a US Marine, this... this can't happen. You have a wife, two kids, you are a congressman in the running to become vice-president. It cannot happen, you get that, right?!»[22] Auch hier kann argumentiert werden, dass in dieser Szene Stereotype aufgegriffen werden, die jedoch nicht Inhalt der Serie selbst sind. Davon ist auch absolut auszugehen, da nicht anzunehmen ist, dass diese Aussagen in irgendeiner Weise die Meinung der Produzenten wiedergeben. Dennoch greift diese Inszenierung islamophobe Gesellschaftstendenzen auf und zeigt sie als akzeptablen Teil der Wirklichkeit, ohne wesentlich mit ihnen zu brechen.

Deutlich wird vor allem, dass das Bekenntnis zum Islam im Narrativ oftmals als Indikator für Terrorismus eingesetzt wird, wodurch ein religiös bestimmtes Feindbild konstruiert wird. Die Kategorien Islam und Terrorismus werden im Narrativ HOMELANDS stereotyp reduziert und verstärkt in Verbindung gesetzt. Insbesondere der visuelle Ästhetikdiskurs, gewollt oder nicht, verkörpert diese problematische Konstruktion. Die aufgegriffenen Unsicherheiten der gegenwärtigen westlichen Gesellschaften werden in HOMELAND kanalisiert und bestätigen damit bis zu einem gewissen Grad rassistisch und religiös konstruierte Exklusionsdiskurse. Problematisch hierbei ist auch, dass nicht zwischen den Ebenen von Ethnizität, Nation und Religion unterschieden wird.

Die stereotypen Vorstellungen Jessicas thematisieren eine Kategorisierung, die sich durch das gesamte Narrativ der Fernsehserie zieht. Auch wenn teilweise posi-

21   Ebd.
22   Ebd.

tive oder neutrale Darstellungen von Muslimen visualisiert werden, so ist doch die Dominanz des Negativen sehr auffällig. Zum einen könnte hier argumentiert werden, dass damit negative realgesellschaftliche Diskurselemente aufgegriffen und thematisiert werden, dennoch darf nicht außer Acht gelassen werden, dass zum anderen damit genau diese stereotypen Vorstellungen multipliziert und in die Gesellschaft rückgeführt werden. Es wird ein äußerst problematisches Bild des Islam konstruiert, das zwar mit Sicherheit reale Konflikte anspricht, diese jedoch auf die Dimension der Religion reduziert und machtpolitische Interessen im Endeffekt fast vollständig ausblendet.

«Der Zweifel an Gott ist auch ein Teil der Religion»

Ein Gespräch mit Shaheen Dill-Riaz über seinen Film KoranKinder

Der Regisseur Shaheen Dill-Riaz, der bereits mit einer Reihe von preisgekrönten Dokumentarfilmen hervorgetreten ist, porträtiert in seinem Film KoranKinder (Bangladesch/Deutschland 2009; Abb. 1, 3) Koranschulen seines Heimatlandes Bangladesch. In der Dokumentation, die vom Zweiten Deutschen Fernsehen (Redaktion Kleines Fernsehspiel) produziert wurde, werden sowohl Schüler, Lehrer und Eltern als auch einige Experten interviewt und Einblicke in die tägliche Arbeit der Koranschulen gewährt. Gleichzeitig thematisiert der Regisseur seinen persönlichen Zugang zu diesem Thema, nicht zuletzt in der Auseinandersetzung mit seiner eigenen religiösen Identität, unter anderem auch in Interviews seiner Eltern.[1] Im Gespräch äußert sich Shaheen Dill-Riaz zu seinem Film und seiner Arbeit.

1 Filmplakat zu KoranKinder (Regie: Shaheen Dill-Riaz; Bangladesch/Deutschland 2009)

Herr Dill-Riaz, der Film KoranKinder gibt einen bemerkenswerten, teils auch bedrückenden Einblick in die Ausbildung junger Menschen in Koranschulen in Bangladesch.

---

1   Zum Abschluss des Symposiums der Internationalen Forschungsgruppe Film und Theologie im Juni 2012 fand ein Gespräch mit dem Regisseur Shaheen Dill-Riaz statt, das Stefan Orth moderiert hat. Die Fragen wurden gekürzt sowie anonymisiert. Shaheen Dill-Riaz hat den von Stefan Orth bearbeiteten Text durchgesehen.

Was war der Auslöser für den Film?

Die Idee war ursprünglich eine ganz andere. Es gab im Jahr 2007 eine Reihe von Bombenanschlägen in Bangladesch. Man hatte seinerzeit gerätselt, wer dahinter steckt. Zuerst ist man davon ausgegangen, dass dies eine militante islamistische Gruppe gewesen sein muss, was im In- und Ausland zu sehr großer Empörung geführt hat – auch wenn bei den Attentaten keine Menschen zu Schaden kamen. Später hat sich herausgestellt, dass im Hintergrund nicht nur Islamisten, sondern auch linksextremistische Gruppierungen mitverantwortlich waren. Es ging dabei auch um Machtkämpfe verschiedener Gruppen – und nicht nur um Islamisten, die man unter den Absolventen der vielen Koranschulen im Land vermutete. Zu Beginn der Arbeiten an diesem Film ging es mir darum, genauer zu wissen, wer eigentlich hinter den Islamisten in diesem Land steckt, die besonders bei jungen Leuten Zulauf haben. Schließlich hat sich dann aber das Interesse mehr auf die Koranschulen selbst verlagert. Ich wollte schließlich vor allem herausfinden, was in diesen Koranschulen, wie es sie auch in Indien, Pakistan und anderen Nachbarländern gibt, genauer passiert. Der Film selbst ist erst im Laufe der Dreharbeiten bis hin zur Endfertigung entstanden – und ich habe dabei selbst sehr viel über die Hintergründe und die geschichtlichen Zusammenhänge gelernt.

Wie hat sich das Thema denn genauer während der Dreharbeiten verändert?

Der erste Blick war durch die dramatischen Ereignisse sehr voreingenommen und klischeebeladen. Wer steckt eigentlich hinter der Serie von Bombenanschlägen? Gibt es einen Zusammenhang zwischen den beschuldigten Islamisten und den Koranschulen? Das waren meine ersten Fragen. Aber ich habe gesehen, dass diese Fragen in die falsche Richtung führen. Mir schien es ungerecht, jene Schulen zu beschuldigen, ohne genau zu wissen, was in ihnen eigentlich vor sich geht. Die meisten Menschen der Mittelschicht in Bangladesch, zu der auch meine Familie gehört, haben keinen direkten Kontakt zu den Koranschulen. Diejenigen, die sich besonders gebildet fühlen, gehen davon aus, dass in diesen Schulen etwas ganz Geheimnisvolles vor sich geht. Um klarer zu sehen, hilft es jedoch manchmal, die Blickrichtung zu ändern, so Antoine Saint-Exupéry. Das war hier auch der Fall. Im Grunde ist es gar nicht so schwer, sich selbst ein gutes Bild zu machen.

War der Zugang zu den Koranschulen wirklich so leicht? Am Anfang sieht man immerhin die Szene, wie Sie beim Zulaufen auf eine Koranschule sehr entschieden abgewiesen werden…

Als der Film ins deutsche Kino kam, hat der Verleih sogar behauptet, dies sei der erste Film, der in einer Koranschule gedreht wurde. Aber das stimmt natürlich nicht, die Verleiher nehmen es bei ihren Werbestrategien mit der Wahrheit nicht immer ganz genau. Ein Radiomoderator war in einem Interview richtiggehend enttäuscht, dass das Drehen dieses Films gar nicht so dramatisch gewesen ist. Konkret lief das so ab, dass mir am Anfang Schulen empfohlen wurden, die als etwas liberaler gelten. Auf diese Weise habe ich einen guten Zugang zu den Koranschulen insgesamt gefunden. Zwar war ich zu Beginn auf einen Bekannten meiner Familie angewiesen, der mir einen direkten Zugang zur Leitung einzelner Schulen hergestellt hat. Nachdem er mir diesen erfolgreich vermittelt hatte und ich in einer Schule drehen durfte, ergaben sich daraus auch nach und nach die anderen Kontakte. Am Anfang hatten natürlich alle Sorge, dass ich die Koranschulen in den Zusammenhang mit den Bombenanschlägen zwei Jahre vor den Dreharbeiten stellen wollte. Als sie erfahren haben, dass mein Interesse in eine andere Richtung ging, waren sie beruhigt – und ab da war es relativ einfach. Die Verantwortlichen hatten teilweise sogar geradezu das Bedürfnis, ihre Schulen zu zeigen. Kurzum: Wenn sich jemand wirklich interessiert zeigt, ist es schließlich ziemlich einfach, in Koranschulen zu drehen.

Wie lange haben die Dreharbeiten gedauert?

Beim ersten Dreh haben wir sechs Wochen gebraucht. Weitere zwei Wochen habe ich nachgedreht, weil ein Lehrer, den ich etwas länger beobachtet hatte, beim ersten Dreh plötzlich im Urlaub war.

War es schwierig, die Lehrer, Schüler und Eltern als Gesprächspartner zu gewinnen, die neben einigen Experten für Interviews zur Verfügung standen?

Die meisten Gesprächspartner, ob Lehrer, Schüler oder Eltern waren grundsätzlich sehr entspannt bei den Dreharbeiten. Viele gehen davon aus, dass sie ins Fernsehen kommen, freuen sich darüber und neigen deshalb nicht dazu, sich zu verweigern. Aber manche wollen natürlich auch nicht gefilmt werden: etwa einige der Lehrer, die Angst hatten, in ein schlechtes Licht gerückt zu werden. Dabei ging es gar nicht um die eigentlich pädagogisch problematischen Dinge wie das Schlagen von Kindern. Ihre Sorge war mehr, dass sie an einem langen Tag, den sie im Wesentlichen in einem Raum verbringen, auch einmal einschlafen. Da wollen sie nicht bloßgestellt werden. Es war auch nicht einfach, mit den Kindern zu reden, wie auch situative Beobachtungen gar nicht so leicht waren, weil die einzigen Interaktionen zwischen dem Lehrer und einzelnen Kindern stattfinden. Besonders heikel war die Recherche nach ehemaligen Schülern, von denen am Ende drei im Film zu sehen sind. Es gab sofort den Verdacht, dass der Filmemacher nur die besonders Traumatisierten sucht, sodass sich auch viele gemeldet haben, die Klischees bedienen wollten: indem sie etwa davon erzählen, wie sie geprügelt wurden. Bei zu viel Emotionalität fehlt dann aber die notwendige Distanz. Diejenigen zu finden, die bereit waren, einfach über ihre Zeit in der Koranschule zu berichten, hat einen großen Aufwand erfordert.

Manche der Gesprächspartner haben auch offensichtlich nur mit großer Vorsicht geantwortet und agiert ...

Es war ein Fehler, die Leute vorher nicht zu kontaktieren, sodass manche sehr un-

2 Shaheen Dill-Riaz am Set
von EISENFRESSER (Deutschland
2007)

sicher waren – etwa eine Mutter, die offenkundig die Frage beunruhigte, was etwa
die Nachbarn denken werden. Wir hatten auf der anderen Seite Angst, dass uns die
Leute ablehnen, wenn wir uns ankündigen. Denn wenn man einmal mit der Kamera vor der Tür steht, lassen sich die meisten aus Höflichkeit erst einmal darauf ein,
und man kann dann im Nachhinein um die Genehmigung zur Veröffentlichung bitten.
Insgesamt war es mein Anliegen, weitgehend dokumentarisch vorzugehen und nur
wenige Dinge zu arrangieren, damit der Film möglichst authentisch wird.

**Manche islamische Strömungen argumentieren angesichts von Foto- oder Filmaufnah-
men auch mit einem streng interpretierten Bilderverbot im Islam. Hat diese Argumentation bei ihren Gesprächspartnern eine Rolle gespielt, sodass die Dreharbeiten dadurch
erschwert waren?**

Natürlich gab es immer wieder auch Diskussionen über die Bedeutung des muslimischen Bilderverbots, aber angesichts dieser Frage hat es immer sehr unterschiedliche
Meinungen gegeben. Wie das Bilderverbot ausgelegt und ob es ernst genommen
wird, ist insgesamt sehr uneinheitlich. Die Zweifel, ob das Filmen von Menschen erlaubt ist, gibt es schon. Weil im Alltag heute Bilder in den unterschiedlichsten Medien
jedoch so selbstverständlich sind, wird dies weitgehend als unproblematisch angesehen – zumal es im Koran kein eindeutiges Verbot gibt. Das Bilderverbot steht in
einem Hadith, ist aber kein Gesetz oder Verbot im engeren Sinne. Selbst Muslime
müssen schließlich für ihre Ausweise Passbilder machen lassen, gaben manche auch
zu bedenken. Zudem hat Bangladesch eine florierende Filmindustrie, die – Bollywood
vergleichbar – Filme für ein großes Publikum macht. Wie in Indien boomen die Medi-
en, neben dem Kino vor allem auch das Fernsehen. In dem Land gibt es immerhin elf
private Fernsehsender, aber auch sehr viele Handys und eine rege Internetnutzung.
Das beeinflusst die Menschen. Selbst in den Koranschulen haben manche der jungen

Lehrer auf ihren Handys Filme oder Clips angeschaut. Die Neugier angesichts der An-
gebote in den Medien ist sehr groß, da spielt das Bilderverbot keine Rolle. Selbst in
Afghanistan, ein mindestens so sehr islamisch geprägtes Land, dreht man zwar eine
Liebesgeschichte immer in verschiedenen Räumen, sodass die einzelnen Einstellun-
gen erst beim Schnitt zusammengefügt werden. Hier geht es aber vor allem um das
Verhältnis der Geschlechter, nicht um ein Bilderverbot als solches.

Und was sagen die Befürworter eines Bilderverbots?

Wo jemand auf das Bilderverbot verweist, ist er in der Regel grundsätzlich skeptisch
eingestellt gegenüber den Medien. Vor allem bei dem Versuch einer Dokumentation
religiöser Rituale wird oft genug auf das Bilderverbot hingewiesen. In Moscheen ist
es beispielsweise sehr oft nicht erlaubt, das Beten selbst zu filmen. Aber auch hier
hängt es am Ende von den einzelnen Verantwortlichen ab; wenn man hartnäckig genug insistiert, kann man schon etwas erreichen.

**Das Schockierende an Ihrem Film ist, dass die Schüler gar nicht genau wissen, was sie
auswendig lernen. Wie steht es um Bestrebungen, die Schüler im Arabischen zu unter-
richten, damit sie besser verstehen, was sie lernen, weil das Memorieren eines Textes
leichter fällt, wenn ich seinen Inhalt kenne? Gibt es auch solche Schulen, in denen nicht
einfach mechanisch auswendig gelernt wird?**

Ein Film ist immer ein Ausschnitt, der wie schon mein Film EISENFRESSER (Deutschland
2007) vieles der Realität in Bangladesch auch ausblenden muss. Mit KORANKINDER
wollte ich auf eine bestimmte Tradition fokussieren und diese auch infrage stellen.
Neben den von mir gezeigten Koranschulen auf dem untersten Level gibt es natürlich
auch solche, in denen in einer erweiterten Ausbildung in bis zu 12 Klassenstufen das
Arabische als Sprache vermittelt wird, man sich mit dem Koran auch inhaltlich auseinandersetzt, die Geschichte des Koran und des Islam studiert – und andere Fächer
oder Sprachen wie Urdu oder Farsi als der wichtigsten auf dem indischen Kontinent
vor der Kolonialisierung durch die Engländer. Insofern gebe ich zu, dass der Film nur
einen begrenzten Eindruck vom breiten Spektrum der vorhandenen Koranschulen
vermittelt. Immerhin aber gilt für die Mehrheit der Koranschulen, dass das Auswendiglernen und Rezitieren des Koran dort der einzige Inhalt ist. Natürlich ist man nicht
verpflichtet, die Kinder dorthin zu schicken, man kann diese Klassen auch übersprin-
gen. Oft ist es jedoch – wie man im Film gesehen hat – der große Wunsch der Eltern,
dass es zumindest eines ihrer Kinder schafft, den Koran auswendig zu lernen. Und
damit sind die Kinder dann für mehrere Jahre gebunden.

**Woher kommt dieser Wunsch der Eltern? Welche religiösen Traditionen stecken hinter
diesen Entscheidungen?**

Es gibt den Glauben, oder besser Aberglauben, dass die eigene Familie belohnt wird,
wenn man den Koran auswendig lernt. Der ursprüngliche Grund für die Rezitation

3 Film Still aus KoranKinder
(Regie: Shaheen Dill-Riaz;
Bangladesch/Deutschland
2009)

des Koran bestand darin, ihn nur auf diese Weise verbreiten zu können. Weil der Weg der schriftlichen Weitergabe zuerst nicht möglich war, bot sich das Auswendiglernen des Textes als eine andere Möglichkeit an – für die man vom Propheten Mohammed belohnt wird. Im Laufe der Geschichte entstand dann der Aberglaube einer besonderen Belohnung durch Gott selbst, der nicht nur in Bangladesch, sondern auch in vielen anderen Ländern verbreitet ist. Ein praktischer Grund für diese Ausbildung besteht darin, dass man etwas Geld verdienen kann, wenn man als sogenannter Hafiz bei bestimmten Anlässen, auf Familienfeiern oder religiösen Festen, den Koran rezitiert. Dafür, dass man mehrere Stunden oder gar einen ganzen Tag lang den Koran vortragen muss, erhält man allerdings nur ein geringes Honorar. Letztlich handelt es sich um einen sehr anstrengenden Beruf ohne Aufstiegsmöglichkeiten und ohne großes Ansehen, weil alle wissen, dass man nur etwas Gelerntes wiedergibt. Viele Hafiz' empfinden ihre Situation als ausweglos. Lediglich rund 20 Prozent der Schüler in diesen Koranschulen schließen deshalb ihre Ausbildung auch überhaupt ab.

Welches Gesellschafts- und Familienbild steht dahinter, dass Kinder für das Heil ihrer Eltern etwas vollbringen müssen?

Zum geschichtlichen Hintergrund gehört, dass auch auf dem indischen Subkontinent von animistischen Völkern in besonderen Ritualen Kinder geopfert wurden. Die Erzählung von Abraham und der Opferung Isaaks beziehungsweise Ismaels, die bekanntermaßen auch Teil der islamischen Tradition ist, wurde da schnell rezipiert. Das Allerliebste zu opfern, ist aber auch in anderen religiösen Traditionen verbreitet, etwa bei Hinduisten und Buddhisten. Das sind die Wurzeln dafür, dass die Eltern der Schüler in den Koranschulen diese Ausbildung ernst nehmen und sich dafür entscheiden, auch wenn es sie selbst gelegentlich schmerzt, ihre Kinder fortgeben zu müssen. Im aufgeklärten Teil der Gesellschaft protestieren auch viele Eltern gegen diese Vorstellungen und entscheiden sich anders. An diesem Punkt vermisst man leider Imame, die sich stärker mit ihren persönlichen Überzeugungen einbringen und darauf hinweisen, dass der Besuch einer Koranschule aus der Sicht des Islam nicht zwingend notwendig ist, weil es sich nur um eine Tradition, nicht aber um eine Vorschrift handelt. Hier fehlt den Eltern, die davon überzeugt sind, dass die Liebe zu Gott einen derartigen Umgang mit den eigenen Kindern gebietet, weil er es so will, oft die notwendige Unterstützung.

Muss man damit die Koranschulen als eher hinderlich für die Entwicklung des Landes ansehen?

Die Koranschulen haben durchaus den Ruf, dass es bei ihnen nicht nur um das Repetieren, sondern auch um Disziplinierung geht: frühes Aufstehen, Pünktlichkeit, Ordnungswille, Körperbeherrschung. Fünf Mal am Tag zu beten, bringt einen in diesen Rhythmus; der ganze Tagesablauf ist danach ausgerichtet. Das Problem ist vor allem die Isolierung vom sonstigen Schulwesen. Aber auch die Koranschulen haben sich in den vergangenen Jahrzehnten weiterentwickelt. Weil sie jedoch als minderwertig angesehen werden, ist von vornherein ausgeschlossen, dass man auf Augenhöhe miteinander kommuniziert.

Und inwiefern wäre das wichtig?

Vor ein paar Jahren hat jemand über Afghanistan geschrieben, dass die größte Bombe, die in dem Land explodiert ist, die Konsumbombe gewesen sei. Das gilt auch für Bangladesch mit seinen rund 150 Millionen Einwohnern. Der wirtschaftliche Druck auf das Land und seine Textilindustrie ist enorm gestiegen. Im Moment trägt sie zum Wirtschaftswachstum und zum Konsum bei, kann aber auch wieder in andere Länder abwandern. Das ist ein zweischneidiges Schwert: Man weiß auf der einen Seite, dass das Land die wirtschaftliche Entwicklung braucht, dies aber auf der anderen Seite auch den gesellschaftlichen Druck erhöht. Um sich angesichts der wirtschaftlichen Dynamik zu behaupten, braucht man heute beispielsweise Mobiltelefone oder auch die Medien. Die Generationen müssen aufgrund dieser Entwicklung jetzt jedoch viel stärker als früher miteinander im Gespräch sein. Väter sind heute gezwungen, beispielsweise mit ihren Töchtern zu diskutieren, wie sie sich verhalten sollen. Es reicht nicht mehr, einfach zu befehlen oder zu verbieten. Eine einfache Abgrenzung ist heute deshalb insgesamt nicht mehr so ohne weiteres möglich.

Was heißt das für den Faktor Religion im Land?

Das Interesse an Religion ist größer geworden, auch wenn die Ausprägung sehr unterschiedlich ist. Die einen haben heute verstärkt das Bedürfnis, Spiritualität auch tagtäglich zu leben – was in den deutschen Medien ja kaum gezeigt wird. Der Islam ist hierzulande immer gleich ein Problem, zu wenig informiert man über den Alltag der Menschen. Eine ganze Reihe von meinen Verwandten in Bangladesch oder Indien haben auf der anderen Seite in den vergangenen Jahren damit begonnen, für Moscheen oder Koranschulen zu spenden. Warum? Weil sie das Gefühl haben, keine Zeit zum Beten mehr zu haben, auf diese Weise aber immerhin eine Ersatzleistung anbieten wollen. Diese Menschen sehnen sich danach, Religion zu praktizieren, investieren aber in Dinge, an denen sie nicht direkt beteiligt sind. Sie würden die von ihrem Geld miterbaute Moschee nie zum regelmäßigen Gebet betreten.

Wie steht es angesichts dieser Entwicklungen um den Dialog zwischen explizit religiösen und dezidiert säkularen Sichtweisen in Bangladesch? Wie groß ist die Gefahr einer radikalen Islamisierung?

Da bin ich optimistisch. Es gibt kleine Gruppierungen, die sich aus ideologischen Gründen abgrenzen wollen, wie man sich auch in den reicheren Vierteln versucht von der Außenwelt zu isolieren: in den von Mauern umschlossenen, bewachten Appartementhäusern derjenigen, die es sich in den Großstädten leisten können. Die meisten Leute aber sind, selbst wenn sie verschiedenen Strömungen angehören, miteinander im Dialog – auch wenn man dies oft genug nicht sehen will, beziehungsweise dies in den Medien nicht gezeigt wird. Wenn im Alltag etwa die Fragen zum Thema Sexualität oder auch dem gesellschaftlichen Umgang von Mann und Frau auftauchen, werden sie aufgegriffen und auch unabhängig von Traditionen und Normen diskutiert. Das macht Hoffnung.

Eine Stärke Ihres Films ist, dass Sie vor diesem Hintergrund auch die eigene Suche nach ihrer eigenen religiösen Identität thematisieren…

Der Zweifel an Gott ist auch ein Teil der Religion. Es gibt ihn in allen Religionen, er wird aber gerne ausgeblendet. Obwohl er ständig da ist, wird zu oft behauptet, dass man nicht zweifelt. Umgekehrt hatte ich mir zuerst selbst nicht richtig eingestanden, dass es auch bei mir ein Suchen gab. Im Laufe der Dreharbeiten habe ich das bereits gespürt – und diese Dynamik hat dann auch den Schnitt massiv bestimmt. Lange war mir gar nicht bewusst, dass ich meine Art und Weise des Zugangs auch in den Film selbst integrieren könnte. Beispielsweise das Interview mit meinen Eltern wollte ich ursprünglich nicht in den Schnitt mit hineinnehmen. Dort wurde es dann zu einem sehr zentralen Thema. Ohne meinen persönlichen Zugang wäre das Thema des Films wohl auch zu sehr auf Distanz geblieben. Für die lange Strecke von 90 Filmminuten muss der Zuschauer auch ein bisschen an der Hand genommen werden, dafür ist dieser Erzählstrang sehr hilfreich. Ich bin davon überzeugt, dass dies ein ehrlicher Ansatz ist, der dem Film keine Gewalt antut. Bevor ich an die Filmhochschule in Babelsberg gekommen bin, kannte ich im Übrigen das Genre des Dokumentarfilms gar nicht. Ich selbst wollte ursprünglich lieber Spielfilme machen und jenes Format war für mich deshalb erst einmal nicht ernst zu nehmen. Durch die Ausbildung zum Kameramann wurde ich jedoch gezwungen, solche Filme zu drehen. Die Filmhochschule war ja bereits in der DDR für ihre Dokumentarfilme bekannt. Aber auch jene Filmemacher haben seinerzeit sehr persönliche Filme gemacht. Da habe ich entdeckt, was es bedeutet, authentische Situationen zu beobachten und im Schnitt mit diesem Material Geschichten erzählen zu können. Im Nachhinein habe ich mich auch gefragt, ob man nicht den Alltag von Muslimen noch mehr hätte einbauen können, um auch diesen besser nachvollziehbar zu machen.

Wie ist die Rezeption des Films verlaufen?
Der Film kam in Deutschland in den Jahren 2009 und 2010 in einige Kinos. Das Bedürfnis der Zuschauer nach Information war sehr groß. In Bangladesch gab es nur sehr wenige Vorführungen. Insgesamt haben es Dokumentarfilme in Bangladesch schwer. Viele Veranstalter haben sich auch nicht getraut, den Film zu zeigen, weil sie Angst vor politischen Kräften hatten, die den Film instrumentalisieren könnten. Inzwischen gibt es aber ein größeres Interesse.

Gab es eine spezifische Rezeption von Muslimen?
Die Koranschüler, denen ich den Film gezeigt habe, hätten sich ein umfassenderes Bild der Koranschulenlandschaft in Bangladesch gewünscht, nicht nur die Fokussierung auf diejenigen, in denen der Koran einfach auswendig gelernt wird. Sie fanden aber sehr gut, dass darauf hingewiesen wird, dass es zu wenig Dialog zwischen den verschiedenen Einrichtungen gibt.

Welche Filme haben Sie schließlich nach dem Erfolg von KORANKINDER realisiert?
Nach dem Film KORANKINDER, der 2009 fertig gestellt wurde, habe ich drei weitere Filme gedreht. 2010 konnte ich einen kurzen Dokumentarfilm mit dem Titel Der NETZWERKER für 3sat abschließen, der in der Reihe «Fremde Kinder» gezeigt wurde. Es handelt sich um das Porträt eines 14-jährigen Jungen, der im Schwemmland von Bangladesch mit gebrauchten Handys Geschäfte treibt. Danach ist jetzt ein einstündiger Film über zwei Soldaten in Afghanistan entstanden: ein Doppelporträt von einem deutschen und einem afghanischen Soldaten: SCHULTER AN SCHULTER, der ebenfalls von der Redaktion Kleines Fernsehspiel des ZDF produziert wurde. Zuletzt habe ich noch einen halbstündigen Dokumentarfilm für 3sat abgeschlossen: Ebenfalls ein Porträt über einen Jungen in Bangladesch in der Reihe «Fremde Kinder», die ja leider eingestellt wird. In dem Film geht es um einen zehnjährigen Jungen, der in einem uralten Kino in Bangladesch als Kinovorführer arbeitet.

Und was ist für die Zukunft geplant?
Demnächst will ich ein Familienprojekt abschließen, in dem auch meine Eltern wieder vorkommen und auch ich mich stärker in den Film integrieren werde, indem man mich etwa ebenfalls vor der Kamera sieht. Wie sieht das Leben einer Familie, meiner Familie, in der globalisierten Welt aus? Meine Schwester lebt in Sydney, mein Bruder in New Jersey, ich in Berlin und meine Ex-Freundin und unser Sohn in Warschau –

wobei wir ständig in Kontakt sind über Skype und Facebook und durch gelegentliche Besuche. Der Auslöser für die Filmidee war, dass meine Schwester geheiratet hat, ohne dass meine Eltern davon wussten, sodass wir alle das Gefühl hatten, wir müssen wieder etwas enger zueinander kommen. Gefilmt habe ich erst einmal aus Privatinteresse. Am Ende soll es dann ein Film mit 90 Minuten werden.

Filmografie und Filmindex

Bildquellen

18: C. Schmidt/Ring; 23: film-dienst-Archiv; 31, 103 (re.): Arsenal; 38: Kairos; 42, 57: nfp; 61: Perse Film (Samet); 62: Feature Production; 64: Pandora; 66 (li.): Dadaş Film; 66 (re.): Özen Film; 73: Kool Filmdistribution; 76: Edition Salzgeber; 87, 92 (o.), 92 (u.), 94, 174, 184: Trigon Film; 88, 95: academy.films; 90, 92 (u.), 96: Neue Visionen; 103 (li.): Capelight; 104 (li.), 107: Senator; 104 (re.): Concorde; 105, 109: Zorro; 112 (li.): Filmverlag der Autoren; 112 (re.), 219: Constantin; 115: Maxximum; 116: 3Rosen; 121: timebandits; 124: Pandora; 127, 137, 138: UFA Home Entertainment; 145 (li.) Aksoy Film; 145 (re.): BKM Film; 148 (li.): Gözyasi Film; 148 (re.): Point1Post; 150 (li.), 159: Feza Film; 150 (re.), 168: AF-Media; 173: Flickr; 177 (o.): Dolmen Home Video; 177 (u.): Filmcoopi; 180: Les Inrocks; 189: IRIB Media; 196 (o.): Wikimedia; 196 (u.): Sima Film; 207: Library of Congress Prints and Photographs Division Washington; 210: Ken and Jenny Jacobson Orientalist Photography Collection, The Getty Research Institute; 212: Lumière; 214: Fabian Tietke, Aufsmaulsuppe; 217: Kino International; 224f, 228f, 231: Showtime; 233, 236, 238: Mayalok Filmproduktion

Die Herausgeber, Autorinnen und Autoren

Ludwig Ammann, geboren 1961, Studium der Islamwissenschaften (Dr. phil.), Literaturwissenschaft (M.A.) und Völkerkunde in Freiburg und London. Forschungen und Bücher zum frühen Islam und zu islamistischen Bewegungen in der Gegenwart als Fellow am Kulturwissenschaftlichen Institut in Essen und am Wissenschaftskolleg zu Berlin. Publizist, Filmverleiher (KOOL) und Kinobesitzer (11 Leinwände) in Freiburg.

Freek L. Bakker, geboren 1951, Studium der Theologie und Religionswissenschaft, insbesondere der Indologie, 1993 Promotion (Religionswissenschaft) an der Vrije Universiteit in Amsterdam. Seit 2003 Dozent für asiatische christliche Theologie, Religionswissenschaft, Hinduismus und Buddhismus am Departement für Religionswissenschaft und Theologie der Universität Utrecht.

Bernd Buder, geboren 1964, Studium der Politikwissenschaften an der Freien Universität Berlin. Kurator und Berater für verschiedene Filmfestivals und Institutionen, unter anderem die Berlinale-Sektion «Internationales Forum des Jungen Films», das «Skena Up»-Filmfestival in Prishtina, das Filmfestival «Cinedays» in Skopje und das FilmFestival Cottbus. Seit 2011 Leiter des Ost-West-Koproduktionsmarktes «connecting cottbus» beim FilmFestival Cottbus. Außerdem arbeitet er als Filmjournalist.

Shaheen Dill-Riaz, geboren 1969 in Dhaka, Bangladesch, Mitorganisator des International Short Film Festivals Dhaka und Filmjournalist in Bangladesch. 1992 kam er über ein Kultur-Stipendium des Goethe-Instituts nach Berlin, wo er seither lebt und arbeitet. Nach dem Studium der Kunstgeschichte an der Freien Universität Berlin 1995 bis 2002 Kamerastudium an der HFF Filmschule Konrad Wolf in Potsdam-Babelsberg. 2010 Grimme Preis in der Kategorie Information und Kultur für EISENFRESSER; 2013 Grimme Preis (Sonderpreis Kultur NRW) für DER VORFÜHRER.

Amin Farzanefar, geboren 1965, Studium der Islamwissenschaften. Arbeitet als Film- und Kulturjournalist.

Wolfgang Martin Hamdorf, geboren 1962, ist Filmhistoriker und Journalist und arbeitet als freier Autor für deutsche und spanische Medien sowie als Programmberater für internationale Filmfestivals und kulturelle Einrichtungen. Er lebt in Berlin und Madrid.

Lisa Kienzl, geboren 1983, Studium der Europäischen Ethnologie und Religionswissenschaft an der Karl-Franzens-Universität Graz; Auslandsaufenthalte in Roskilde und Buffalo, NY; Promotion 2012 zur österreichischen Nationalidentität und deren Verbindung zu Antisemitismusdiskursen; Lektorin am Institut für Religionswissenschaft an der Katholisch-Theologischen Fakultät Graz.

Heike Kühn, geboren 1963, Studium der Germanistik, der Film-, Fernseh- und Theaterwissenschaft, der Philosophie und der Kunstgeschichte. Filmkritikerin und wiederholt Mitglied in den Jurys internationaler Filmfestspiele. Seit 1993 mitverantwortlich für die Konzeption und Durchführung der Arnoldshainer Filmgespräche.

Marie-Therese Mäder, geboren 1968, Studium der Philosophie, Filmwissenschaft und Religionswissenschaft an der Universität Zürich; Promotion zum Thema Film und Religion. Ihr Buch *Die Reise als Suche nach Orientierung. Eine Annäherung an das Verhältnis zwischen Film und Religion* erschien 2012 im Schüren Verlag; 2012 Forschungsaufenthalt in Yale beim «film studies program»; seit 2006 Mitglied der Forschungsgruppe «Medien und Religion» sowie Lehrbeauftragte der Universität Zürich, seit 2013 Oberassistentin am Zentrum für Religion, Wirtschaft und Politik.

Matthias Müller, geboren 1972, Studium der Theologie und Mathematik in Freiburg und Jerusalem. Promotion (Theologie); Gymnasiallehrer.

Irit Neidhardt, geboren 1969, ist in Deutschland und Israel/Palästina aufgewachsen. Studium der Islamwissenschaft, Ethnologie und Politikwissenschaft in Münster; danach Tätigkeit in der Erwachsenenbildung. 2002 Gründung von mec film (middle eastern cinemas), eine Verleih-, Vertriebs- und Beratungsfirma für Filme aus dem Nahen Osten. Koproduzentin von mehreren Dokumentarfilmen.

Stefan Orth, geboren 1968, Studium der Katholischen Theologie in Freiburg, Paris und Münster, 1998 Promotion (Theologie), seit 1998 Redakteur der Herder Korrespondenz in Freiburg. Dort unter anderem für die Themenfelder Theologie, Kultur und Kunst sowie Islam zuständig.

Daria Pezzoli-Olgiati, geboren 1966, Studium der Theologie in Fribourg und Zürich, 1996 Dissertation und 2002 Habilitation in Religionswissenschaft in Zürich, Forschungsaufenthalte in Rom, Oxford und Trento, seit 2004 Professorin für Religionswissenschaft und seit 2010 Leiterin des Zentrums für Religion, Wirtschaft und Politik an der Universität Zürich.

Tobias Specker, geboren 1971, Studium der Germanistik und katholischen Theologie; 2001 Promotion (Theologie) und Eintritt in den Jesuitenorden. Nach mehrjähriger praktischer Tätigkeit als Islambeauftragter seit 2010 Studium der «Islamischen Studien» an der Universität Frankfurt.

Michael Staiger, geboren 1973, Lehramtsstudium der Fächer Deutsch, Musik und Katholische Theologie, Diplomstudium in Pädagogik (Erwachsenenbildung) und Kommunikationswissenschaft, 2005 Promotion (Deutschdidaktik). Seit 2005 Akademischer Rat (Literaturwissenschaft und Literaturdidaktik) am Institut für deutsche Sprache und Literatur der Pädagogischen Hochschule Freiburg.

Magnus Striet, geboren 1964, 1998 Promotion, 2001 Habilitation, 2001 bis 2004 Lehrstuhlvertretungen in Tübingen und Münster, seit 2004 Professor für Fundamentaltheologie an der Universität in Freiburg. Leiter der Arbeitsstelle «Film und Religion» am Arbeitsbereich Fundamentaltheologie (Kooperationspartner Medienzentrum der Universitätsbibliothek Freiburg).

Joachim Valentin, geboren 1965, Studium der Katholischen Theologie, Philosophie und Latein, 1996 Promotion (Theologie), 2004 Habilitation, seit 2005 Direktor des «Hauses am Dom», Kultur- und Begegnungszentrum des Bistums Limburg in Frankfurt am Main. Außerplanmäßiger Professor an der Universität Frankfurt für Christliche Kultur- und Religionstheorie.

Film& Theologie

Film& Theologie

Marie-Therese Mäder/ Charles
Martig/Daria Pezzoli-Olgiati (Hg.)
Lost in Transition
Wege der kulturellen und religiösen
Identitätssuche
200 S., € 19,90
ISBN 978-3-89472-856-4

Filme reflektieren den Verlust an
Orientierung in der globalisierten
Welt. Sie tun dies mit spezifischen
ästhetischen und narrativen Mitteln.
Sie inszenieren Grenzgängerfiguren,
die in Zwischenräumen auf der Suche
nach kultureller und religiöser Identität sind. Das Buch untersucht
unterschiedliche Wege der kulturellen
und religiösen Identitätssuche mit
philosophisch, filmwissenschaftlich,
theologisch und religionswissen-
schaftlich geprägten Beiträgen.

Universitätsstr. 55 · D-35037 Marburg
Fon 06421/63084 · Fax 06421/681190
www.schueren-verlag.de

Martig/Valentin/ Visarius (Hg.)
Räume, Körper und Ikonen
(Post-)Konfessionelle
Filmikonographien
296 S., Pb., einige Abb., € 24,90
ISBN 978-3-89472-753-6

Trotz vielfach voranschreitender
Säkularisierung bringt sich Heiliges
und Sakrales auch im jüngeren
Spielfilm immer wieder, oft auf
unerwartete Weise, in Erinnerung.
Nicht immer wird es, zumal in seiner je
eigenen konfessionellen Prägung, als
solches erkannt. Diesem Mangel hilft
dieses Buch ab. Es versammelt
ausgewiesene Filmexperten
verschiedener Konfessionen zu einer
weit gespannten *tour d'horizon* des
klassischen und zeitgenössischen
Films.

Universitätsstr. 55 · D-35037 Marburg
Fon 06421/63084 · Fax 06421/681190
www.schueren-verlag.de

Film& Theologie

Film& Theologie

Reinhold Zwick (Hg.)
Religion und Gewalt im Bibelfilm
192 S., Pb., zahlr. tw. farbige Abb.
€ 16,90, ISBN 978-3-89472-760-4

Der Zusammenhang von Religion und
Gewalt war schon immer auch ein
wichtiges Thema der Kunst, vorab der
Literatur, der bildenden Kunst und
des Films. Der vorliegende Band
widmet sich verschiedenen Facetten
von religiös kontextuierter Gewalt in
Filmbearbeitungen biblischer Stoffe,
wobei besonders weniger bekannte
Filme Beachtung finden. In den
Filmen zu neutestamentlichen
Themen stehen sowohl Darstellungen
der Gewalt gegen Jesus als auch
filmi-sche Inszenierungen der Gewalt
gegen seine Gegner zur Diskussion.

Chris Deacy /Ulrike Vollmer,
Seeing Beyond Death: Images of the
Afterlife in Theology and Film/
Blick über den Tod hinaus: Bilder
vom Leben nach dem Tod in Theologie
und Film
Deutsch/englisch,208 S.,
Pb., einige Abb., € 19,90
ISBN 978-3-89472-742-0

Das Kino ist innerhalb des Dialogs
zwischen Film und Theologie bzw.
Religionswissenschaft oft als Ausdruck
kulturellen Bewusstseins und
entscheidender Fragen, sowie als
Repräsentant von Werten betrachtet
worden. So setzen sich zahlreiche
Filme mit dem Leben nach dem Tod
auseinander.

Universitätsstr. 55 · D-35037 Marburg
Fon 06421/63084 · Fax 06421/681190
www.schueren-verlag.de

Universitätsstr. 55 · D-35037 Marburg
Fon 06421/63084 · Fax 06421/681190
www.schueren-verlag.de

Neuerscheinung

Verena Schmöller/Birgit Aka (Hg.)
¡muestra! Kino aus Spanien und Lateinamerika in Deutschland
224 S. | Pb. | € 24,90
ISBN 978-3-89472-869-4

Das Kino aus Spanien und Lateinamerika ist auf dem Vormarsch. Immer mehr Produktionen schaffen es auf den deutschen Kinomarkt, und auch innerhalb der internationalen Filmfestivallandschaft tun sich die Lateinamerikaner mit beeindruckenden Filmen hervor. Der Band gibt einen aktuellen Überblick über die Filmografien Spaniens und Lateinamerikas.

Universitätsstr. 55 · D-35037 Marburg
Fon 06421/63084 · Fax 06421/681190
www.schueren-verlag.de

Neuerscheinung

Edgar Reitz
**Chronik einer Sehnsucht –
DIE ANDERE HEIMAT**
Das Filmbuch |Klappbr.,
viele teils farb. Abb.
296 S., € 19,90
ISBN 978-3-89472-868-7

In seinem ausgezeichneten und hochgelobten Film DIE ANDERE HEIMAT – CHRONIK EINER SEHNSUCHT lässt Edgar Reitz das Leben der Vorfahren der Familie Simon lebendig werden. Das Filmbuch enthält eine ausführliche Nacherzäh-lung des Films aus Sicht des Regisseurs und zeigt, wie das Schabbach-Universum entstanden ist. Ein umfangreicher Anhang informiert über die große Zahl der Mitwirkenden.

Universitätsstr. 55 · D-35037 Marburg
Fon 06421/63084 · Fax 06421/681190
www.schueren-verlag.de

Neuerscheinung

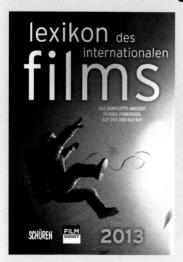

Neuerscheinung

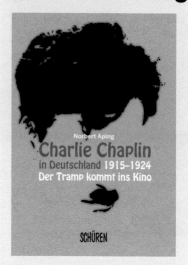

Lexikon des internationalen Films
– Filmjahr 2013
Mit Zugang zur kompletten film-
dienst Datenbank
544 S. | Pb. | € 24,90
ISBN 978-3-89472-871-7

Für jeden Filminteressierten
unverzichtbar: Auch für das Jahr
2013 bietet das Filmjahrbuch für
jeden Film, der in Deutschland und
der Schweiz im Kino, im Fernsehen
oder auf DVD/Blu-ray gezeigt wurde,
eine Kurzkritik und zeigt mit klaren
Maßstäben inhaltliche Qualität und
handwerkliches Können.
Schwerpunktthema im Jahrbuch 2013
ist der Animationsfilm.

Norbert Aping
Charlie Chaplin in Deutschland
1915-1924: der Tramp kommt ins Kino
Mit einem Vorwort von
Daniel Kothenschulte
280 S, Pb. 100 Abb. € 29,90
ISBN 978-3-89472-880-9

Wie wurde Chaplin im Deutschen
Kaiserreichund während des Ersten
Weltkrieges wahrgenommen, und
warum dauerte es danach noch fast
drei Jahre dauerte, ehe der erste
Chaplin-Film in Deutschland zu sehen
war? Chaplin war schon vor seinem
Filmdebüt ein Lieblingskind deutscher
Intellektueller und wurde schnell auch
zu einem des breiten Kinopublikums.
Allein der Name Chaplin ließ die
Kassen klingeln – ein idealer
Werbeträger!

Universitätsstr. 55 · D-35037 Marburg
Fon 06421/63084 · Fax 06421/681190
www.schueren-verlag.de

Universitätsstr. 55 · D-35037 Marburg
Fon 06421/63084 · Fax 06421/681190
www.schueren-verlag.de